GÉOGRAPHIE

DE

L'AFRIQUE

CHRÉTIENNE

—◆—

NUMIDIE

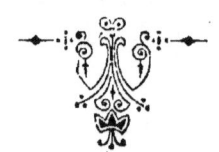

TYPOGRAPHIE OBERTHUR, RENNES — PARIS

1894

GÉOGRAPHIE

DE

L'AFRIQUE CHRÉTIENNE

GÉOGRAPHIE

DE

L'AFRIQUE

CHRÉTIENNE

NUMIDIE

TYPOGRAPHIE OBERTHUR, RENNES — PARIS

1894

A

Sa Grandeur Monseigneur COMBES

ARCHEVÊQUE DE CARTHAGE

ET

PRIMAT D'AFRIQUE

PRÉCÉDEMMENT ÉVÊQUE DE CONSTANTINE

HOMMAGE RECONNAISSANT

L'AFRIQUE CHRÉTIENNE

NUMIDIE

Selon Pline, la Numidie avait compris dans ses limites une grande partie de la Maurétanie césarienne; elle s'était aussi étendue, au loin, dans l'Afrique propre, puisque la ville de Vaga appartint aux rois de Numidie, aussi bien que Zama-Regia, Aquæ-Regiæ, Capsa et autres villes. Le royaume numide s'étendit jusqu'aux rivages du golfe de la Syrte.

Dans le précédent volume ont été marquées les limites des provinces africaines aux diverses époques de leur histoire et il serait inutile d'y revenir, si quelques détails n'étaient pas nécessaires pour expliquer certaines particularités relatives à la Numidie. C'est ainsi que nous trouvons l'autorité du proconsul s'exerçant sur une portion de la Numidie, appelée Numidie Proconsulaire; nous voyons, d'autre part, l'autorité du légat qui commandait les troupes, s'étendre au loin sur le pays soumis d'abord directement à l'administration du proconsul.

Pour l'intelligence de cette question, il faut se rappeler que, à l'origine, le proconsul gouverna seul les territoires de l'Afrique propre et de la Numidie, qui furent successivement ajoutés à l'Empire romain. L'armée, constituée au point où l'Afrique propre et la Numidie se touchent vers l'extrême sud, recevait les ordres de Carthage.

Ce fut Caligula qui, redoutant la puissance du proconsul, lui retira la légion pour la remettre entre les mains d'un légat impérial, envoyé tout exprès.

Tacite ajoute[1] que les attributions des deux personnages furent habilement confondues pour ménager entre eux une utile discorde. Le légat nommé par l'Empereur restait trois ans en charge, tandis que le proconsul relevant du Sénat était changé tous les ans. Le légat était préposé à toutes les régions qui avaient besoin des troupes et le proconsul gouvernait tout le pays qui jouissait de la paix. Le pouvoir militaire reposait sans partage entre les mains du légat et, par lui, entre les mains de l'Empereur. Impossible dès lors au proconsul de provoquer un soulèvement ; impossible aux populations d'acclamer un prétendant à l'Empire. Un exemple suffit à le prouver : Gordien, proclamé empereur en Afrique, périt aussitôt sous les coups de la légion.

Tandis que le gouverneur civil conservait la pompe et l'apparat, c'est-à-dire l'ombre du pouvoir, le légat disposait de la force armée, c'est-à-dire de la légion, des troupes auxiliaires et des nomades.

Les monuments lui donnent le titre de légat de l'Em-

---

(1) *Hist.*, IV, 48.

pereur pour la province d'Afrique; il dépendait donc uniquement de l'Empereur et en cela il différait des autres légats qui avaient la charge d'une région sous l'autorité du proconsul. Des légats du proconsul résidaient à Hippone-Royale, à Hadrumète et ailleurs, mais ils n'avaient point les troupes sous leurs ordres. Le légat de l'Empereur est dit légat propréteur; il avait, par conséquent, les mêmes attributions que les préteurs à Rome, c'est-à-dire qu'il jugeait les affaires civiles sans appel.

Comme le légat d'Afrique administrait une portion de territoire qui comprenait une partie de la Numidie, il ne faut pas nous étonner de le voir exercer ses pleins pouvoirs, son droit de vie et de mort, sur les personnes arrêtées à cause de leurs convictions religieuses. Le légat résidait à Lambæse qui était le quartier général de la légion et des troupes auxiliaires. Aussi, c'est en cette ville que nous verrons plus d'un chrétien passer en jugement.

Si le nom du proconsul figure sur des monuments publics, même en Numidie, celui du légat d'Afrique paraît sur d'autres monuments jusqu'aux portes de Carthage. Le chef de l'armée procurait au proconsul la cohorte et les officiers dont celui-ci avait besoin. Il était presque tout dans la vaste province d'Afrique dont ses troupes occupaient toutes les limites, depuis celles de la Tripolitaine jusqu'à celles de la Maurétanie. Apulée[1] et Saint-Cyprien[2] nous font voir combien le proconsulat d'une année était éphémère. Le gouverneur civil ne faisait qu'apparaître dans sa résidence de Carthage, mais le légat, installé à Lambæse, voyait passer et disparaître les proconsuls. Le chef de l'armée

---

(1) Florid., II, p. 123.
(2) *Ép.* XV.

était nommé par l'Empereur, et le proconsul était désigné au Sénat par le sort. Le légat, en vertu de sa charge, pouvait entrer en armes sur tous les territoires civils qu'administrait directement le proconsul, et celui-ci ne pourra, en vertu de la loi, franchir la limite de ces mêmes territoires.

Nous verrons Capellien marcher sur Carthage, au nom de Maximin, l'Empereur choisi par le Sénat, et battre le vieux Gordien.

Du reste, le légat se servait de ses pleins pouvoirs en Afrique pour assurer la sécurité des colons, construire et réparer ces grands ouvrages dont les restes feront longtemps encore notre légitime admiration.

Comme les proconsuls avaient leurs fonctionnaires spéciaux, des magistrats subordonnés à leur autorité, le légat, à cause de sa situation exceptionnelle, dut avoir aussi un personnel, des agents spéciaux, pour répondre aux besoins de cette même situation. Il possédait, du reste, un commandement civil qui comprenait une partie de la Numidie, de Lambæse à Rusicade, aujourd'hui Philippeville. Ce port lui permettait d'avoir ses communications directes avec Rome et d'arriver, par Cirta ou Constantine, à son quartier général. Depuis l'Ampsaga jusqu'à Hippone, le littoral était sous la dépendance du légat.

Son commandement militaire était d'une immense étendue et l'on peut dire que la Numidie formait autour de la province d'Afrique comme une frontière militaire, comme une zone armée et vigilante.

On a retrouvé les preuves de ce commandement à Bondjem, dans la Cyrénaïque, au Fezzan, à Ghadames, l'ancienne Cydamus.

Sans doute, jamais le proconsul et le légat ne commandent simultanément, mais pourtant le légat pouvait diriger jusqu'à Carthage les travaux de voirie et tous les grands ouvrages qui demandaient la coopération des troupes, et c'est pour cela que son nom se retrouve sur les bornes milliaires et sur d'autres monuments. Il est vrai que toute la côte, depuis Leptis-la-Grande jusqu'à Hippone-Royale, se trouvait placée sous l'autorité du proconsul, c'était la vieille Afrique, *Africa vetus*. L'intérieur des terres, de Rusicade à Cirta et à Théveste, de Théveste à Majores et à Cydamus, de Majores à Bondjem, obéissait au légat et formait l'*Africa nova*, l'Afrique nouvelle.

L'armée romaine eut toujours ses quartiers généraux dans la Numidie méridionale. On la vit s'installer d'abord à Théveste, puis définitivement à Lambæse, en passant par Mascula, et Thamugade. Lambæse était une position privilégiée sous tous les rapports. C'est là, à la tête de la troisième légion Auguste, que résidait le légat de l'Empereur ; c'est de là qu'il gouvernait la province en même temps qu'il commandait la légion et les corps de troupes auxiliaires. Là, fut la capitale de la Numidie jusqu'au jour où Constantine, l'antique Cirta, restaurée par Constantin, reprit son ancienne préséance.

C'est donc là que comparurent pour rendre compte de leur foi les chrétiens numides. Les *Actes* de saint Marien et de ses compagnons nous fournissent à cet égard de très précieux détails.

Quand Carthage eut été détruite, les possessions des rois numides furent déterminées par un fossé qui s'étendait de la Tusca, rivière de Thabraca, jusqu'à Thenæ, sur le littoral de la Syrte. Ainsi, à cette époque, le royaume numide pouvait s'étendre depuis les frontières de la Maurétanie Tingitane jusqu'à la Cyrénaïque, en comprenant

Bulla-Regia, Aquæ-Regiæ, Zama-Regia, etc. Les termes d'*Africa vetus* et d'*Africa nova* remontent à cette répartition.

Auguste ayant reculé la frontière des possessions romaines jusqu'au fleuve Ampsaga, toutes les terres qui se trouvaient à l'occident du fleuve gardèrent exclusivement le nom de Maurétanie, et celui de Numidie ou d'Afrique nouvelle fut réservé au territoire situé à l'orient de l'Ampsaga. Mais, du reste, tout le pays soumis à l'autorité de Rome portait le nom d'Afrique et obéissait au commandement du proconsul.

Nous avons dit comment la province africaine fut, un peu plus tard, répartie entre le proconsul et le légat de l'Empereur et ce que représentèrent les termes d'Afrique propre, d'Afrique nouvelle et de Numidie. Il y eut donc, dès lors, comme deux Numidies : la Numidie Proconsulaire ou inférieure et la Numidie supérieure, plus tard la Numidie Consulaire. Les documents ecclésiastiques mentionnent souvent les deux Numidies ou les Numidies.

La Numidie, qui obéissait au légat et qui fut plus tard soumise à un personnage consulaire, est aussi appelée Numidie de Cirta ou de Constantine et encore Numidie militaire ou Numidie frontière, quand ces termes ne désignent pas deux parties distinctes d'une même province dont l'une aurait été soumise au légat et l'autre à un gouverneur civil.

Les monuments épigraphiques portent le nom du légat à Theveste, à Mascula, à Thamugade, à Ména dans l'Aurès, à Ad-Majores et à Lambæse, à Verecunda, à Casæ, à Diana, à Madaure, à Arsacal, à Mastar, à Cirta, à Milève, à Cuicul, à Elgara et Massâd, à Zaraï, à Macomades, à Thibilis et Rusicade.

Ceux qui portent le nom du proconsul ne vont pas plus loin que Thagora, Calama et Nattabutes.

Mais, si ces restes déterminent d'une manière générale la limite de juridiction des deux autorités, il ne faut pas oublier que le légat, en vertu de sa charge militaire, était parfois appelé à exercer son autorité jusqu'aux portes de Carthage et que les territoires soumis à la juridiction respective des deux pouvoirs ont varié à diverses époques.

Quant à l'étendue de la Numidie ecclésiastique, si elle fut en somme la même que celle de la Numidie Consulaire et Proconsulaire, elle ne semble pas avoir beaucoup varié et l'on peut voir, par des passages de saint Augustin, qu'il recourait pour les affaires de son diocèse plus au proconsul de Carthage qu'à la suprême autorité de Cirta.

Nous devons tenir compte de ce fait qu'il n'y eut d'assemblée générale ecclésiastique, en Numidie, qu'après la nouvelle organisation des provinces, déterminée à la fin du IIIe siècle. Nous ne connaissons pas, en effet, les noms des évêques qui assistèrent au concile de Lambæse, au temps de saint Cyprien.

Ainsi, Massinissa avait fondé un immense empire numide, de la Cyrénaïque à la Maurétanie Tingitane. César, vainqueur, donna tout l'occident de cet empire, depuis l'Ampsaga, au roi maure Bocchus, il concéda Cirta et toutes ses dépendances, Milève, Cuicul, Chullu et Rusicade, à Sittius, en récompense de ses services. Le reste forma l'Afrique nouvelle ou simplement la Numidie soumise à l'autorité directe de Rome.

A partir du règne de Caligula, nous trouvons un légat de l'Empereur, légat propréteur pour la troisième légion, autrement pour l'armée d'Afrique ou encore pour la province d'Afrique et le diocèse de Numidie. Il avait le commandement de toutes les troupes, il administrait aussi les tribus nomades, il pénétrait partout sans autorisation préalable, pour exercer les actes de sa compétence spéciale, comme les mouvements exécutés pour la défense de la province ou les travaux d'utilité publique confiés aux troupes. Son autorité militaire et civile s'étendait sur Cirta et sur tout le territoire cirtésien.

Le proconsul continuait à administrer toute l'Afrique ancienne et la partie nord-est de la Numidie. On peut donc distinguer dès lors deux Numidies, celle du proconsul et celle du légat.

Sous Septime Sévère, la plus grande partie de la Numidie fut constituée en province séparée, mais la division ne changea rien à la situation qui existait déjà; le légat impérial continua à administrer, cette fois comme chef de province, les territoires compris dans son commandement et le proconsul garda sous sa juridiction les districts numides qui n'en avaient jamais été distraits.

A la fin du IIIe siècle, la liste de Vérone nous annonce la Numidie de Cirta ou de Constantine, comme on dira plus tard, et la Numidie militaire ou de la frontière, car on ne s'accorde point sur le terme latin. La confédération de cinq colonies cirtésiennes semble avoir été dissoute vers cette époque.

Les documents ecclésiastiques mentionnent toujours les deux Numidies et les textes épigraphiques nous montrent le proconsul conservant son ancienne juridiction, mais étendant son autorité jusqu'à Théveste.

La province ecclésiastique ne paraît guère avoir subi de modifications à partir de cette époque. Ses limites occidentales n'ont jamais varié et ses bornes, à l'est, sont restées presque toujours les mêmes, et telles, à peu près, que nous les voyons aujourd'hui, entre l'Algérie et la Tunisie.

Mais, le gouverneur de la province réside désormais à Cirta ou Constantine. C'est un Consulaire et il gardera ce titre jusqu'à l'invasion Vandale, pour prendre, quand Bélisaire aura reconquis l'Afrique, celui de Duc de la Numidie.

La domination éphémère de L. Domitius Alexander, amènera la ruine de Cirta, mais la métropole de la Numidie refleurira de nouveau sous le grand Constantin dont elle prendra le nom.

Nous avons dit que la Numidie Proconsulaire fit partie de l'Afrique nouvelle, *Africa nova*. Les termes : *fines provinciæ (Africæ) et novæ et veteris directi* se trouveraient gravés sur un monument des environs de la ville de Testour dans la Proconsulaire[1]. L'Afrique nouvelle est probablement ce que Ptolémée appelle νεα επαρχια.

Les fragments d'une dédicace de Calama paraissent contenir les termes de *Numidiæ (proconsu) laris*[2].

Le Code Théodosien[3] et les documents ecclésiastiques dans Mansi[4] mentionnent aussi la Numidie Proconsulaire. Le même auteur nomme la Numidie inférieure[5], dans laquelle était comprise la ville de Calama. Saint Augustin, écrivant au *Præses* Cécilien, au sujet des Donatistes et parlant du *Campus Hipponensis*, s'exprime ainsi : *Hipponensium Regiorum et ei vicinas partes confines Numidiæ*[6].

---

(1) *Corpus*, VIII, supplém. n. 14882.
(2) *Corpus*, VIII, n. 5344.
(3) II, I, 29.
(4) II, p. 436.
(5) II, p. 433.
(6) *Ép.* LXXXVI.

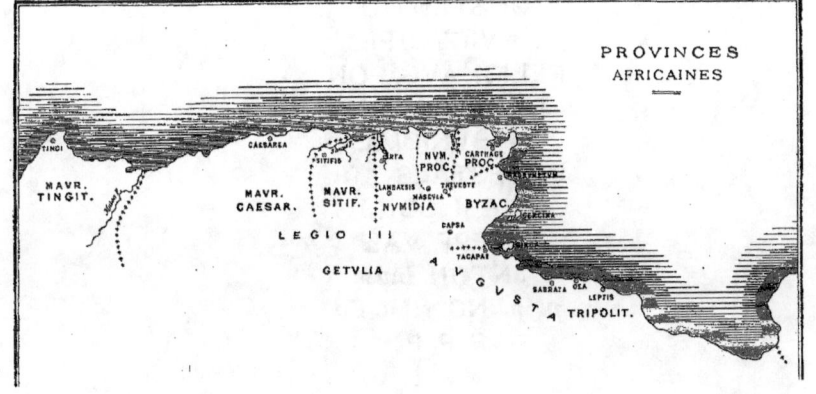

Les *Actes* de la défense de Félix d'Aptunga, produite en 314, attestent l'existence de plusieurs Numidies [1]. Dans les *Actes* des Conciles d'Afrique sont signalées les deux Numidies [2]. Saint Augustin parle de la Numidie Consulaire [3].

Des milliaires nous apprennent qu'une voie romaine, construite en l'an 123, allait de Carthage à Théveste *a Karthag(ine) usque ad fines Numidiæ provinciæ* [4].

A Thibilis, une inscription de l'an 306 mentionne la Numidie de Cirta [5].

```
      i MP CAES FLA
     vi O VALERIO C
         ONSTANTIO
       i NVICTO PIO
       FELICI AVG PON
        TIFICI MAXIMO
         TRIBVNICIAE
        POTESTAtiS Xiiii
         iMP II CONS
          VI PPP VAL
          aNTON inus
       p. p. NC NMQEd
            P P P
```

Une dédicace, trouvée à Constantine même, a été faite sous Valentinien, Valens et Gratien, par un *vir clarissimus consularis sexfascalis provinciæ Numidiæ Constantinæ* [6].

Les titres des légats se lisent sur de nombreux monu-

---

(1) *Post. Optat.*, p. 265.
(2) *Conc. Carth. A.*, p. 419.
(3) *Ep.* LVIII.
(4) *Corpus*, VIII, n. 10047.
(5) *Corpus*, n. 5526.
(6) *Corpus*, n. 7015.

ments qu'il serait long de citer. A Lambæse, un cippe porte ce qui suit[1] :

> P. CAELIVS
> OPTATVS
> LEG. AVG. PR
> PR. LEG. III
> AVG. RESTI
> TVI. IVSSIT

P. Cælius Optatus était *legatus Augusti pro prætore legionis III Augustæ* avant le légat dont nous allons donner le titre, d'après un texte de Constantine[2].

> T. CAESERNIO. F. PALAT. STATIO
> QVINTIO. STAT*ia*NO. MEMMIO. MA
> CRINO. COS. SOD*all*. AUGUSTALI. LEG. PR. PR
> PROVINCIAE. AF*ri*CAE. LEG. LEG. XIII. G. M. V
> MISSO. AD DILEC*tu*M. IVNIORVM. A. DIV*o*
> HADRIANO. IN. R*e*GIONEM. TRANS PADA
> NAM. TRIB. PL. QVAE*st*. CANDIDATO. DIVI. HADRIANI
> COMITI EIVSDEM. IN *ori*ENTE. XV. VIRVM. STLITIB
> IV *dican*DIS
> D. D. PAT*rono iiii c*OLON. P. P.

Celui-ci était le légat de l'Empereur pour la légion et pour tout ce qui pouvait réclamer son autorité dans la province d'Afrique.

En voici un autre qui est dit le légat de l'Empereur pour la légion et pour la province de Numidie. Un monument de Thamugade nous donne son nom[3].

---

(1) *Corpus*, n. 2736.
(2) *Ibid.*, n. 7036.
(3) *Ibid.*, n. 2392.

P. IVLIO IVNIANO MARTIALIANO. C. V. COS. LEG *aug* PR.
PR PROVINC*iae* NVMIDIAE PROCOS PROVINCIAE
MACEDONIAE PRAEF AERARI MILITARIS CVRATORI VIAE
CLODIAE PRAETORIAE. TRIBVNO PLEBEI
QVAESTORI PROVINCIAE ASIAE PATRONO COLONIAE
ET MVNICIPI RESPUBLICA COLONIAE THAMUGADENSIVM
DECRETO DECVRIONVM.

Nous connaissons, d'autre part, plusieurs légats du proconsul pour la Numidie Proconsulaire. La résidence de ces légats était Hippone-Royale. C'est ce que ces divers monuments épigraphiques attestent [1], en donnant à ce personnage le titre de *Legatus provinciæ Africæ diœceseos* autrement *regionis Hipponiensis*. Un autre texte le nomme légat du proconsul en Afrique [2].

Le titre de *Præses* que prirent les gouverneurs de la Numidie est lui-même très ancien, si l'on en juge par cette dédicace de Lambæse [3].

M ❧ VLPIO ❧ Ma
XIMO. LEG
AVG. PR. PR.
C. V. PRAESIDI
BENIGNISSI
MO. AVRE *lii*
CRESCE *ns*
ET GAIN *as*
. 77 LEG.III A*ug*
SEVERI *anae*

Le monument est contemporain de l'usurpateur Alexandre. Une autre dédicace de Lambæse se rapporte à un gouverneur de l'an 283 et lui donne le titre de *vir perfectissimus præses provinciæ Numidiæ* [4].

(1) *Corpus*, IX, n. 1592 — X, n. 5178.
(2) *Corpus*, VIII, n. 7059.
(3) *Ibid.*, n. 2753.
(4) *Corpus*, n. 2643.

```
        DEO
       MERCV
     RIO SANC
      TO AVG
      M. AVRE
     LIVS DE
       CIMUS
   V. P. P. P. N
      VOTVM
      SOLVIT
     LIBENSA
       NIMO
     FELICITER
```

Un fragment de dédicace trouvé à Constantine semble donner au gouverneur Valerius Antoninus le titre de *vir perfectissimus præses provinciæ Numidiarum et Mauretaniarum* [1]. Il aurait donc, au temps de Dioclétien, gouverné en même temps les Numidies et les Maurétanies.

Nous voyons même des procurateurs des Empereurs administrer la Numidie au lieu du *præses*. Ainsi L. Titinius Clodianus aurait été *partes præsidis agenti per Numidiam*, d'après une inscription de Cuicul [2]. Tous ces détails sont utiles, car ils servent à expliquer diverses particularités que nous rencontrerons dans la partie historique comme dans la partie géographique de cet ouvrage. Sans eux, plus d'un fait resterait incompréhensible. Nous avons parlé plus haut des limites qui séparaient à l'est la Numidie de la Proconsulaire. Une dédicace trouvée à Lambæse parle des limites qui, à l'ouest, séparaient la Numidie de la Maurétanie. Elle porte ce qui suit [3] :

---

(1) *Corpus*, n. 7067.
(2) *Corpus*, n. 8328 — cf. *Addit.*
(3) *Ibid.*, n. 2615.

```
         I       O       M
  CETERISQ DIIS DEABVSQ IMMORTALIB
  C MACRINIVS DECIANVS VC LEG
  AVGG PR PR PROV NVMIDIAE ET NO
  RICI BAVARIBVS QVI ADVNATIS IIII
  REGIBUS IN PROV NVMIDIAM IN
  RVPERANT PRIMVM IN REGIONE
  MILLEVITANA ITERATO IN CONFI
  NIO MAVRETANIAE ET NVMIDI
  AE TERTIO QVINQVE GENTANEIS
  GENTILIBUS MAVRETANIAE CAE
  SARIENSIS ITEM GENTILIBUS FRA
  XINENSIBVS QVI PROVINCIAM
  NVMIDIAM VASTABANT CAP
  TO FAMOSISSIMO DVCE EORVM
       CAESIS FVGATISQVE
```

Ces événements se passaient en l'année 260.

Il y avait des Numides en dehors de la Numidie proprement dite, puisque nous trouvons dans la Proconsulaire des *Cellenses* ou *Chellenses Numidæ* et que nous rencontrerons dans la Maurétanie une *gens Numidarum* qui a donné son nom à un évêché de cette province. Il nous reste un mot à dire de la métropole civile de la province, qui fut Cirta, plus tard Constantine. La ville a conservé un monument qui atteste suffisamment sa dignité et que nous allons reproduire [1] :

```
  LARGITATE DD NN PP AVG
  CONSTANTI ET CONSTANTIS
  CEIONIO ITALICO CLARISSIMO
  ATQVE CONSVLARI VIRO EXIMI
  O AC SINGVLARI VIRTVTVM
  OMNIVM OB MERITA ERGA SE
  ET PROVINCIAE CONTI
  NENTIAE PATIENTIAE
```

[1] *Corpus*, n. 7012.

FORTITVDINIS LIBERALI
TATIS ET AMORIS IN OMNES
PRAECIPVI ORDO FELICIS
COLONIAE CONSTANTI
NAE ET PROVINCIA NVMI
DIA PATRONO POSVIT

On peut dire que, à partir de l'époque constantinienne, les gouverneurs ne résidèrent plus à Lambæse, quartier général de la légion, mais à Constantine, l'ancienne capitale de la Numidie.

Bien que cette ville n'ait jamais été, comme Carthage, métropole religieuse, puisque le primat des provinces devait être l'évêque le plus ancien, à quelque siège qu'il appartînt, nous savons pourtant, par les documents ecclésiastiques, que Constantine eut le privilège de conserver les archives religieuses de toute la Numidie. C'était, en effet, une nécessité et nous pouvons, dès lors, conclure que les métropoles des autres provinces jouissaient du même privilège. Pour cette raison, nous placerons le siège épiscopal de Cirta en premier lieu, tandis que nous donnerons tous les autres par ordre alphabétique, comme nous l'avons fait pour la Proconsulaire.

Voici la liste des évêchés de la Numidie :

ÉGLISES DE LA PROVINCE DE NUMIDIE

    Cirta ou Constantine.
    Ajura.
    Anbura.
    Aquæ.
5. Aquæ Novæ.
    Aquæ de Thibilis.
    Arsacal.
    Augurus.
    Ausuccura.
10. Ausugraba.
    Babra.
    Badias.
    Bagaï.
    Baïa.
15. Bamaccora.
    Banzara.
    Barica.
    Belali.
    Belesasa.
20. Betagbara.
    Bucconia.
    Buffada.
    Burca.
    Burugiata.

25. Cæliana.
    Cæsarea.
    Cæsariana.
    Calama.
    Capsus.
30. Casæ Bastalæ.
    Casæ Calanæ.
    Casæ de Fabius.
    Casæ Medianæ.
    Casæ Nigræ.
35. Casæ de Sylvana.
    Castellum.
    Castellum de Simitthus.
    Castellum Tituli.
    Castra de Galba.
40. Cataquas.
    Cedias.
    Celerina.
    Cemeriniana.
    Centenaria.
45. Centuria.
    Centuriones.
    Ceramussa.
    Cuicul.
    Cullu.
50. Diana.
    Dusa.
    Fata.
    Fesscï.
    Forma I.
55. Forma II.
    Fussala.

Gadiaufala.
Garba.
Gaudiaba.
60. Gauriana.
Gazabiana.
Gemellæ.
Germania.
Gibba.
65. Gilba I.
Gilba II.
Giru.
Giru de Marcellus.
Giru de Tarasius.
70. Guira.
Guzabeta.
Hippone la Royale.
Hizirzada.
Hospita.
75. Idassa.
Idicra.
Iucundiana.
Iziriana.
Lacus Dulcis.
80. Lamasba.
Lambæse.
Lambia.
Lambiridi.
Lamiggiga I.
85. Lamiggiga II.
Lamphua.
Lamsorta.
Lamzella.

Leges.
90. Legia.
Legis Volumni.
Liberalia.
Limata.
Lugura.
95. Macomades.
Macomades Rusticiana.
Madaure.
Mades.
Magarmel.
100. Mascula.
Mastara.
Maximiana.
Mazaces.
Mesarfelta.
105. Meta.
Midila.
Milev.
Milidia.
Moxori.
110. Mulia.
Municipium.
Mutugena.
Naraccata.
Nasaï.
115. Nebbi.
Niciba??
Nigræ Majores.
Nova Barbara.
Nova Cæsarea.
120. Nova Germania.

Nova Sinna.
Nova Petra.
Nova Sparsa.
Nova.
125. Octava.
Pauzera.
Præsidium.
Pudentiana.
Putia.
130. Putizia.
Regiana.
Respecta.
Ressiana.
Rotaria.
135. Rusicade.
Rusticiana.
Seleuciana.
Sigus.
Sila.
140. Silem Sila.
Silli.
Sistroniana.
Suava.
Sulli.
145. Summa.
Tabuda.
Tacarata.
Tanudaïa.
Tarasa.
150. Thabraca.
Thagaste.
Thagura.

Thamugade.
Theveste.
155. Thiava.
Thibilis.
Thubursicum des Numides.
Thucca.
Tididi.
160. Tigillava.
Tigisi.
Tipasa.
Tisaniana.
Tisedi.
165. Tubunæ.
Tullia.
Turres.
Turres Albæ.
Turres Ammeniæ.
170. Turres Concordiæ.
Turris Rotunda.
Vada I.
Vada II.
Vadesi.
175. Vagada.
Vageata.
Vagrauta.
Vatarba.
Vegesela.
180. Velefi.
Vensana.
Verrona.
Vescera.
Veseli.

185. Vicus Cæsaris.
Vicus Pacati.
Villa Regis.
Visa.
Utinisa.
190. Uvaza.
Zaba.
Zaraï.
Zattara.
Zerta I.
195. Zerta II.

I. — CIRTA.

Rien de plus célèbre que la colonie de Cirta. Elle avait été la capitale de Massinissa et de ses successeurs et fut toujours regardée comme la métropole de la Numidie. Strabon[1] dit qu'elle était très fortifiée et très opulente. Depuis le temps de Jules César, elle porta le nom de colonie des Sittiens qu'elle dut aux soldats de P. Sittius[2] qu'on y avait établis après les glorieux et utiles services qu'ils avaient rendus à Jules César dans sa guerre d'Afrique[3].

---

(1) Lib. XVII, p. 572 — cf. Petrarch. *Africæ*, lib. V, v. I.
(2) Dion., lib. XLIII, *init*.
(3) *Bell. afric.*, XXVI — Appien, *Bell. civ.*, IV, LIV — Pline, V, III, 22, dit : *Colonia Cirta Sittianorum cognomine*.

Constantine, l'ancienne Cirta, est, en effet, une ville très forte. Elle est située sur un cube rocheux, contourné par l'oued Remel et rattaché, du côté du sud-ouest, au plateau de Koudiat-Aty par un isthme qui donne seul accès à cette forteresse naturelle. Le plateau, sur lequel la ville est assise, a la forme d'un trapèze, dont les faces sud-est et nord-est sont séparées, des hauteurs de Mansoura et de Sidi-Mecid, par la gorge profonde, à parois verticales, au fond de laquelle coule l'oued Remel. La prise de cette place nous a coûté cher en 1837 et depuis l'occupation on s'est appliqué à élargir l'isthme en abaissant le Koudiat-Aty. Micipsa, successeur de Syphax, avait attiré une colonie grecque et Cirta était le centre d'un commerce important. Des négociants italiens s'y étaient fixés en grand nombre [1].

C'est au moment même où César luttait contre les forces de Juba et des Pompéiens, que P. Sittius s'empara de Cirta et cette puissante diversion ne contribua pas médiocrement à assurer le succès. César reconnut ce service en lui donnant la ville, où Sittius établit ses partisans, et la nouvelle colonie reçut de son fondateur le nom de *Colonia Julia Juvenalis honoris et virtutis Cirta*[2] : ainsi que nous lisons sur un monument de Constantine [3] :

M. COCVLNIO
SEX. FIL. QVIR
QVINTILLIANO. LATO
CLAVO. EXORNATO. AB
IMP. CAESARE. L. SEPTIMIO

[1] Appien Κιρτα — Salluste, *Jug.*, XXI, XXVI.
[2] Cf. Salluste, Appien, Pline, Mela.
[3] *Corpus*, n. 7041.

```
      SEVERO. PERTINACE. AVGVSTO. PIO
      PARTHICO. ARABICO. PARTHICO
      ADIABENICO. QVAESTORI. DESIG
      POST. FLAMONIVM. ET. HONORES
      OMNES. QVIBVS. IN COLONIA. IVLIA
      IVVENALI. HONORIS. ET. VIRTVTIS. CIRTA
         PATRIA. SVA. FVNCTVS EST
           FLORVS. LABAEONIS. FIL.
         PRINCEPS. ET. VNDECIM. PRIMVS
         GENTIS. SABOIDVM AMICO MERENTI
           DE SVO Posuit ideMQ DEDIC
                    L d D D
```

Ptolémée l'appelle aussi Κιρτα Ιουλια et les *Itinéraires* romains la nomment *Cirta colonia*. La forme *Cirtha* se rencontre dans une inscription de Rome [1] et rappelle une inscription de la Proconsulaire dans laquelle les habitants de la *colonia Julia Cirta Nova Sicca* sont appelés *Siccenses Cirthenses* [2]. Au début de l'occupation romaine, Cirta ne fut que le chef-lieu de la confédération dite des quatre ou cinq colonies, savoir : Cirta, Milev, Cuicul, Chullu et Rusicade, ou bien : Cirta, Milev, Chullu et Rusicade, en y ajoutant ensuite Cuicul. C'est ce que de nombreux textes épigraphiques nous enseignent. Il y avait tout un personnel pour administrer d'une manière collective ces quatre ou cinq colonies. Donnons-en un exemple [3].

```
            VERATIAE. FRON
            TONILLAE VXO
            RI PROBATISSI
            MAE FLAMINI
            CAE. IIII. COL. CIR
```

[1] *Corpus*, VI, n. 2401.
[2] *Corpus*, VIII, n. 1641.
[3] *Ibid.*, n. 7080.

```
         TENSIVM
   P. IVLIVS TheODORVS
     NVPER EX CENTV
    RIONE LEGIONARIO
     HONESTA MISSIO
   NE MISSVS. MARITVS
          . D . D .
```

Un autre monument de Constantine est dédié à la *concordiæ coloniarum Cirtensium* [1].

A partir du règne de l'empereur Constantin, qui la releva de ses ruines, après la guerre de Maxence, Cirta reçut le nom de Constantina que les monuments lui donnent dès lors et qui lui est resté jusqu'à ce jour. Elle avait eu, en effet, beaucoup à souffrir pendant l'usurpation d'Alexandre [2]. De son restaurateur elle prit le nom de *Felix colonia Constantina* ou encore *Constantina Cirtensium* [3]. Ceux qui nous restent de ses anciens monuments célèbrent d'abord l'élévation de l'usurpateur.

L'un d'eux porte [4] :

```
      RESTITUTO ri
     PVBLICAE LIBE r
     TATIS AC PROPA
      GATORI TOTIVS
     GENERIS HVMANi
        NOMINISQVE
      ROMANI DNL DO
      MITIO ALEXAN
     DRO PF INV AVG
      SCIRONIVS PA
       SICRATES VP
       p. p. numiDIAe
```

(1) *Corpus*, n. 6942.
(2) Victor, *de Cæs*, 41, 28.
(3) *Corpus*, n. 7012, et *Cod. Theod.*, XII, I, 29.
(4) *Ibid.*, n. 7004.

On y voit que le tyran avait laissé à la province son gouverneur et que celui-ci résidait à Cirta. Les textes qui concernent Constantin ne sont pas moins élogieux. Nous n'en citerons qu'un seul[1] :

```
PERPETVAE SECVRITATIS
AC LIBERTATIS AVCTORI
DOMINO NOSTRO
FLAVIO VALERIO
CONSTANTINO
PIO FELICI INVICTO AC SEMPER AVG
IALLIVS ANTIOCHVS VP PRAESES
PROV. NVMID. DEVOTVS
NVMINI MAIESTATIQVE EIVS
```

Ailleurs, les habitants de Cirta reconnaissants l'appellent[2] *Triumphator omnium gentium ac domitor universarum factionum, qui libertatem tenebris servitutis oppressam sua felici victoria nova luce inluminavit; Fundator pacis, virtute, felicitate, pietate præstans*[3]; *Restitutor libertatis et conservator terrarum orbis*[4]. Cette vénération fut continuée à ses héritiers et successeurs, les empereurs Constantin, Constance et Constant, à Valentinien, Valens et Gratien, à Arcadius, Honorius et Théodose [5].

C'est à cause de son double nom Constantina-Cirta, que les évêques de cette ville sont dits évêques de Cirta et de Constantinia.

Constantin y fit construire deux églises en des temps

---

(1) *Corpus*, n. 7005.
(2) *Ibid.*, n. 7006.
(3) *Ibid.*, n. 7008.
(4) *Ibid.*, n. 7010.
(5) *Ibid.*, n. 7011 à 7018.

divers, comme le prouve son rescrit aux évêques de Numidie[1] : « *La lettre sage et grave que vous m'avez adressée, m'a appris que les hérétiques et schismatiques ont osé, avec leur perfidie habituelle, s'emparer de la basilique catholique qui a été construite par mes ordres dans la cité de Constantine, et que, malgré les avertissements formels qui leur ont été souvent notifiés, tant par nous-même, qu'en notre nom par nos juges, ils ont refusé de rendre ce qui ne leur appartenait point, et vous, néanmoins, imitateurs de la patience du Dieu suprême, vous avez préféré abandonner paisiblement à leur malice des biens qui étaient vôtres, et demander en retour, un autre terrain du fisc. Conformément à mes principes, j'ai accueilli favorablement votre demande et j'ai adressé de suite au rationalis des lettres convenables pour faire transférer, avec tous ses droits, au domaine de l'Église catholique, une maison m'appartenant, que je m'empresse de vous offrir en don, en y ajoutant l'ordre de vous la livrer sans retard. J'ai ordonné, en outre, de construire, aux frais du fisc, une basilique en ce lieu. J'ai donné également l'ordre d'écrire au consulaire de Numidie, pour qu'il aide lui-même Votre Sainteté en toutes choses dans la construction de cette même église.* »

Deux monuments de Cirta portent mention d'une basilique dite de Constantin. On lit sur l'un d'eux qui remonte au règne de Julien[2] :

CLAVDIVS AVITIANVS
COMES PRIMI

---

(1) *Post Optat.*, p. 189.
(2) *Corpus*, n. 7037.

ORDINIS AGENS PRO
PRAEFECTIS BASILICAM
CONSTANTIANAM CVM
PORTICIBVS ET TETRA
PYLO CONSTITVENDAM
A SOLO PERFICIENDAM
QVE CVRAVIT

La *basilica Constantiana* est-elle celle de Constantin ou de son fils Constance? Nous ne saurions le dire. Mais au moment de la conquête française, les restes du monument se voyaient encore.

Le *rationalis* dont il est question dans le rescrit de l'Empereur est peut-être celui dont Cirta a conservé le monument qui suit[1] :

VETTIVS FLORENTI
NVS VP RATIONA
LIS NVMID ET MAV
RET DNM Q E

Le prince auquel cette dédicace est adressée et dont le nom a disparu n'est autre que Constantin lui-même.

Le *consularis* mentionné dans le même rescrit peut fort bien avoir été le *præses Jallius Antiochus* que nous avons signalé plus haut.

De cette époque nous connaissons encore un autre *rationalis* de Numidie dont le nom se lit dans la dédicace suivante[2] :

RESTITVTORI LIBE *riatis*
ET CONSERVATORI T *errar. orbis*
D. N. FLAVIO VAL. CONS *tantino*

---

(1) *Corpus*, n. 7009. — Cf. n. 7008.
(2) *Corpus*, n. 7010.

VICTORIOSISSIMO ET M *aximo*
AVG. IVLIVS. IVVENAL *is*
RAT. NVMIDIAE. ET. MAV *reta*
NIARVM. D. N. M. Q. E *ius*

Au reste, Cirta possédait alors de splendides édifices qui durèrent jusqu'à la conquête musulmane, puisque les auteurs arabes Edrisi et Abderi en ont fait mention. Cirta fut illustrée par le martyre des évêques Agapius et Secundinus, du soldat Æmilien, des pieuses vierges Tertulla et Antonia et d'une mère avec ses deux enfants. Ils obtinrent tous la palme du martyre sous l'empereur Valérien. L'Église romaine en fait mémoire dans son martyrologe au 3 des calendes de mai.

C'est aussi à la même époque et à Cirta, non à Lambæse, qu'ont souffert les saints Jacques et Marien avec leurs compagnons et les martyrs que nous venons d'énumérer. D'après leurs *Actes*, les saints Marien et Jacques subirent un long emprisonnement et comparurent au moins trois fois au tribunal du *præses* à Lambæse. Le lieu de leur martyre à Cirta est consacré par une inscription gravée sur le rocher, au bas de la ville, dans la vallée du Remel et qu'on y lit encore. Elle est ainsi conçue[1] :

† IIII NON SEPT. PASSIONE MARTVR
ORVM HORTENSIVM MARIANI ET
IACOBI DATI IAPIN RVSTICI CRISPI
TATI METTVNI BICTORIS SILBANI EGIP
TII SCI DI MEMORAMINI IN CONSPECTV DNI
CVARVM NOMINA SCIT IS QVI FECIT IND XV
†

D'autre part, la description que font leurs *Actes* du lieu

---

(1) *Corpus*, n. 7924.

du martyre convient admirablement à la vallée du Remel et ne saurait aucunement convenir à Lambæse. Leur fête se célèbre le 30 avril qui est le jour de la translation de leurs reliques.

D'autres saints confesseurs et martyrs ont ajouté à la gloire de Cirta.

Enfin, cette ville est encore célèbre par le concile de Cirta dont saint Augustin nous a conservé les *Actes*[1]. Quant aux monuments chrétiens de l'antique Cirta que le temps a épargnés, nous pouvons citer les restes d'une basilique qui avait succédé au capitole dans la Kasbah actuelle.

A Sidi Mabrouk, faubourg situé à trois kilomètres de Constantine et qui pourrait représenter la *Muguæ* où furent arrêtés les saints Marien et Jacques, se voyaient les restes d'une autre basilique divisée en trois nefs et terminée par une abside.

Une très belle mosaïque, trouvée dans la rue du Bardo, offre un médaillon central avec ces mots[2] :

IVSTVS
SIBI LEX
EST

Le bronze, le marbre, la pierre et l'argile offrent fréquemment la croix, le symbole du Christ, l'image de la Vierge, les scènes de l'Ancien et du Nouveau Testament.

Une lampe de Constantine présente un Dioscure, le dieu *Pileatus*, coiffé de la Croix, ce qui a donné occasion à saint Augustin de rapporter un mot que les prêtres du

---

(1) *Contra Cresc.*, lib. III, cap. XXVII.
(2) *Corpus*, n. 7922.

dieu avaient coutume de répéter pour tromper les chrétiens :
Le Dioscure lui-même est chrétien : *Et ipse Pileatus christianus est*[1].

Les épitaphes chrétiennes ne manquent pas à Constantine. L'une d'elles, relative à un clerc, porte[2] :

```
† DONATVS
  CLERICVS
  VIXIT ANN
 OS VIIII REQVI
 EBIT IN PACE
  S D GIII ID
   APRILES
```

Une épitaphe grecque nous rappelle la colonie dont nous avons signalé l'existence à Cirta[3] :

† Ενθαδε κα
ταχειτε τησ
μακαριασ μνη
μησ ουλπια η και
Κωνσταντια
βυζαντια
γειναμενη
θυγατηρ Ωρη
ασ τησ αθλιασ
ζησασα εν ει
ρηνη ετη ς

Plus haut il a été dit que Cirta possédait les archives ecclésiastiques de la province. Un canon du Concile africain de l'an 402 l'établit formellement, quand il dit :

(1) *Tract.* VII, *in Joan.*, n. 6.
(2) *Annuaire Const.*, 1883, p. 288.
(3) *Corpus*, n. 6938.

Ut matricula et archivus Numidiæ et apud primam sedem sit et in metropoli, id est, Constantina.

Le canon 123 du Code africain semble même donner une sorte de prépondérance à l'évêque de la métropole, car il appelle son siège *matrix cathedra* et il rappelle l'obligation qu'il a de veiller sur les hérétiques.

Il nous reste à donner les noms des Évêques connus de Cirta et de Constantine.

CRESCENS. Il assista au concile de saint Cyprien à Carthage, en 255, et il y vota le huitième sur la question du Baptême des hérétiques [1].

AGAPIVS. C'est l'évêque dont il est parlé dans les *Actes* des saints Marien et Jacques et qui souffrit le martyre sous Valérien. Jacques, dans une vision qu'il rapporte avoir eue, l'appelle *Nostrum Agapium*. C'est lui qui offre le sacrifice dans la prison de Cirta, lui qui prend un soin particulier des saintes vierges Tertulla et Antonia qu'il considère comme ses filles spirituelles. Tout paraît donc indiquer qu'il était évêque de Cirta.

PAVL. Il gouvernait l'Église de Cirta, lors de la promulgation, dans tout l'Empire romain, des édits de Dioclétien contre le christianisme. *Le quatorze des Calendes de juin de l'an 303,* comme nous le lisons dans les *Actes* de la justification de Cécilien [2], *la foi de Paul fut mise à l'épreuve, car Munatius Félix, flamine perpétuel et curateur de la colonie de Cirta, vint le trouver et lui dit: Livrez-nous les Écritures de la loi et les autres objets*

---

[1] Hard.. *Conc.*, t. I, p. 163.
[2] *Post. Optat.*, ibid., p. 168.

que vous avez ici, pour obéir à la volonté et aux ordres des Empereurs. — Paul dit : Les Écritures sont entre les mains des lecteurs ; quant à nous, nous donnons ce que nous avons ici. Alors il livra tout le mobilier de l'Église, deux calices d'or, six d'argent, six burettes d'argent, et tout le reste. Ensuite, on livra sacrilègement aux ennemis de la religion les Livres saints eux-mêmes qui *étaient chez les lecteurs.* — Il est certain que Paul ne survécut pas longtemps à un si grand crime, car, en 305, au concile de Cirta, que présida Secundus, évêque de Tigisi, on s'occupa de lui choisir un successeur.

SILVAIN. Il avait été le sous-diacre de Paul et son principal instrument, lorsque celui-ci livra sacrilègement les choses saintes [1]. Cependant Secundus de Tigisi l'ordonna évêque [2] au concile de Cirta, en 305, à l'origine même du schisme des Donatistes, dont Silvain fut le premier évêque à Cirta, malgré l'opposition du peuple qui criait : « *Vous voulons notre concitoyen,* » c'est-à-dire *Donat,* comme on peut le lire dans les *Actes* de Zénophile [3].

ZEVZIVS. Il gouvernait l'Église de Cirta, en 330, lorsque l'empereur Constantin lui adressa, ainsi qu'à ses dix collègues, la lettre pleine de déférence, dans laquelle il promettait de construire, à ses frais, une autre basilique à Cirta et louait leur résolution de ne point revendiquer celle que les Donatistes leur avaient enlevée par la force [4].

---

(1) *Post Optat.,* p. 168.
(2) *Aug., Ép.* LIII, n. 4.
(3) *Ibid., Contra litt. Petil.,* lib. III, cap. LVIII.
(4) *Post Optat., ibid.*

GENEROSVS. Nous le connaissons par la lettre que lui adressa saint Augustin [1], avant l'année 400, pour l'affermir, au nom de tous ses collègues, contre le Donatisme, et pour réfuter la lettre d'un prêtre de cette secte, qui se vantait d'avoir été averti par un ange d'avoir à amener Generosus au parti des Donatistes.

PROFVTVRVS. C'est aussi saint Augustin qui nous a conservé son nom. Dans son livre sur l'Unité du Baptême contre Pétilien, il s'exprime en effet ainsi [2] : « *Par conséquent, Profuturus, mort depuis peu d'années, et Fortunat, successeur de cet évêque, et qui est encore de ce monde, furent manichéens, tout comme ont été traditeurs ceux que les Donatistes ne cessent d'accuser, quoi qu'ils leur soient très inconnus, ayant vécu si loin de notre temps! Mais leur pureté de vie nous est suffisamment prouvée par les outrages mêmes de tels hommes.* — On pense qu'Augustin écrivit ce livre vers l'an 410. C'est pourquoi l'on doit dire que Profuturus a été le successeur immédiat de Generosus. Cependant Noris [3] assigne une époque plus reculée à cet évêque et à Fortunat, son successeur, parce que Fortunat, dans la liste de la conférence de Carthage, est placé avant Possidius, qui, en 398, ou l'année suivante, succéda à Megalius de Calama et pour cette raison semble plus ancien dans l'épiscopat que lui. Mais qui empêche de dire que l'usage reçu n'a pas été gardé alors dans l'appel des évêques, parce que la charge confiée à Fortunat lui donnait droit de préséance et l'obligeait même à parler le premier?

---

(1) *Ép.* LIII.
(2) Cap. XVI, n. 30.
(3) *Hist. Pelag.*, lib. II, cap. VIII.

FORTVNAT. Il assista, en 411, à la conférence de Carthage, où il fut l'un des sept élus par les catholiques pour défendre leur cause. Il souscrivit, en conséquence, en ces termes [1] : *Fortunat, évêque de l'Église de Constantinia, étant à Carthage, en présence du clarissime Marcellin, tribun et notaire, j'ai accepté le présent mandat et j'ai souscrit.* Et après la lecture de sa souscription, il ajouta : *J'ai pour compétiteur Pétilien.* Ce dernier avait été aussi lui-même désigné par les Donatistes pour soutenir la discussion contre les catholiques, et c'est lui dont saint Augustin a réfuté les écrits, en 416. Fortunat vivait encore alors, car nous lisons son nom dans la lettre que le concile de Milève, réuni cette année-là même, adressa au Souverain Pontife Innocent [2].

DELPHINVS. Il était catholique et nous le connaissons par le témoignage de saint Augustin [3], qui l'appelle *sanctus frater et coepiscopus meus Delphinus,* et par un passage de la conférence de 411 [4]. Après que le clarissime Marcellin *eut demandé que, dans tous les lieux et dans toutes les cités où il y avait un évêque de chaque parti, ces deux évêques fussent confrontés l'un avec l'autre,* Pétilien répondit que, *dans son peuple, c'est-à-dire dans la cité de Constantine, il avait pour adversaire Fortunat, mais que, au milieu de son diocèse, on en avait établi récemment un autre, nommé Delphinus, qu'ainsi il y avait deux évêques catholiques pour un seul peuple.* Puis il allégua un exemple semblable dans l'Église de

---

(1) *Cogn.*, 1, n. 138 et n. 141.
(2) Hard., I, p. 1221.
(3) *Ép.* CXXXIX, n. 4.
(4) *Cogn.*, I, n. 64 et 65.

Milève. Dès lors, ou bien Delphinus était comme un coadjuteur de Fortunat, de la même manière qu'Augustin avait été coadjuteur de Valère à Hippone, ou bien il avait été chargé de gouverner en qualité d'évêque l'un des *pagi* ou *oppida* du territoire de Cirta, comme on avait fait pour Ceramussa dans le diocèse de Milève.

Du reste, Delphinus n'assista point à la conférence de Carthage et ce fut Alype de Thagaste qui répondit pour lui en ces termes[1] : *L'évêque Delphinus est ici, mais une infirmité le retient*, sans donner le nom du siège qu'il occupait.

HONORATVS ANTONINVS. Il florissait au V° siècle, alors que Genséric était déjà maître de l'Afrique. Gennade en parle ainsi[2] : *Honorat, évêque de Constantine, ville d'Afrique, écrivit à un Arcadius, exilé pour sa constance dans la foi par le roi Genséric, dans une région de l'Afrique, une lettre d'exhortation à souffrir patiemment pour le Christ; lettre fortement nourrie d'exemples contemporains et de citations des saintes Écritures, où il dit que la constance dans la confession de sa foi non seulement efface les péchés passés, mais donne encore le mérite du martyre.* Cette lettre a été publiée par Ruinart[3], après plusieurs autres éditeurs, sur un très bon manuscrit. C'est aussi lui qui a fait connaître le double nom de cet évêque. La lettre commence ainsi : *courage, âme fidèle; courage, réjouis-toi, confesseur de l'unité, d'avoir été jugé digne de souffrir des outrages pour le nom de Jésus.*

---

(1) *Cogn.*, I, n. 215.
(2) *De vir. illust.*, cap. LXXXXV.
(3) *Hist. Pers. Vand.*, part. II, cap. IV.

VICTOR. Il figure le quatre-vingt-troisième parmi les évêques de Numidie que le roi Hunéric appela à Carthage, en 484, et qu'il exila avec tous les autres évêques de l'Afrique. L'annotation *prbt, probatus,* montre qu'il mourut pour la foi loin de son siège, et, à ce titre, il mérite notre vénération comme toutes ces autres victimes si nombreuses de la persécution vandale que l'Église honore.

D'après la *Notice* de Léon le Sage, Constantine avait encore un évêque en 883, mais nous ignorons le nom de cet évêque et celui de ses prédécesseurs.

D'autre part, nous connaissons des évêques titulaires de Cirta. Ce sont :

Jean JUBENS, de l'ordre franciscain, préconisé par le pape Paul III, en 1542, et qui fut auxiliaire de l'évêque de Barcelone [1];

François DE LA ROCHA, 10 janvier 1656;

Jean-Baptiste BARZOTTO, 23 avril 1663;

Daniel HASTANPEL, 15 décembre 1664;

Joseph-Henri CORREA DE GAMA, 30 juillet 1727;

Jules BENZA, de la Congrégation du Mont-Cassin; auxiliaire de l'évêque de Mazara, 23 juin 1828;

Édouard BARREN, vicaire apostolique de la Guinée Inférieure, 3 octobre 1842 [2].

Après la conquête française, en 1837, Constantine avait été rattachée à l'évêché d'Alger, ainsi que toute la Numidie. Ce n'est que le 25 juillet 1866 que le siège épiscopal de Constantine fut rétabli. Le premier évêque du siège relevé fut :

---

[1] *Ann. miss.*, t. XVII, p. 53.
[2] *Actes Consistor.*

FÉLIX-François-Barthélemy de Las CASES, préconisé le 27 mars 1867. Il démissionna, à la suite de la chute de l'Empire, le 22 août 1870.

LOVIS-Joseph ROBERT, préconisé le 6 mai 1872 et transféré à Marseille, le 13 juin 1878.

PROSPER-Auguste DUSSERRE, préconisé le 13 septembre 1878 et nommé coadjuteur avec future succession de l'archevêque d'Alger, le 27 février 1880.

FRANÇOIS-Charles-Marie GILLARD, préconisé le 27 février 1880, décédé à Alger le 29 septembre de la même année, avant d'avoir reçu la consécration épiscopale.

CLÉMENT-Barthélemy COMBES, préconisé le 13 mai 1881, transféré à l'archevêché de Carthage, le 15 juin 1893.

IVLIEN LAFERRIÈRE, nommé le 29 janvier 1894.

II. — AIVRA.

Ajura, autrement Azura, était une ville d'origine lybienne comme son nom l'indique et qui se trouvait assurément dans le voisinage de Macomades et de Rotaria. C'est ce que montrent les débats de la conférence de Carthage. Toutefois, sa position géographique n'a pas encore pu être définitivement déterminée.

Un seul de ses évêques est connu, et c'est :

VICTOR, qui, dans la conférence de Carthage, en 411, est appelé évêque de l'Église catholique d'Azura, lorsque, répondant à l'évêque donatiste de Rotaria, il dit, en présence du tribun et notaire Marcellin [1] : *Il prétend qu'il n'en a pas,* c'est-à-dire, l'évêque donatiste prétend qu'il n'a point de compétiteur dans la ville de Rotaria, *mais j'ai là une église, ce que tu sais bien.*

Le même Victor est encore mentionné plus bas et appelé évêque d'Ajura [2]. Lorsqu'il s'avança vers le tribun, il dit : *Je donne mandat et j'approuve.* C'était la formule dont se servaient ceux qui n'avaient pas assisté à la séance où avait été décidée la discussion qui devait avoir lieu avec les Donatistes.

Dans l'affaire de l'évêque de Rotaria, nous voyons l'évêque de Macomades, l'intrépide Aurèle, intervenir avec Victor d'Ajura, ce qui nous permet de croire que les trois villes d'Ajura, de Macomades et de Rotaria étaient peu éloignées l'une de l'autre. La variante Azura nous autorise d'autre part à rapprocher ce nom de celui d'Auzura et de son ethnique *Auzurenses,* qu'on a lu sur des poteries retrouvées à Cirta. Auzura peut fort bien devenir Azura et Ajura, de même que Gadiaufala, ville voisine, a pu devenir Gazaufa et Gazofala.

---

[1] *Cogn.,* I, n. 187.
[2] *Ibid.,* n. 215.

III. — ANBVRA.

Anbura, autrement Ambura, Ampora et Amphora, ne diffère peut-être pas de la ville que les *Actes* de saint Mammaire[1] appellent Amphoraria et qui devait être voisine de Boseth. Les *Actes* semblent indiquer que Amphoraria, autrement Anforaria, se trouvait dans la Numidie Proconsulaire. D'autre part, Ambura fait penser à Nebeur, petite ville voisine de Sicca et qui a succédé à une cité antique. Mais ce ne sont que de vagues hypothèses. Les géographes n'en font pas mention.

DONAT d'Ambura assista, en 411, à la conférence de Carthage, où, quand son nom fut appelé, il répondit[2] : *Je suis présent*. Le donatiste, Servatus d'Amphora, son compétiteur, était aussi présent, et il ajouta : *Je le connais*. Plus bas, on lit de nouveau le nom de ce dernier, lorsqu'on dit qu'il se présenta et fit sa déclaration en ces termes[3] : *J'ai donné mandat et j'ai souscrit*.

CRESCONIVS d'Ampora. La *Notice* l'inscrit le onzième parmi les évêques de la Numidie qui, en 484, se réunirent à Carthage, sur l'ordre du roi Hunéric, et préférèrent, avec une invincible constance, comme leurs autres collègues, l'exil à l'hérésie arienne.

---

(1) 10 *jun.*, *Actes*.
(2) *Cogn.*, I, n. 121.
(3) *Cogn.*, n. 198.

IV. — AQVÆ.

La Numidie eut une ville épiscopale du nom d'Aquæ, que ne distinguait aucune épithète, si l'évêque Cresconius n'a pas abrégé sa signature. Nous avons, en effet, plus d'un exemple où l'on voit que les évêques, n'ayant à redouter aucune équivoque, négligeaient de faire mention du qualificatif attaché au nom de leur siège. Or les monuments nous prouvent qu'il y avait en Numidie des Aquæ Novæ, des Aquæ Thibilitanæ, des Aquæ Herculis, des Aquæ Cæsaris, des Aquæ Flavianæ, des Aquæ Megarmelitanæ et peut-être s'en trouvait-il encore d'autres. Les Aquæ dont nous avons à nous occuper paraissent avoir été assez rapprochées de Macomades et dès lors il s'agirait soit des Aquæ Cæsaris soit plutôt des Aquæ Megarmelitanæ dont nous parlerons à l'article de Megarmeli ou Magarmeli. Les stations thermales, si nombreuses en Afrique, formaient d'ordinaire des centres de population distincts des villes voisines auxquelles ils empruntaient leur nom.

CRESCONIVS. Il se rendit, à Carthage, en 411, pour la conférence où, à l'appel de son nom parmi ceux des Donatistes [1], il dit : *J'ai donné mandat et j'ai souscrit; je n'ai point de traditeur dans mon Église.* Les Donatistes nommaient ainsi les évêques catholiques, parce que, au début, ils avaient soutenu Cécilien contre les Donatistes. Or, ceux-ci l'accusaient d'avoir livré, à Carthage, les saintes

---

(1) *Cogn.*, n. 198.

Écritures et d'avoir été ordonné par des évêques souillés du même crime. En réponse à cette déclaration de Cresconius, Aurèle, évêque de l'Église voisine de Macomades, ajouta : *Nous avons là un prêtre ; car il y a eu aussi un évêque, mais il vient de mourir* et personne n'a encore été *ordonné à sa place*[1].

V. — AQVÆ NOVÆ.

Cette ville devait-elle son nom à ce qu'on y avait découvert de l'eau, dont les Africains faisaient grand cas, à cause de l'aridité du sol? Les descendants des anciens Africains se servant de la langue arabe donnent encore à beaucoup de sources le nom de *Aïn Djedida* qui répond aux *Aquæ Novæ* de la langue latine. Elle se trouvait en Numidie, comme le prouve la *Notice*, mais nous n'avons aucun document qui fasse connaître sa véritable position.

FÉLICIEN d'Aquæ Novæ se trouvait dans les rangs des Donatistes à la conférence de Carthage, en 411. Il se présenta à l'appel et y répondit selon la formule[2] : *J'ai donné mandat et j'ai souscrit.*

ANASTASE d'Aquæ Novæ. La *Notice* l'inscrit le soixante-treizième parmi les évêques de la province de Nu-

---

(1) *Cogn.*, n. 198.
(2) *Cogn.*, I, n. 198.

midie que le roi Hunéric, après les avoir convoqués à une assemblée générale de tous les évêques d'Afrique, en 484, condamna à la peine d'exil.

VI. — AQVÆ DE THIBILIS.

Il y avait, en Numidie, une ville appelée *Aquæ Thibilitanæ* et une autre appelée *Thibilis*. Toutes les deux, en effet, sont indiquées sur la *Table* de Peutinger, quoique assez rapprochées l'une de l'autre. On les a retrouvées toutes les deux, Thibilis à Announa et les Aquæ de Thibilis à Hammam Meskhoutin. Elles sont situées entre Cirta et Calama. Les Aquæ de Thibilis étaient des eaux thermales, encore très fréquentées aujourd'hui. Les sources très curieuses se voient sur la rive droite de l'oued Bou-Hamdan, petit affluent de l'ancien Ubus, la moderne Seybouse. Aux restes des antiques établissements romains ont succédé de nouvelles constructions destinées principalement aux soldats malades. Les parois d'une grotte, creusée dans la montagne voisine, le djebel Taya, portent de nombreuses inscriptions votives tracées par les magistrats de Thibilis et dédiées au dieu Bacax. Voici l'une d'elles[1] :

<pre>
ISEQ ET DONATO
COS BAS QIVN MA
XIMVS MAG THIBI
LIT PR KAL APR
</pre>

(1) *Ephem. epig.*, V, n. 832.

Il faut lire : *Iseo? et Donato consulibus* (a. 260). *Bacaci Augusto sacrum. Quintus Junius Maximus magister Thibilitanus, pridie kalendas apriles.*

Saint Augustin mentionne cette ville avec Thibilis, car, écrivant à l'ex-proconsul Donat, il dit[1] : *Je n'ai pu vous voir, lorsque vous êtes venu à Thibilis.* Et ailleurs, parlant de l'évêque Projectus, et rappelant qu'une femme avait recouvré la vue, pendant que cet évêque portait les reliques de saint Étienne, premier martyr, il commence ainsi sa relation[2] : *Lorsque, aux Aquæ de Thibilis, l'évêque Projectus portait les reliques du très glorieux martyr saint Étienne, une grande foule l'accompagnait et venait à la Memoria du saint.* L'Itinéraire d'Antonin place les Aquæ de Thibilis entre Cirta et Villa Serviliana, sur la voie d'Hippone-Royale, et leur nom indique suffisamment qu'elles se trouvaient peu éloignées de la ville de Thibilis.

MARIN. Saint Optat le compte parmi les évêques qui, au temps de Dioclétien, cruel persécuteur des chrétiens, eurent les premiers *l'impiété de livrer les instruments de la loi de Dieu*[3]. Il assista, en 305, au concile de Cirta[4], où, interrogé par son primat, sur cette trahison, en ces termes : *On dit que vous aussi avez livré?* Il répondit : *J'ai donné des papiers à Pollus, mais j'ai sauvé mes livres.* Sur quoi le primat, sans lui demander quels étaient ces papiers, lui dit : *Passez de l'autre côté.* Lui-même, en effet, et les autres prélats réunis là, étaient coupables du même crime.

---

(1) *Ép.* CII, n. 1.
(2) *De civ. Dei*, XXII, VIII, 8.
(3) *De Schism.*, I, 13.
(4) *Aug. Contr. Cresc.*, lib. III, XXVII, 30.

PROIECTVS. Suivant des manuscrits et d'après les Bénédictins de Saint-Maur, son nom serait Præjectus. Il fut contemporain de saint Augustin, car celui-ci en parle lorsqu'il fait mention d'événements de son temps et qu'il parle des miracles opérés par l'intercession de saint Étienne qui avait un sanctuaire aux Aquæ de Thibilis, or, saint Augustin écrivait après l'année 413[1], et comme Projectus n'est point nommé dans la conférence de Carthage, cela paraît indiquer qu'il mourut avant l'année 411.

VII. — ARSACAL.

La *Notice* de 482 nous offre la forme Arsicar ou Arsacar, mais nous savons que la permutation des liquides L et R est constante dans les dialectes berbères. Le Castellum Arsacal répond aux ruines d'*El Goléa*, la petite forteresse qui, on le voit, ne diffère pas de Castellum. El Goléa est situé à la pointe sud-ouest du Chettaba, en pleine Numidie. On y voit encore les restes de l'antique citadelle dont le nom s'est fidèlement conservé et l'on y remarque deux nécropoles considérables. Arsacal, situé sur la voie de Sétif, et non loin de Cirta, dépendait de cette dernière ville. C'était une république qui avait ses magistrats, ainsi que le montrent diverses inscriptions. L'une d'elles dit[2] :

---

(1) *De civ. Dei, ibid.*
(2) *Corpus*, n. 6041 — cf. n. 6048.

```
     CERERI.
    AVG. SACR.
    IVLIA. MVS
   SIOSA. KASA
    RIANA. EX.
    CONSENSV.
   ORDINIS. CAS
   TELLI. ARSA
    CALITANI.
   SVA. PECVNIA
      FECIT.
      L D D D
```

Un autre texte de l'an 197 indique que, au temps de Sévère, la ville était déjà organisée.

Le nom d'Arsacal que prend l'évêque de la *Notice*, et le titre de Castellum qu'elle portait et qui lui est resté jusqu'à nos jours, nous suggèrent la réflexion suivante. Des évêques sont désignés tantôt par le nom de la ville, comme celui dont il s'agit ici, et tantôt par le titre de cette même ville, ainsi que nous le verrons plus loin pour un évêque qui portait le titre de *Castellanus*. Quel était le nom de ce *Castellum?* S'il en avait un, ce qui est probable, nous l'ignorons. On peut en dire autant des Aquæ et autres noms de villes.

SERVVS. La *Notice* le nomme le cinquante-septième parmi les évêques de la Numidie qui, sur l'ordre du roi Hunéric, se rendirent à l'Assemblée générale de Carthage, en 484, et, après qu'on leur eût enlevé leurs églises, furent condamnés à l'exil.

VIII. — AVGVRVS.

La *Notice* attribue la ville d'Augurus à la Numidie, mais les géographes n'en disent rien. Saint Augustin signale un domaine, nommé Audurus, dont il dit[1] : *Audurus est le nom d'un domaine* (fundi) *sur lequel se trouve un sanctuaire* (memoria) *du martyr saint Étienne*. On voit, par tout le contexte, que c'était un bourg, probablement situé dans la région d'Hippone.

MONTAN. Il assista, en 411, à la conférence de Carthage. Il y est appelé *évêque de l'Église catholique d'Augurus*, et il répondit à l'appel[2] : *Je suis présent et j'ai l'unité*.

LEPORIVS. La *Notice* le mentionne le trente-cinquième parmi les évêques de la Numidie que nous savons s'être rendus à Carthage, pour l'assemblée générale de 484, époque où le roi Hunéric qui les avait convoqués traîtreusement, les condamna à l'exil.

(1) *De civ. Dei*, XXII, VIII, 15.
(2) *Cogn.*, I, n. 126.

IX. — AVSVCCVRA.

Nous devons aussi le nom de cet évêché à la *Notice* seule et elle nous apprend qu'il se trouvait dans la Numidie. Aux environs de Calama, sur le flanc occidental d'une colline, à deux kilomètres environ au sud-ouest de Nechmeïa, se voient les restes d'une antique bourgade que l'on nomme aujourd'hui *Ascour* et qui rappelle le nom de la localité où Pompée, selon ce que dit Hirtius, fut repoussé par le roi Bocchus et obligé de se replier sur Hippone d'où il venait.

DONAT. Il figure le quinzième sur la liste des évêques de Numidie qui, mandés à Carthage, en 484, par le roi Hunéric, subirent la même peine que tous les évêques catholiques.

X. — AVSVGRABA.

La syllabe *Au*, autrement *Ab*, est un préfixe lybien qui paraît dans beaucoup de noms de lieu, ainsi que nous l'avons déjà constaté pour la province Proconsulaire. Il ne faut pas, du reste, s'étonner de la permutation des lettres *V* et *R*, car les Africains parlaient mal le latin, comme l'indique saint Jérôme[1] : *Un Romain, dit-il, avait un professeur de grammaire africain, homme très érudit, et il se croyait l'égal de son maître s'il parvenait seulement à reproduire le sifflement de sa langue et le défaut de sa prononciation.* De là vient que les Africains, en écrivant, ont parfois suivi leur manière de prononcer et non la grammaire. Les monuments des Catacombes prouvent bien que les Romains faisaient de même.

CRESCONIVS. Son nom se trouve dans la conférence de Carthage, en 411, parmi ceux des évêques donatistes et à l'appel de son nom, il se présenta en disant[2] : *J'ai donné mandat et j'ai souscrit,* sans indiquer s'il avait un compétiteur catholique. Cette absence de compétiteur fait supposer que Ausagraba se trouvait dans la Numidie, centre du Donatisme.

XI. — BABRA.

Il n'y a pas trace de cette localité chez les géographes ; nous savons seulement par la *Notice* qu'elle était en Numidie. L'occupation de cette province nous a appris que, au sud de Mascula, se trouve un canton couvert de ruines romaines et portant le nom de *Babar*.

(1) *Contr. Rusin.*, lib. III, n. 27.
(2) *Cogn.*, I, n. 201.

D'autre part, une tribu de Bavares est signalée dans une inscription de Lambæse comme étant sur la frontière qui séparait la Numidie de la Maurétanie[1]. Nous l'avons reproduite plus haut.

Une fraction de ce même peuple est désignée sous le nom de *Babari Transtagnenses* dans une inscription de Césarée[2] :

```
        IOVI OPTIMO MAXIMO
         CETERIS QVE DIS.
           IMMORTALIBVS
         GRATVM. REFERENS
        QVOD. ERASIS FVNDITVS
         BABARIS TRANSTAGNEN
        SIBVS SECVNDA. PRAEDA
       FACTA. SALVVS. ET INCOLrMIS.
          CVM. OMNIB. MILITIBVS.
         DD. NN. DIOCLETIANI. ET.
          . MAXIMIANI. AVGG.
             . REGRESSVS.
       . AVREL. LITVA. V. P. P. P. M. C.
         . VOTVM. LIBENS. POSVI.
```

Le lac dont il est ici question ne serait autre que celui de Tubuna, le Hodna actuel. Les *Bavares* sont encore signalés aux environs d'Auzia, la moderne Aumale, et sur d'autres points de la Maurétanie. Mais il ressort de nos textes qu'ils étaient presque à cheval sur la frontière des deux provinces, à la façon de nos tribus nomades.

VICTORIN. Il appartient à l'année 484, où le roi Hunéric ordonna la réunion de tous les évêques d'Afrique à Carthage, et il est compté le soixante-quatorzième sur la

---

(1) *Corpus*, n. 2615.
(2) *Ibid.*, n. 9324 — cf. n. 9047.

liste des évêques de la Numidie. Une note jointe à son nom fait connaître qu'il fut du nombre de ceux qui succombèrent en exil pour leur foi chrétienne.

XII. — BADIAS.

Ad *Badias* était le nom d'une station de la voie de Théveste à Lambæse par le sud de l'Aurès et dans le Sahara. La *Table* de Peutinger la place entre Ad Medias et Ad Thabudæos, à 25 milles de la première et à 23 milles de la seconde. C'est bien là que nous la retrouvons encore sous le nom de *Badès*. Ptolémée la nomme βαδιαθ. La *Notice* des dignités de l'Empire nous apprend que cette ville était le chef-lieu d'un établissement militaire destiné à surveiller la frontière méridionale. Il jouait donc, au point de vue stratégique, le rôle que remplit aujourd'hui notre poste de Zeribet-el-Oued, situé à quelques kilomètres au sud-ouest de la station romaine. Placée au débouché de l'Oued-el-Arab, grand cours d'eau qui descend du massif de l'Aurès et dont le cours forme une ligne de communication entre les hauts plateaux et le Sahara, Badias avait son importance. Les auteurs arabes ne manquent pas de mentionner *Badis*. L'antique cité était située sur une colline et sur la rive gauche de l'Oued-el-Arab. Elle est encore occupée par les descendants de ses anciens habitants qui étaient chrétiens. Les traditions berbères et arabes disent que le *Ksar Romana* de Badès était un couvent de moines aussi bien que les autres ksour de cette région. Il est certain que Capsa avait un monastère et il est probable que les sables du Souf comme ceux de la Haute-Égypte ont vu fleurir de nombreux couvents. Les traditions locales en sont l'indice. On sait aussi que Justinien éleva plusieurs monastères qui étaient en même temps des forteresses.

Badès offre encore quelques vestiges de son enceinte, qui était construite en pierres de taille et flanquée de tours.

La *Notice* de Léon le Sage affirme qu'à la fin du IXe siècle, Badias avait encore un évêque.

D'après une inscription trouvée à la Zaouïa des Beni Barbar, Badias aurait eu le titre de municipe[1]. Son nom paraît aussi dans les graffites du camp de Gemellæ[2].

DATIVVS. Il donna son sentiment le quinzième, après trois évêques de Numidie, dans le troisième concile que saint Cyprien réunit à Carthage, en 255, sur la question du baptême[3]. Il eut la gloire, deux ans après. je crois, d'être du nombre des confesseurs.

PANCRACE. Il assista, parmi les Donatistes, à la conférence de Carthage, en 411, et, à l'appel de son nom, il répondit[4] : *J'ai donné mandat et j'ai souscrit.*

Pancrace fut-il partisan de Maximien et assista-t-il au concile de Cabarsussi en 393? Parmi les souscripteurs de ce concile nous trouvons Pancrace de Baliana, qui peut fort bien être le même que Pancrace de Badias. Il en sera fait mention à l'article de Buleliana, évêché de la Byzacène.

---

(1) *Corpus*, n. 2451.
(2) *Ann. Const.*, 1888, p. 267.
(3) Hard., I, p. 166.
(4) *Cogn.*, I, n. 180.

XIII. — BAGAI.

Selon l'historien Procope, Bagaï se trouvait en Numidie sur la rivière Abigas et c'était une ville déserte [1]. Saint Augustin parle de Bagaï à propos de la vanterie des Donatistes qui disaient [2] : *Et notre Église est grande. Que pensez-vous de Bagaï et de Thamugade ?* C'étaient là, en effet, les principales églises des Donatistes, toutes deux en Numidie et peu distantes l'une de l'autre. A Bagaï avait été célébré en 394 un concile composé de trois cent dix évêques qui avaient condamné Maximien et ceux qui l'avaient sacré. De là était un Donat que les Donatistes honoraient comme leur martyr et dont saint Augustin dit [3] : *Ils nous citent, je ne sais quel martyr, qu'ils auraient eu durant la persécution. C'est Marculus, qui a été précipité du haut d'un rocher : c'est Donat de Bagaï qui a été jeté dans un puits.* Mais le bruit courait qu'ils s'étaient tués volontairement eux-mêmes. Saint Augustin parle encore de la basilique brûlée à Bagaï par les Donatistes et de leurs autres crimes [4]. *Les catholiques ont rapporté*, dit-il, *que des crimes horribles ont été commis par les Donatistes dans cette ville ; la basilique même y a été incendiée et les Livres saints jetés au feu.* Au contraire, l'Église catholique qui existait aussi dans cette ville fut grandement illustrée par le glorieux confesseur Maximien,

[1] *Bell. Vand.*, II, 29.
[2] *In ps.*, XXI, *Enarr.*, II, n. 6.
[3] *Tract.* XI, *in Joan.*, n. 15.
[4] *Brev. Collat.*, XI, n. 23.

évêque, dont il est fait mention dans le martyrologe, le 5 des nones d'octobre. Le saint prêtre et martyr Mammaire, honoré le 10 juin avec plusieurs autres, appartient également à Bagaï.

Cette ville ruinée depuis longtemps de fond en comble, est connue jusqu'aujourd'hui sous le nom de Kasr-Bagaï. Ses ruines se voient entre le lac Tarf et le pied de l'Aurès, à huit kilomètres de l'un et de l'autre, sur un mamelon qui domine la plaine, à l'est et près de l'oued Bagaï, l'ancien Abigas, qui se jette dans le Tarf. Les ruines occupent une superficie d'environ six hectares. Bagaï jouissait du droit de cité romaine, dès le commencement du IIIe siècle, mais elle n'est nommée par les auteurs qu'à l'époque chrétienne, au temps de saint Cyprien. Bekri, auteur du XIe siècle, dit que de son temps Bagaï était une ancienne forteresse, construite en pierres, et entourée de trois côtés par un grand faubourg; à l'occident, sur la rivière, on ne trouvait que des jardins. Les caravansérails, les bains et les bazars étaient relégués dans le faubourg; mais le Djamâ ou mosquée était dans l'enceinte. Okba le Conquérant avait battu devant la ville les chrétiens, Romains et Berbères, qui se réfugièrent dans la forteresse, immense quadrilatère dont l'enceinte se voit encore.

Le nom de la cité se lit sur un monument que nous reproduirons plus bas et dans une épitaphe d'Aïn-Beïda, laquelle est ainsi conçue[1] :

FLORENT *iu s*
A*e* **FILIA***e* *be*
NE MERENTI
MORTVA

---

[1] *Corpus*, n. 2305.

DERESRE *depo*
SITA IN *civitate*
BAGAI *ensi, etc.*

Une basilique de l'ancienne Bagaï offre au visiteur quelques maigres restes : la mosquée dont parle El Bekri a la disposition d'une église ; sur un chapiteau, trouvé hors de l'enceinte, on peut lire la formule *Deo gratias* que les catholiques opposaient au *Deo laudes* des Donatistes, ce qui a fait dire à saint Augustin[1] : *Vous vous moquez de notre Deo gratias, mais on pleure votre Deo laudes.*

Une curieuse lampe en terre de Bagaï offre en relief l'image du Sauveur foulant aux pieds l'aspic et le basilic.

Selon la *Notice* de Léon le Sage, Bagaï avait encore un évêque à la fin du IXe siècle.

FELIX. Il assista au troisième concile que saint Cyprien réunit à Carthage sur la question du baptême en 255. Il y donna son sentiment le douzième, se rangeant à l'avis de saint Cyprien, qu'il fallait rejeter le baptême des hérétiques[2].

DONAT. Il fut un des principaux chefs des Donatistes et il arma les *Agonistiques*, comme il les appelait, c'est-à-dire les Circumcellions, contre Paul et Macaire, envoyés par l'empereur Constant en Afrique pour distribuer des secours aux malheureux et aux indigents et qui exhortaient à l'unité ceux dont ils soulageaient la misère. Saint Optat et saint Augustin en ont souvent parlé et c'est lui que les

---

(1) *Ibid.*, n. 2292 — *Aug. Enarr. in ps.*, CXXXII, n. 6.
(2) Hard., I, p. 163.

Donatistes, comme nous l'avons dit, vénéraient comme un martyr. On pense qu'il mourut vers l'an 348 [1].

MAXIMIEN. Il fut d'abord de la secte de Donat, ainsi que son frère Castorius ; *mais notre Mère catholique, comme s'exprime saint Augustin* [2], *ouvrit ses bras miséricordieux à ces fugitifs qui passaient d'un schisme déshérité à l'héritage du Christ.* Or, lorsque Maximien commençait à gouverner l'Église de Bagaï, il devint, soit par sa sévérité, soit pour son ancienne erreur, un objet de répulsion et de haine pour son peuple. Mais persuadé qu'il agirait dans l'intérêt de la religion en renonçant à l'épiscopat, il voulut quitter spontanément son siège. A ce sujet, saint Augustin et saint Alype écrivirent en ces termes à Castorius : *Dieu a donc voulu aussi, par l'exemple de votre frère, notre fils Maximien, montrer aux ennemis de l'Église qu'il y a, dans son sein, des hommes qui ne cherchent pas leurs propres intérêts, mais ceux de Jésus-Christ. Car ce ministère de la dispensation des mystères de Dieu, il ne l'a pas abandonné sous l'empire de pensées mondaines, mais il l'a déposé par un pieux sentiment de paix, pour éviter d'être, en gardant sa dignité, la cause d'une dissension honteuse et périlleuse, ou peut-être même pernicieuse parmi les membres du Christ* [3].

Le concile de Milève, tenu en 402, avait pris en effet la décision suivante [4] : *Au sujet de Maximien de Bagaï, il nous a plu d'adresser, au nom du concile, des lettres*

---

[1] Optat, *De schism.*, III, 1.
[2] *Ép.* LXIX, n. 1.
[3] *Ép.* LXIX, n. 1.
[4] Hard., I, p. 911.

à lui et à son peuple, afin que le premier se démette de l'épiscopat et que les autres élisent un nouvel évêque pour leur église.

Le passage que nous avons cité de saint Augustin prouve que Maximien se conformant à cette décision du concile, avait donné sa démission. Mais aussi la décision du concile nous montre qu'une pareille mesure était extrêmement rare.

D'autre part, la lettre de saint Augustin établit que Castorius refusait de succéder à son frère. En effet le choix des habitants de Bagaï s'était porté sur Castorius, le frère de Maximien. Augustin et Alype écrivaient à ce dernier pour l'exhorter à accepter l'épiscopat : *Que ce peuple,* disent-ils[1], *auquel, nous l'espérons, votre esprit et votre parole, enrichie et ornée des dons de Dieu, donneront d'heureux accroissements, voie en vous-même que votre frère a agi, comme il l'a fait, non pour son propre repos, mais pour la paix de son église.*

En somme, ces divers passages ne donnent pas la certitude que Castorius accepta l'épiscopat de Bagaï à la place de son frère. S'il accepta, du reste, son épiscopat ne fut pas de longue durée, car deux ans après, c'est-à-dire en 404, nous retrouvons Maximien à la tête de l'église de Bagaï.

Nous avons fait remarquer plus haut qu'il est au nombre des saints confesseurs. Les souffrances qu'il endura, de la part des Donatistes, sont plus d'une fois rappelées par saint Augustin. Qu'il suffise de reproduire ici ce qu'il en dit, dans une lettre à Boniface[2] : *Pendant qu'il était à l'autel, ils se ruèrent sur lui avec une fureur crimi-*

---

(1) *Ép.* LXIX, n. 2.
(2) *Ép.* CLXXXV, n. 27.

nelle et un cruel emportement et le maltraitèrent sans pitié avec des bâtons, avec toutes sortes de projectiles et enfin avec le bois même de l'autel qu'ils avaient mis en pièces. Ils lui enfoncèrent aussi un poignard dans le côté et le sang qui s'écoulait par cette blessure aurait suffi pour lui faire perdre la vie, si l'excès même de leur cruauté n'avait servi à le sauver. Car, comme après l'avoir grièvement blessé, ils le traînaient sur le sol, la poussière, en obstruant sa blessure, arrêta le sang qui en coulait en abondance, et dont la perte allait amener sa mort. Mais lorsque ensuite ils l'eurent enfin abandonné, et que les nôtres essayèrent de l'emporter, en chantant des psaumes, ses ennemis, plus acharnés encore, l'arrachèrent des mains de ceux qui le portaient. Après avoir maltraité et mis en fuite les catholiques, qu'ils surpassaient de beaucoup en nombre, et que leurs sévices terrorisaient, ils le portèrent dans une tour, et pensant qu'il était déjà mort, quoique cependant il vécut encore, ils l'en précipitèrent. Mais étant tombé sur un amas de terre molle et ayant été aperçu par des passants, à la lumière d'une lanterne, il fut reconnu, relevé et transporté dans une maison pieuse où, grâce à de grands soins, il guérit, après de longs jours, de son état désespéré.

Il est certain que cela arriva avant l'année 405, car c'est cette année-là que fut promulgué l'édit de l'empereur Honorius contre les Manichéens et les Donatistes, à la demande des Pères du concile de Carthage et de Maximien lui-même[1]. Baronius et quelques autres sont d'avis que c'est ce Maximien qui avait renoncé spontané-

---

[1] Aug., *Ép.* CLXXXV, n. 25 et 28.

ment à l'épiscopat[1]. On voit en effet, en saint Augustin, que Maximien était encore, après ces mauvais traitements, évêque de Bagaï, car le saint docteur dit que Maximien implora le secours de l'Empereur, *non pas tant pour venger sa propre cause, que pour assurer la sécurité de l'Église qui lui était confiée*[2]. Cela doit certainement se rapporter à l'année 404, où le concile de Carthage décida d'envoyer une députation à l'Empereur[3]. D'ailleurs Maximien vivait encore en 406[4].

DONATIEN. Il se rendit à Carthage en 411, pour la conférence à laquelle il assista parmi les Donatistes et où il répondit à l'appel[5] : *J'ai donné mandat et j'ai souscrit.* Il ne fit aucune mention d'un évêque catholique, parce que déjà sans doute Maximien était mort.

CYPRIEN. Son nom ne nous est connu que par une inscription découverte à Bagaï et qui porte ce qui suit[6] :

```
eX. MEMORIALI bus V
H. I. CIPRIANO
_____EPISC
_____BAGALIENSI
LOCI. XX. E. MA
ANNOS. P — PCCX
L. P
D. C
```

Ce texte, incomplet sans doute, a été certainement mal déchiffré mais il est relatif à un évêque, nommé Cyprien,

---

(1) *In adnot. ad martyr.*, die 3 oct.
(2) Aug., *Ep.* CLXXXV, n. 28.
(3) Hard., I, p. 915.
(4) Aug., *Contr. Cresc.*, lib. III, cap. XLIII, n. 47.
(5) *Cogn.*, I, n. 176.
(6) *Corpus*, n. 2291.

le même peut-être que celui dont saint Augustin se servit pour communiquer ses lettres à saint Jérôme en Palestine. *La lettre que vous m'avez envoyée*, écrit-il à saint Jérôme[1], *par l'intermédiaire de notre frère, le diacre Cyprien, maintenant mon collègue* dans l'épiscopat. Cette correspondance est de l'an 404. Il faudrait dire alors que Cyprien succéda à Maximien sur le siège catholique de Bagaï et le placer avant Donatien.

XIV. — BAÏA.

Baïa, autrement Vaïa, Bajana et Vajana, appartenait à la Numidie, et ne doit pas être confondue avec Vaga, ville de la Proconsulaire. La *Table* de Peutinger indique, sur la voie qui menait de Gadiaufala à Thibilis, une localité qui portait le nom de *Ad lapidem Baïum*. Elle place *Baïus* ou *Baïa* à six milles de Gadiaufala, mais ne dit pas combien de milles la séparaient de Thibilis. Sa position reste donc incertaine, à moins qu'on ne place Baïa sur les ruines considérables dites Henchir-el-Hammam, où se voit encore une basilique chrétienne.

FELIX. Il donna son sentiment le dixième au concile de Carthage de l'an 349 et il paraît avoir été le plus ancien évêque, c'est-à-dire le primat de sa province, car Gratus,

---

[1] *Ép.* LXXI et LXXIII, n. 30.

dans la préface de ce concile a soin de le nommer le premier[1]. Cependant on peut aussi attribuer cette particularité à ce qu'il était de la Numidie qui fut toujours regardée comme la première des provinces après la Proconsulaire.

BEIANVS. Il fut l'un des douze consécrateurs de Maximien, qui furent condamnés, en 394, par le concile de Bagaï[2].

VALENTIN. Sa souscription fut lue, à la conférence de Carthage de l'an 411, après celle de Silvain de Summa, primat de Numidie[3]. A l'appel où, de nouveau, son nom fut cité après celui de Silvain il répondit[4] : *Je suis présent*. Mais, à la mort de Silvain, il se trouva lui-même le doyen des évêques et, en 419, il assista au concile de Carthage, le dix-huitième de ceux d'Aurèle. Dans la préface de ce concile, il est appelé *évêque du premier siège de Numidie*[5].

A la conférence de Carthage, son compétiteur, Quintasius, se présenta aussi et, à son appel parmi les Donatistes, il répondit[6] : *J'ai donné mandat et j'ai souscrit*. En outre, il souscrivit pour son collègue, Reginus de Vegesela, ville qui se trouve entre Théveste et Bagaï[7]. Il faut remarquer que ni Valentin, ni Quintasius ne déclarent avoir de compétiteur dans leur diocèse. Ajoutons

---

(1) Hard., I, p. 685.
(2) Aug., *Contr. Cresc.*, III, 4.
(3) *Cogn.*, I, n. 57.
(4) N. 99.
(5) Hard., I, p. 1241.
(6) *Cogn.*, I, n. 186.
(7) N. 135.

un autre détail fourni par saint Augustin qui dit[1] que Antoine de Fussala se rendit *ad Baianas* auprès de son primat.

Valentin aurait assisté encore au concile tenu à Zerta en 412.

ASCLEPIVS. Cet évêque, au rapport de Gennade[2], écrivit vers l'an 495, contre les Ariens et les Donatistes. L'*Africain Asclepius, dit cet auteur, évêque d'un bourg sans importance, sur le territoire de Baïa, a écrit contre les Ariens, et on dit qu'il vient d'écrire encore contre les Donatistes. Cet enseignement opportun jouit d'une grande autorité dans l'opinion.* On ignore, du reste, le nom du bourg où siégeait Asclepius.

Baïa aurait eu un évêque jusqu'à la fin du IXe siècle, si le Kastabaga de Léon le Sage est la même localité que Baïa.

XV. — BAMACCORA.

Parmi les peuples de l'Afrique, Pline cite[3] les *Vamacures* ou *Bamacures*, qui peuvent être les *Maccuræ* de Ptolémée. Ces peuples avaient un centre qui portait leur nom et constituait une ville. Nous en avons une preuve pour les Nattabutes, autre peuple de la Numidie.

---

(1) *Ép.* CCIX, n. 6.
(2) *De vir. ill.*, cap. LXXIII.
(3) H. N. V., 4.

Bamaccora est écrit de diverses manières dans les anciens manuscrits : nous devons ces variantes aux copistes sans doute, mais aussi aux anciens Africains qui avaient beaucoup de peine à rendre latins leurs noms lybiens ou berbères. La *Table* de Peutinger signale une station du nom de *Baccarus,* sur la voie de Sigus à Sitifis ; l'anonyme de Ravenne l'appelle *Baccaras* et l'énumère après Cuicul et avant Milève, qu'il écrit Chulcul et Milebo. Il est à remarquer qu'une variante des manuscrits nous donne *Baccura.*

FELIX. Il assista au troisième concile que saint Cyprien réunit à Carthage, au sujet du baptême, en 255, et il fut le trente-troisième à donner son avis [1].

CASSIEN. Étant prêtre, il fut quelque temps de la secte de Donat. Mais il devint évêque catholique et assista en 411, parmi les catholiques, à la conférence de Carthage, dans laquelle il est appelé *évêque du peuple de Bamaccora*. Or, lorsque, à l'appel de son nom, il eut répondu [2] : *Je suis présent,* son compétiteur s'avança et dit : *Je le connais ; il a été mon prêtre.* Ce dernier se nommait Donat, et lorsque répondant à l'appel de son nom, il eut fait sa déclaration [3] : *J'ai donné mandat et j'ai souscrit ;* il ajouta : *Je n'ai point d'adversaire dans mon peuple, si ce n'est un seul Absalon,* voulant, par ces paroles, signifier la défection de Cassien qui avait passé aux catholiques. C'est pourquoi Aurèle, évêque catholique de Macomades, expliqua l'énigme en disant : *C'est l'évêque Cassien ici présent.*

---

(1) Hard., I, p. 167. — Aug., *De bapt. Cont. Don.,* VI, 11.
(2) *Cogn..* I, n. 128.
(3) N. 187.

DVVMVIRALIS. Il figure le quatorzième sur la liste des évêques de Numidie, mentionnée par la *Notice*, et qui appelés à Carthage, en 484, par le roi Hunéric, furent condamnés à l'exil pour avoir professé la foi catholique. La note ajoutée à son nom montre qu'il mourut pour la confession de sa foi.

XVI. — BANZARA.

Nous ne savons rien de cette ville et c'est par conjecture que nous l'attribuons à la Numidie, parce que cette province était le centre du Donatisme.

Une épitaphe chrétienne de Rusicade porte ce qui suit[1] : *Hic requiescit Fl. — Amanda civis Pan — vixsit*, etc. On sait que les lettres *B* et *P* permutent fréquemment en Afrique.

CRESCONIVS. Il suivait le parti de Donat et assista parmi les siens, en 411, à la conférence de Carthage, où à l'appel de son nom il dit[2] : *J'ai donné mandat et j'ai souscrit.* Puis il ajouta : *Je n'ai point dans mon peuple de traditeur*, c'est-à-dire d'évêque catholique. C'est ainsi qu'ils appelaient nos évêques, depuis le temps de Cécilien de Carthage.

---

(1) *Corpus*, n. 8190.
(2) *Cogn.*, I, n. 202.

XVII. — BARICA.

Barica, autrement *Baurica*, peut être une ville de Numidie et la même que *Berrice* que l'anonyme de Ravenne place dans cette province. *Baricus* est le nom d'un saint martyr, numide probablement, que les martyrologes mentionnent plus d'une fois et dont le nom était gravé sur le chapiteau d'une basilique, à Berriche, près de Macomades[1] :

```
    HIC MEMORIE SANCTO
RV PAVLI PETRI DONATI MI
      GINIS BARICIS
```

Un manuscrit arabe du Vatican[2] signale une Maurétanie de *Baricis*. Aux confins de la Numidie et de la province de Sétif existe une station militaire qui porte le nom de Barica.

PIERRE. Il vivait en 593, année où saint Grégoire le Grand lui écrivit, afin de recommander instamment le prêtre Valérien qui se rendait en Afrique pour racheter des captifs[3]. Il est, du reste, certain que saint Grégoire adressa plus d'une fois des lettres aux évêques de Numidie.

(1) *Bull. arch. de M. de Rossi*, 1877, p. 118.
(2) *Cod.*, n. 150.
(3) Lib. III, *Ép.* XVI.

XVIII. — BELALI.

Rien absolument n'indique à quelle province appartenait Belali. Seule, la *Table* de Peutinger place une station romaine, nommé *Ad Lali*, sur la voie de Théveste à Mascula, en Numidie.

ADEODAT. Il est cité parmi les évêques catholiques qui, en l'année 411, se réunirent à Carthage pour la conférence qui eut lieu avec les Donatistes. A l'appel de son nom, après avoir dit[1] : *Je suis présent,* il ajouta : *Je n'ai ni évêque, ni hérétique : j'ai l'unité.*

XIX. — BELESASA.

Que l'on doive l'appeler ville ou bourg, nous apprenons par la *Notice* qu'elle était située en Numidie. Nous ignorons si c'est la même que *Balasadais* que l'anonyme de Ravenne place non loin de Tubuna.

SERVVS. Il figure le cent sixième dans la liste des évêques de Numidie qui, convoqués à Carthage, en 484, par un édit du roi Hunéric, furent ensuite exilés avec leurs autres collègues de cette réunion.

---

(1) *Cogn.*, I, n. 126.

XX. — BETAGBARA.

Il faut faire pour cette ville le même raisonnement que pour Banzara. On ne peut rien dire de certain sur la province à laquelle elle appartenait. Le nom qu'elle porte est évidemment lybien ou berbère comme la plupart de ceux qui précèdent.

IANVIER. Il assista, parmi les Donatistes, à la conférence de Carthage, en l'année 411, et à l'appel de son nom, il dit[1] : *J'ai donné mandat et j'ai souscrit.* Les *Actes* de la conférence ne nous apprennent pas s'il y avait alors un évêque catholique à Betagbara.

XXI. — BVCCONIA.

La *Notice* montre que Bucconia ou Bocconia était en Numidie. L'*Itinéraire* d'Antonin et la *Table* de Peutinger annoncent la ville maritime de Paccianis entre Chullu et Igilgili, mais ce nom s'écarte un peu de Bucconia.

Des briques romaines portent la marque *Figline Vocconiane*, ou bien *officina Buc* (*coniana*). Peut-être cette

---

[1] *Cogn.*, I.

famille de potiers avait-elle une succursale en Afrique. Je ne mentionne que pour mémoire les *Muconi* de Ptolémée et la Piconis (Picus) de l'anonyme de Ravenne.

DONAT. Il fut du nombre des Donatistes qui, l'an 411, assistèrent à la conférence de Carthage. A l'appel de son nom, il dit [1] : *J'ai donné mandat et j'ai souscrit, — je n'ai pas d'adversaire.* Il est certain qu'il n'est point fait mention d'un évêque catholique de ce siège dans cette assemblée.

VITALIEN. La *Notice* de 482 le met le treizième parmi les évêques de Numidie que le roi Hunéric appela à Carthage, en 484, et auxquels il infligea la même peine d'exil qu'à tous les autres.

XXII. — BVFFADA.

La *Notice* montre qu'il faut attribuer Buffada à la Numidie. Mais, en dehors de là, les anciens ne nous ont rien appris sur cette ville. On pourrait supposer que c'est une mauvaise lecture pour Rusicade, dont la *Notice* ne fait pas mention.

CRESCENT. Il figure le soixante-troisième dans la liste des évêques de Numidie qui, avec les autres évêques d'Afrique, furent convoqués, l'an 484, à Carthage, par le

---

[1] *Cogn.*, I, n. 198.

roi Hunéric, et ensuite condamnés à l'exil. La note ajoutée à son nom prouve qu'il mourut confesseur de la foi.

XXIII. — BVRCA.

Burca, ou mieux Burgus, doit être, sur l'autorité de la *Notice*, attribuée à la Numidie. Les Burgi ne manquaient point dans cette province. Nous y trouvons encore El-Bordj, ancienne forteresse romaine, près de Tolga, dans le Zab occidental. Les monuments épigraphiques nous font connaître le *Burgum speculatorum*, près d'El-Kantara et le *Burgum commodianum speculatorium* peu éloigné du précédent[1].

LEONCE. Il figure le cinquième dans la liste des évêques de Numidie qui, convoqués par le roi Hunéric, en 484, à la réunion générale de Carthage, furent de là envoyés en exil.

XXIV. — BVRVGIATA.

L'évêché de Burugiata prête aux mêmes remarques que ceux de Banzara et de Betagbara. Nous ne connaissons qu'un seul de ses évêques et c'est :

---

(1) *Corpus*, n. 2494 et 2495.

LVCIEN, qui était de la secte des Donatistes et assista parmi les siens, en 411, à la conférence de Carthage où, à l'appel de son nom, il dit[1] : *J'ai donné mandat et j'ai souscrit.*

XXV. — CÆLIANA.

La *Notice* nous apprend que Cæliana se trouvait dans la Numidie et je croirais sans peine que son nom lui venait de la famille Cælia. C'est ainsi que, sur d'autres points, les villas des Romains, leurs camps, leurs fermes devinrent des villes. Or, nous savons que Cælia Maxima possédait le territoire d'Aïn-Tin, entre Mastar et Milève, et qu'elle y avait un établissement considérable, comme le montre le texte suivant[2] :

IN HIS PRAEDIIS
CAELIAE MAXIMAE C. F.
TVRRES SALVTEM SALTVS
EIVSDEM DOMINAE MEAE
CONSTITVIT
NVMIDIVS SER. ACT*

Non loin d'Aïn-Tin, au nord de Cirta, se voient les restes d'un autre centre important qui portait le nom de *Celtiana*[3]. Il diffère peu, on le voit, quant à la forme, de Cæliana.

---

(1) *Cogn.*, I, n. 201.
(2) *Corpus*, n. 8209.
(3) *Corpus*.

QVODVVLTDEVS. Il est le quarante-neuvième sur la liste des évêques de Numidie qui, appelés à Carthage, en 484, par le roi Hunéric, furent ensuite envoyés en exil avec les autres évêques d'Afrique. Dans la *Notice*, son nom est accompagné de la note *nam.* qui se rencontre une autre fois seulement pour l'évêque de Fussala. Nous en ignorons le sens.

XXVI. — CÆSAREA.

D'après la *Notice* de 482, il y avait aussi une ville de Cæsarea en Numidie. Elle reçut peut-être ce nom de Jules César qui avait soumis la Numidie. Il est fait mention d'un *præpositus Cæsariensis* dans les *Actes* de saint Maximilien qui remporta la palme du martyre à Théveste, en Numidie. Or, la *Table* de Peutinger donne, à la première station de la voie de Théveste à Thamugade, le nom de *Ad Aquas Cæsaris*. Ce sont les ruines de Henchir-el-Hammam qui se trouvent à douze milles de Théveste.

Du reste, il existe, en Numidie, plusieurs groupes de ruines qui portent le nom de Kessaria. Nous en parlerons à l'article de Cæsariana.

DOMINIQVE. Il est le quarante-septième parmi les évêques de la province de Numidie qui, en 484, furent convoqués en assemblée générale à Carthage par le roi Hunéric, puis envoyés en exil. La note ajoutée à son nom vers 490, montre qu'il mourut pour la foi.

XXVII. — CÆSARIANA.

Il est question d'un chrétien de Cæsariana dans les *Actes* de Zénophile, dressés à Cirta, en 320, sur les événements de l'an 305. Les persécuteurs, en 303, vinrent chercher les Saintes Écritures, à Cirta, dans la demeure d'Euticius, de Cæsariana[1].

Une inscription d'Arsacal fait mention d'une localité nommée *Kasariana*. Nous l'avons reproduite ci-dessus.

Un texte de Hammam-Nbaïl, près de Calama, paraît de même mentionner K(aèsarea) ou K(aèsáriana)[2].

A Thibilis, une dédicace contient le nom de Fortis Cæ(sarianensis)[3].

On peut supposer, d'autre part, que Cæsariana se trouvait sur la frontière de la province Sitifienne, parce que, à la conférence de Carthage, un évêque de cette province prit la défense des catholiques de Cæsariana.

Et de fait, près de la limite des deux provinces, sur la voie de Cirta à Sitifis, sont des ruines appelées jusqu'aujourd'hui Kessaria.

CRESCONIVS. Cet évêque était de la secte des Donatistes et très hostile aux catholiques. Il assista, en 411, à la conférence de Carthage où, après avoir répondu, à l'appel de son nom[4] : *J'ai donné mandat et souscrit,*

---

(1) *Post Optat.*
(2) *Corpus*, n. 10834 et 10835.
(3) N. 5521.
(4) *Cogn.*, I, n. 189.

il ajouta : *Je n'ai point de compétiteur;* ce qui était vrai, s'il s'agissait d'un évêque; mais inexact, s'il s'agissait, du clergé et du peuple. C'est pourquoi Novat, évêque de l'église catholique de Sitifis, reprit[1] : *Il a contre lui un prêtre, de nombreux clercs et beaucoup de personnes converties du Donatisme. Il y a ici même un prêtre et un diacre, oui ici, dans cette cité de Carthage, qu'il a volés, torturés et pendus; il a, de plus, pillé l'église catholique, enlevé son argent, pris ses provisions de blé et emporté ses chariots. Si je le dénonce ainsi, c'est afin qu'il sache qu'il y a bien là une église catholique.*

XXVIII. — CALAMA.

Calama, autrement Kalama, l'antique Malaca, la Royale, la moderne Guelma, est une ville de Numidie, appelée colonie par saint Augustin[2] et ce titre lui est confirmé sur un monument de Calama même en ces termes[3] :

```
         M AVRELIO CARINO
NOBILISSIMO CAES AVG. PR. IV. COS. FILIO
       IMP CAES M AVRELI CARI
    INVICTI PF AVG. PP. TR. P. II. P
      M. CONS. II PROCOS FRATRI
        M AVRELI NVMERIANI NO
      BILISSIM CAES AVG. PR. IV
```

(1) *Ibid.,* n. 189.
(2) *De civ. Dei,* XXII, 8, 20.
(3) *Corpus,* n. 5332.

RESPVBL. COL. KAL. CVR.
MACRINIO SOSSIANO
C. V. CVR. REIPVBL

L'ethnique se lit dans un autre texte de Calama[1] :

M. CORNELIO
T. F. QVIR
FRONTONI
III VIR. CAPITAL
Q. PROVINC
SICIL. AEPIL. PL
PRAETORI
MVNICIPES
CALAMENSI
VM PATRONO

Son ancien nom de Malaca est gravé sur plusieurs *ex-voto* puniques.

Calama n'était pas très loin d'Hippone. On y trouvait, entre autres, un sanctuaire (les Africains disaient une *memoria*[2]), dédié à saint Étienne, premier martyr, dans laquelle il s'opéra beaucoup de miracles au temps de saint Augustin, comme ses écrits nous l'apprennent[3].

Après la conquête de l'Afrique, arrachée aux Vandales par Bélisaire, général de Justinien, le patrice Salomon et le comte Paul firent fortifier Calama et la mirent sous la protection des saints martyrs Clément et Vincent, comme en témoigne l'inscription suivante gravée au-dessus d'une poterne[4] :

---

(1) *Corpus*, n. 5350. — Cf. n. 5325.
(2) *De civ. Dei*, XXII, 8, 10 et 21.
(3) *De civ. Dei, ibid.*, n. 12 et 20.
(4) *Corpus*, n. 5352.

VNA ET BIS SENAS TVRRES CRESCEBANT
IN ORDINE TOTAS MIRABILEM OPERAM CITO
CONSTRVCTA VIDETVR POSTICIVS SVB TERMAS BALTEO
CONCLVDITVR FERRO NVLLVS MALORVM POTERIT
ERIGERE MAN PATRICI SOLOMON INSTITVTION NEMO
EXPVGNARE VALEVIT DEFENSIO MARTIR TVETVR
POSTICIVS IPSE CLEMENS ET VINCENTIVS
MARTIR CVSTOD INTROITVM IPSVM

et cet autre texte [1] :

† ABBENA VENIENS *qui*
VRBEM MELIORATA IN *tueris*
DISCE SoLoMONIS PATRICI ESSE LA*udabile opus ip.*
SIVS IVSSO PAVLVS CoM PERFECIT. *etc.*

Sous le règne des empereurs Honorius et Théodore, la ville de Calama fit restaurer un de ses monuments qui était à l'usage des étrangers [2] :

BEATISSIMIS TEMPORIBVS DOMINORVM
NOSTRORV*m Honori* ET THEODOSI SEMPER ET VBIQVE
VINCENTIVM ADMINISTRANTE POMP*eiano*
VC AMPLISSIMOQVE PROCONSVLE ET THERSIO
CRISPINO MEGETHIO VC LE*gato* VALENTINVS VIR HONES
TISSIMVS CVRATOR RE P LOCVM RVI*nis obsi*TVM QVI
ANTEA SQVALORE ET SORDIBVS FOEDABATVR
AD NE*cessa*RIVM VSVM ET AD PEREGRINORVM
HOSPITALITATEM IN MELIOREM *sta* ATVM ET ASPECTVM
PROPRIA PECVNIA REFORMAVIT. FELICIT*er.*

Il y avait, à Calama, un sanctuaire dédié à plusieurs saints d'Afrique et autres pays, comme le montre la dédicace suivante qui vient d'être retrouvée :

---

(1) *Corpus*, n. 5353.
(2) *Ibid.*, n. 5341.

† SVB HEC SACRO
SCO BELAMINE ALTA
RIS SVNT MEMORIAE
SCOR MASSAE CANDI
DAE SCI HESIDORI
SCOR TRIV PVERORV
SCI MARTINI SCI ROMANI †

Saint Augustin a fait des sermons pour la fête des martyrs de la Massa-Candida, qui souffrirent à Utique et pour celle des trois Hébreux qui sortirent intacts de la fournaise.

Les substructions de plusieurs basiliques ont été découvertes au milieu des ruines de la cité, avec des fragments sculptés et ornés de symboles chrétiens.

Une cuve de plomb, haute de soixante centimètres et d'un diamètre de quatre-vingts centimètres, portait le mot *eccles(ia)* [1].

Sur une pierre carrée, de trente-cinq centimètres de côté on pouvait lire [2] :

† HIC
MEMORIA
PRISTINI
ALTARIS †

C'est une table d'autel, érigée peut-être en souvenir des autels que les Donatistes avaient brûlés et détruits.

Le cimetière chrétien de Calama a fourni quelques épitaphes assez remarquables, ainsi [3] :

---

[1] *Corpus*, n. 5494.
[2] *Ann. Const.*, 1882, p. 48.
[3] *Corpus*, n. 5492.

☦ ☦ ☦
HIC RE
QVIEBIT
PETRVS
INNOCENS
FIDELIS
IN XPO
VIXIT AN
NIS VIII DS
XIIII. IN PACE
☦ A ☦ ME ☦ N

L'épitaphe suivante est d'un religieux[1] :

☦ IN HOC LOCO
DONATIANVS DEI
SERB. DP IN PACE DX KL
IANVARIS IND XI ☦

Sur un autre monument, on lit ces paroles[2] : *Adeodatus, miserabilis corpu(s) et in XPO fidelis.*

Si l'histoire de Calama remonte à une haute antiquité, puisqu'elle existait sous le nom de Malaca, à l'époque punique, et qu'elle est peut-être cette ville de *Thimilica* administrée, en l'an 27 de Jésus-Christ, par des suffètes, elle eut aussi des évêques jusqu'à la fin du IXe siècle, d'après la *Notice* de Léon le Sage.

Les suffètes dont nous parlons sont mentionnés sur un monument de Calama en ces termes[3] : *Anno S(uf)etatus Asmunis Mutthumbalis F. et Urbani Auchusoris F.; principatu Pudentis Auchusoris F.; cura Clementis Saphiris pa. d. p. p.*

---

(1) *Corpus*, n. 5489.
(2) *Ibid.*, n. 5488.
(3) *Ibid.*, n. 5306. — Cf. Mattei.

DONAT. Il en est fait mention dans les *Actes* du concile tenu à Cirta, en l'an 305 et dans lequel, questionné par Secundus de Tigisi, pour savoir s'il avait livré les Saintes Écritures, il répondit[1] : *J'ai livré des livres de médecine*.

Il entendait, je crois, par ces termes, donner le change à ceux à qui il s'adressait, pensant que les Saintes Écritures pouvaient vraiment être appelées des livres de médecine, puisqu'elles offrent un remède aux âmes malades.

D'ailleurs, saint Optat ne compte pas seulement parmi les chefs des Donatistes, mais aussi parmi les traditeurs, ceux qui, à la promulgation en Afrique des édits de Dioclétien, *achetèrent quelques moments de cette vie incertaine par la perte de la vie éternelle, en livrant sacrilègement les textes de la loi divine*. D'ailleurs, Secundus, qui était accusé du même crime, n'insista pas davantage, et ayant entendu la réponse de Donat, lui dit : *Passe de l'autre côté*[2].

MEGALIVS. Cet évêque, étant le doyen de ceux de la Numidie, donna à saint Augustin, en 395, la consécration épiscopale, comme lui-même le déclara à la conférence de Carthage[3].

Nous apprenons, par une lettre de saint Augustin à Profuturus, que Megalius mourut deux ans après[4]. Il n'eut pas pour successeur Crescentianus, mentionné par Aurèle dans le concile de l'an 397[5], comme Ruinart l'affirme

---

(1) Aug., *Contr. Cresc.*, lib. III, 27, 30.
(2) *De schism.*, I, 13.
(3) *Cogn.*, III, n. 247.
(4) *Ép.* XXXVIII, n. 2.
(5) Hard., I, p. 882.

à tort[1] ; car Aurèle ne l'appelle pas évêque de Calama, mais seulement *évêque du premier siège*, titre réservé à l'évêque le plus ancien et qui ne pouvait, dès lors, convenir à l'évêque qui venait de prendre l'administration de l'Église de Calama.

POSSIDIVS. Le bénédictin de Saint-Maur, auteur de la vie de saint Augustin, écrit que Possidius fut fait évêque de Calama quelques mois après la mort de Megalius. Mais Noris pense qu'il ne fut nommé qu'en 397 [2]. Possidius assista, en 411, à la conférence de Carthage, où il fut un des sept évêques qui reçurent mandat de prendre la défense des catholiques contre les Donatistes. C'est pourquoi il souscrivit ainsi[3] : *J'ai accepté ce mandat et je l'ai signé*. Il avait eu pour adversaire donatiste Crispin, auquel saint Augustin écrivit une lettre que nous avons encore[4]. Mais il était déjà mort à l'époque de la conférence, car Pétilien, après la lecture de la souscription de Possidius, dit : *Crispin est décédé, il y a peu de temps*. Nous savons, au contraire, que Possidius vécut au-delà de l'année 430, date de la mort de saint Augustin, puisqu'il a écrit sa vie[5]. Les reliques de Possidius reposent à la Mirandole, en Italie. L'Église l'honore le 16 mai.

QVODVVLTDEVS. Il est le troisième sur la liste des évêques de Numidie qui, appelés en 484, par ordre du roi Hunéric, à la réunion de Carthage, s'y rendirent et subirent avec les autres évêques la peine de l'exil.

---

(1) *In not. ad notit. Num.*, n. 3.
(2) *Hist. Pelag.*, II, 8, et lib. IV, 13, 1.
(3) *Cogn.*, I, n. 139.
(4) *Ép.* LXVI — cf., *Cont. litt. Petil.* II, LXXXIII.
(5) *Post Aug. Ed. Maur.*

Les évêques titulaires connus de Calama, sont :

Edmond Duyer, 6 février 1645 ;
Térence Obrien, 11 mars 1647 ;
André Rodolphe, 12 février 1663 ;
Charles de Saint-Conrad, des Carmes déchaussés, vicaire apostolique de Malabar, septembre 1764 ;
Adrien Bultrymowicz, religieux de l'ordre de Saint-Basile, suffragant de la métropole de toutes les Russies, mars 1792 ;
Joseph-Calixte Orihuela, des Ermites de Saint-Augustin, évêque de Lima, 29 mars 1819 ;
Clément-Augustin de Broste de Vischering, suffragant de Monastir, 9 avril 1827 ;
Aloysius-Marie Fortini, des Carmes déchaussés, coadjuteur du vicaire apostolique de Bombay, 8 août 1837 ;
Louis Pineau, vicaire apostolique du Tonkin méridional, 10 juin 1886.

XXIX. — CAPSVS.

La *Table* de Peutinger met, sur la voie de Lamasba à Sitifis, la station dite *Ad Capsum Juliani*, laquelle répond peut-être aux ruines de Aïn-Guigba. Elle se trouvait aux confins de la Numidie, dans le voisinage de Tubunæ et du désert, où, selon Victor de Tonnone, le roi Hunéric, en 479, relégua des milliers de chrétiens. Le même prince, selon Victor de Vite [1], avait exilé les saints martyrs Martinien, Saturien et leurs deux germains, dans le désert occupé par le roi maure, dit Capsur ou de Capsur, autrement Capsus.

DONATIEN. Cet évêque se présenta parmi les Donatistes à la conférence de Carthage, en 411, et à l'appel de son nom, il répondit [2] : *J'ai donné mandat et j'ai souscrit.* On ne dit point qu'il eut un adversaire catholique, tandis que Fortunat, évêque catholique de Capsa, en Byzacène, avait contre lui le donatiste Céler.

XXX. — CASÆ BASTALÆ.

Plusieurs évêchés portent le nom de *Casæ* qui paraît être particulier aux plateaux élevés de la Byzacène et de la Numidie. Nous trouvons une *casœ* à El-Madher et un autre près Sufès, au Saltus de Begua, et entre ces deux points se trouvent les ruines de plusieurs localités qui ont gardé le nom de *Guessès*. Comme tous les évêchés de ce nom sont attribués à la Numidie et que tous ont un qualificatif, nous allons exposer ici d'abord ce qui concerne les Casæ retrouvés à El-Madher, autrement Aïn-Kerma, près du grand monument connu sous le nom de Medracen. Une

---

[1] Lib. I, c. II.
[2] *Cogn.*, I. n. 208.

dédicace découverte parmi les ruines d'El-Madher, se termine comme il suit[1] :

```
ORDO MVNI
CIPI CASEN
SIVM NVMI
NI MAIESTA
TIQVE EIVS
DICATISSI
MVS
```

Il y avait là une ville importante, comme son titre de municipe l'atteste. C'était la résidence d'un détachement de la troisième légion. Les ruines sont considérables. Ses monuments parlent de Florus, le persécuteur des chrétiens en Numidie, sous Dioclétien[2], de l'empereur Julien qui est appelé *restitutori libertatis et romanæ religionis*[3].

Sur un linteau de porte on lit le nom d'un diacre nommé *Arcentius* qui avait sans doute fait construire une église en ce lieu[4].

Au reste, nous savons par les monuments ecclésiastiques de Cirta qu'en Numidie le mot *casa* a signifié église.

Mais quel qualificatif portaient les Casæ d'El-Madher? Nous l'ignorons.

Dans cette même région, entre le Medracen et Bagaï, l'historien arabe El-Bekri signale au XIᵉ siècle une ville antique appelée *Casas*, située sur une rivière et à l'est d'une haute montagne. Il ne reste que des ruines de cette ville et elles portent le nom de *Gessès*.

Un autre *Henchir-Guesès* se voit à sept lieues sud-

---

(1) *Corpus*, 4327.
(2) *Ibid.*, 4322 à 4324.
(3) *Ibid.*, 4326.
(4) *Ibid.*, n. 4353.

ouest de Théveste. Il est important et offre des souvenirs chrétiens.

Sur un chapiteau se lit le texte suivant [1] :

```
SIGNV CRIST A ℟ ω
   ET NOMINA
   MARTVRV
```

On y vénérait autrefois des saints martyrs dont nous ignorons les noms. Leur chapelle s'élevait sans doute dans la citadelle byzantine dont les restes jonchent le sol.

Enfin, comme nous l'avons dit ci-dessus, il y avait sur les confins de la Numidie et de la Byzacène, dans la région qui s'étend entre Sufes et Sufetula, une *casæ* dont une longue inscription dit ce qui suit [2] :

S(enatus) C(onsultum) de nundinis saltus Beguensis in T(erritorio) Casensi permittatur in provincia Afric(a), regione Beguensi, territorio Musulamiorum, ad Casas, nundinas IIII nonas novemb(res) et XII K(alendas) dec(embres), ex eo omnibus mensibus IIII non(as) et XII K(alendas) sui cujusq(ue) mensis instituere habere.

Ces ruines, mentionnées dans le document qui est du IIIe siècle, représente une *casæ* dont nous ignorons aussi le qualificatif.

Après cet exposé, faisons connaître le nom du seul évêque connu des Casæ Bastalenses :

BENENATVS. Il assista, dans les rangs des Donatistes, en 411, à la conférence de Carthage, où il répondit

---

(1) *Corpus*, n. 2334.
(2) *Ibid.*, n. 270.

à l'appel[1] : *J'ai donné mandat et j'ai souscrit*; en ajoutant : *Je n'ai point de compétiteur.*

XXXI. — CASÆ CALANÆ.

La *Notice* nous apprend que les Casæ Calanæ étaient situées dans la Numidie, et il semble qu'il en est fait aussi mention dans la *Notice* de l'empereur Léon le Sage, où, par contraction de deux mots, elles seraient appelées Κασκαλα. Si ce mot n'est pas plutôt une altération de Mascula, il en faudrait conclure que l'évêché de Casæ Calanæ existait encore à la fin du IXe siècle.

On pourrait croire que c'était un bourg du territoire de Tacarata; car, à la conférence de Carthage, Verissimus, évêque donatiste, se plaignit de ce que les catholiques avaient établi sur ce territoire quatre évêques, savoir : ceux des Casæ Calanæ, de Lega, de Ressiana et de Tacarata même[2].

Il semble, d'autre part, que ces évêchés se trouvaient au sud de la Numidie et de l'Aurès, entre Théveste et Thabuda, dans la région peut-être de Henchir-Guesès dont nous avons parlé à l'article précédent.

FORTVNAT. Il assista, en 411, à la conférence de Car-

---

(1) *Cogn.*, I, n. 188.
(2) *Cogn.*, I, n. 121.

thage où on lut sa souscription, ainsi exprimée [1] : *Moi, Fortunat, évêque du lieu appelé Casœ Calanœ, en présence du clarissime Marcellin, tribun et notaire, ai donné le mandat ci-dessus et l'ai signé à Carthage.* Et comme il ajoutait : *Je suis seul;* le donatiste Verissimus répartit : *Il y a là le prêtre Victorin,* envoyé sans doute par lui-même, puisqu'il était évêque des Donatistes de Tacarata [2].

OPTANTIVS. La *Notice* le cite le quarante-troisième parmi les évêques de Numidie que le roi Hunéric, en 484, convoqua à Carthage avec leurs collègues et qu'il envoya en exil.

XXXII. — CASÆ FAVENSES.

Les Casæ de Fabius, autrement Favius, ont-elles quelque rapport avec le Castellum-Fabatianum que la *Table* de Peutinger met entre Cirta et Thibilis, vers l'endroit où se voient aujourd'hui les restes de Ksar-Tekouk? Nous ne savons. Faudrait-il lire pour Casis Favensibus, qui se lit dans le manuscrit de la conférence, Castellum-Fabatianum? Rien ne nous y autorise. Il n'est pas même certain que cet évêché se trouvait en Numidie.

L'*Itinéraire* d'Antonin, d'autre part, place des Casæ

---

(1) *Cogn.*, I, n. 133.
(2) *Cogn.*, I, n. 133.

Calventi, dans la Maurétanie Césarienne, entre Tipasa et Icosium. D'après le même *Itinéraire*, il y avait une Casas, villa Aniciorum, dans la Tripolitaine.

Mais ces localités semblent bien n'avoir aucun rapport avec les Casæ Favenses.

SERVANDVS. Cet évêque assista, en 411, à la conférence de Carthage parmi les Donatistes. A l'appel de son son nom, il répondit[1] : *J'ai donné mandat et j'ai souscrit*. Puis il ajouta : *Je n'ai point de traditeur*; formule par laquelle certains donatistes, comme nous l'avons déjà remarqué, désignaient leur adversaire catholique.

XXXIII. — CASÆ MEDIANÆ.

La *Notice* indique que les Casæ Medianæ se trouvaient dans la Numidie. Devaient-elles leur nom à ce qu'elles étaient situées au centre des bourgs voisins, ou à mi-chemin d'une voie qui reliait deux villes importantes ? Nous ne savons, mais nous observerons que l'évêque de cette ville fut représenté à la conférence par l'évêque de Cellæ, ville de la Numidie Proconsulaire. C'est dans la même région de la Numidie centrale qu'Edrisi, auteur arabe du XIIe siècle, place les *Dour Median*, qui sont un équivalent de Casæ Medianæ. C'est ce qu'El-Bekri appelait Mediana et Mer-

---

[1] *Cogn.*, I, n. 204.

madjenna, si ce dernier nom a été bien lu. Edrisi ajoute que le djebel Mediana fournit les meilleures pierres meulières. Mediana était donc rapprochée de la station *Ad Molas* qui était située entre Thagura et Tipasa. Le même djebel Mediana était exploité au Moyen Age pour ses mines de fer et d'argent et on l'appelait pour ce motif Medianat-el-Mâden, Médiana-les-Mines.

Il devait y avoir en Numidie une Mediana, puisque celle de la Maurétanie Sitifienne avait pris le qualificatif de Mediana Zabuniorum.

Notons encore que la *Table* de Peutinger place une station, nommée *Ad Medias*, aujourd'hui Henchir-Taddart, dans la Numidie méridionale, entre Ad Majores et Ad Badias.

IANVIER. Cet évêque assista, il est vrai, à la conférence de Carthage, en 411, mais il y arriva tard. Il avait délégué ses pouvoirs à l'évêque catholique Honorius de Cellæ pour souscrire le mandat en son nom[1]. C'est pourquoi sa souscription, qui fut lue à la conférence, était conçue en ces termes[2] : *Moi, Honorius, évêque, pour mon frère et coévêque du peuple des Casæ Medianæ, en présence de Marcellin, personnage clarissime, tribun et notaire, ici à Carthage, ai approuvé le mandat ci-dessus et l'ai signé pour lui.* Mais alors Janvier était présent et s'étant avancé il dit : *J'ai contre moi Émilien*, lequel, à l'appel de son nom parmi les Donatistes, répondit[3] : *J'ai donné mandat et j'ai souscrit.*

---

(1) *Cogn.*, I, n. 135.
(2) *Ibid.*
(3) *Ibid.*, n. 198.

VILLATICVS. Il est le vingt-neuvième parmi les évêques de Numidie, cités par la *Notice* avec les autres évêques qui, convoqués à Carthage, l'an 484, en assemblée générale, furent exilés par le roi Hunéric. Ce même Villaticus avait, comme nous l'apprend Victor de Vite[1], présenté au roi, avec trois autres évêques, au nom de tous leurs collègues, un mémoire qui contenait l'abrégé de la profession de foi catholique. C'est ce mémoire que Victor a inséré dans son histoire[2] et qui commence ainsi : *Nous recevons l'ordre du roi de rendre raison de la foi catholique que nous professons.*

XXXIV. — CASÆ NIGRÆ.

La *Notice* place cette ville dans la Numidie. Elle n'était pas inconnue aux anciens Pères, car c'est de là que les Donatistes avaient tiré le chef de leur secte. Les Cases Noires, que ce nom leur vienne de la couleur noire des Cases ou d'un personnage nommé Niger, pouvaient se trouver dans la région d'Hippone. Saint Augustin, écrivant à Janvier des Cases Noires, lui dit[3] : *Vous pouvez réunir vos évêques qui sont dans la région d'Hippone, où les vôtres nous font souffrir tant de maux.* Et ensuite[4] : *Ou venez vous-même, ou envoyez des délégués qui viennent constater avec nous dans la région d'Hippone.*

(1) *Pers. Vand.*, III. XXIII.
(2) *Pers. Vand.*, Initio libri III.
(3) *Ép.* LXXXVIII, n. 10
(4) *Ibid.*, n. 12.

Nous savons, d'autre part, qu'une autre ville épiscopale de Numidie portait le nom de Nigræ-Majores. Or la station Ad-Majores est connue. Elle se trouve au sud de la Numidie sur la frontière de la Byzacène, aux ruines de Besseriani, au pied du Djebel-Madjour qui a conservé son nom et tout près de l'oasis de Négrin. Là se trouvait sans doute la ville des Nigræ-Majores, car la rencontre des deux noms ne paraît pas être fortuite. On en pourrait conclure que les Casæ Nigræ étaient aussi dans la même région, mais rien ne le prouve absolument.

DONAT. C'est celui-là même, comme le dit saint Augustin[1], qui commença le premier, à Carthage, ce schisme criminel. Il ne faut pas le confondre avec Donat de Carthage, successeur de Majorin, quoiqu'un grand nombre parmi les anciens eux-mêmes aient cru que la secte avait pris son nom de ce dernier, qui domina longtemps, avec éclat, parmi ces schismatiques. D'ailleurs, le parti de Donat existait déjà et était ainsi appelé, lorsque Cécilien fut absous à Rome par le pape Melchiade, en 313. Majorin vivait encore alors, de sorte qu'il paraît bien que c'est le Donat dont nous traitons ici et qui, peut-être alors, était Primat de Numidie[2], qui paraît avoir donné son nom à la secte des Donatistes. Voici ce qu'en dit saint Augustin, en distinguant clairement les deux Donat[3] : *Mais si quelqu'un des nôtres a le premier employé ce nom, il ne me paraît nullement avoir voulu rien de semblable à ce qui a fait dériver le nom d'Évangéliste de celui d'Évangile ; mais comme ce grand scandale a été produit non*

---

(1) *Retract.*, I, XXI.
(2) Tillemont, *Mem.*, *Cules*, t. VI, p. 700.
(3) *Contra Cresc.*, lib. II, 1, 2.

seulement par Donat de Carthage, qu'on dit avoir, plus que tout autre, affermi cette hérésie, mais encore par Donat des Cases Noires, plus ancien que lui, qui le premier éleva, dans la même ville, autel contre autel ; c'est pour cette raison qu'il a formé du nom de Donat celui des Donatistes, comme du mot scandale, celui de scandaleux.

IANVIER. Il assista, en 411, à la conférence de Carthage, dans laquelle sa souscription fut lue avant celles de tous les autres Donatistes[1]. Elle était ainsi conçue : *Moi, Januarien, évêque des Cases Noires, j'ai souscrit notre présent mandat.* Cet honneur fut accordé à Januarien, au témoignage de Possidius[2], parce qu'il était le primat du parti de Donat. Saint Augustin l'appelle Janvier.

FELIX. Il est le cinquante-huitième sur la liste des évêques de Numidie qui, s'étant rendus à Carthage, en 484, pour une assemblée générale des évêques d'Afrique, furent tous envoyés en exil par le roi Hunéric.

XXXV. — CASÆ SILVANÆ.

Hardouin attribue ce bourg à la Numidie par la raison, je crois, qu'il y en avait plusieurs du nom de Casæ dans cette province. Il est vraisemblable que ce nom lui vient de

---

(1) *Cogn.*, I, n. 149.
(2) *Indic. oper. Aug.*, c. III.

celui ou de celle qui possédait ce territoire. Or, les Julii Silvani sont mentionnés avec les Julii Thévestini dans une inscription de Verecunda, au temps de l'empereur Marc-Aurèle. Verecunda est voisine de Lambæse. L'inscription est conçue dans les termes suivants[1] :

> VICTORIAE
> GERMANICAE
> AVG. IMP. CAES. M. AV
> RELI. SEVERI. ANTO
> NINI PII. FELICIS. AVG. PAR
> TH. MAX. BRIT MAX. GERM
> MAX. PONT. MAX. P. P.
> C. IVLIVS. SECVNDINVS
> EX. VOLVNTATE. IVLI. TER
> TIOLI. PATRIS. ET. IVLIORVM
> THEVESTINI. ET. SILVANI
> FRATRVVM. OB. HO
> NOREM. FL. P. P. INLA
> LEGITIMA. HS. II. N. ET. CON
> DECVRIONIBVS SPORTV
> LAS DVPLAS. ET. CVRIIS
> SING. HS. CXX. N. STATVA
> QVAM. EX HS VIIII. N.
> PROMISERAT. FACI
> END. DEDICANDAMQ
> CVRAVIT

D'autre part, la *Table* de Peutinger place une station, nommée Salviana, sur la voie de Sigus à Sitifis, entre Lucullianæ et Thabute.

BENENATVS. Cet évêque était de la secte des Donatistes et il assista parmi eux à la conférence de Carthage en 411. Il y répondit, à l'appel de son nom[2] : *J'ai donné*

---

(1) *Corpus*, n. 4202.
(2) *Cogn.*, I, n. 198.

mandat et j'ai souscrit. Il n'est point fait mention d'un évêque catholique de ce bourg, mais on remarquera que cet évêque donatiste porte le même nom que l'évêque du Casæ Bastalæ qui assista comme Donatiste à la même conférence.

XXXVI. — CASTELLVM.

La *Notice* cite un Castellum dans la Numidie. Mais était-ce celui que Salluste dit avoir été pris par Marius après qu'il se fut emparé de Capsa, et qui, plus tard, fut, selon Hirtius, emporté d'assaut par P. Sittius? Il était situé sur une montagne, aux confins de la Numidie, non loin de la Mulucha, l'oued Melleg et ce ne peut être que le moderne Castal, à l'est de Théveste.

A l'autre extrémité de la Numidie, nous trouvons le bourg antique de Ngaous, qui représentait, d'après une inscription[1] de l'époque des Antonins, une *Col (onia) Cast (ellana)*. Ngaous conserve les restes d'une grande basilique et divers souvenirs chrétiens.

Dans la région de Batna, à Aïn-Ksar, autrement Ounn-el-Asnam, il y avait aussi un Castellun selon l'inscription suivante[2] :

Imperantibus Dominis nostris Flavis Constantino et

---

(1) *Corpus*, n. 10419.
(2) *Ibid.*, n. 4354.

Anastasia piissimis Augustis, Vitalio magnifico et illustri magistro militum in Africa, auxiliante Deo, per Flavium Trigetium hic C(a)st(ellum) consentientes sibi cives istius loci providentia ejus de suis propriis laboribus fecerunt.

On pourrait lire Castrum au lieu de Castellum. La *Notice* de Léon le Sage signale, après Kascala dont nous avons parlé à l'article des Casæ Calanæ, une Castellæ qui avait encore un évêque en 883. Celle-ci est-elle la Castilia de la région de Capsa, laquelle fut prise par Okba, en 666? Elle se trouverait en Byzacène et non en Numidie.

De même, il y a, dans la Numidie Proconsulaire, un bourg antique appelé Nebeur, dont nous avons fait mention à propos de Anbura et qui aurait porté anciennement le nom de Castellum, comme on le voit dans l'épitaphe suivante [1] :

```
           D M S
        C. PACCIVS RO
       GATVS. FL. P. P.
       II. VIR. COL. SIC.
         PREF. CASTE
       V. A. LXXVIII. H. S. E.
```

Un autre texte mentionne les *seniores Kast(elli)*. Les *Actes* de Zénophile, datés de l'an 320 et parlant de Cirta, disent [2] qu'il y avait à Cirta, un prêtre nommé *Victor de Castello*.

Nous pourrions encore énumérer d'autres localités qui ont eu le titre de Castellum en Numidie. Ainsi Arsacal,

---

(1) *Corpus*, n. 1615 et 1616.
(2) Cf. Aug., *Contr. Cresc.*, III, 29, 33.

Mastar et en outre le Καστα βαγε de la *Notice* de Léon le Sage, où l'on peut supposer la mention d'un Castellum.

HONORAT. Il est le quatrième sur la liste des évêques de la Numidie qui, s'étant rendus, en 484, à l'assemblée générale de Carthage, furent ensuite condamnés à l'exil et augmentèrent cette illustre légion de confesseurs.

XXXVII. — CASTELLVM SIMITTHV.

Nous savons, non seulement par la *Notice*, mais encore par saint Augustin, que le Castellum Simitthu, autrement Sunitu et Synitu, appartenait à la Numidie. Son nom même nous apprend qu'il n'était pas éloigné de la ville de Simitthu située dans la Numidie Proconsulaire, sur la voie qui menait de Carthage à Hippone-Royale. Saint Augustin nous dit, en effet, que le Castellum était situé dans le voisinage de la colonie d'Hippone[1]. Ce voisinage doit pourtant s'entendre de la région qui séparait les deux provinces et qui était frontière, comme elle l'est encore aujourd'hui. Car le même saint Docteur nous apprend ailleurs que Bulla-Regia était aussi dans le voisinage d'Hippone et Bulla en est assurément beaucoup plus éloignée que Simitthu elle-même. Saint Augustin parla quelquefois au Castellum Simitthu, comme Possidius en témoigne[2], et il

(1) *Civ. Dei*, lib. XXII, 8, 6.
(2) *Ind. oper. Aug.*, c. III.

nous fait connaître même qu'il y avait dans ce Castellum une memoria ou sanctuaire de saint Étienne, premier martyr[1]. Il rapporte qu'il alla avec Maximin de Simitthu Castellum, sur le territoire de Fussala, à la ferme de Zubedi, et le contexte semble montrer que Zubedi était placé entre le Castellum et Fussala, comme Fussala devait être située entre le Castellum et Hippone. Or, nous savons que Fussala était à quarante milles à l'est-sud-est d'Hippone, et nous savons aussi que Simitthu-les-Mines se trouvait à quatre-vingts milles d'Hippone.

MAXIMIN. Il était déjà évêque, mais Donatiste, en 392, lorsque saint Augustin, alors prêtre, l'invita par lettre, à une conférence[2]. Le même Père, dans une autre lettre, adressée en 409, aux Donatistes, nous apprend en ces termes, que cet évêque s'était fait catholique[3] : *Dernièrement, dit-il, vous avez envoyé un crieur public pour crier à Simitthu : On incendiera la maison de quiconque sera en communion avec Maximin. Avant qu'il ne fût converti à la foi catholique, et alors qu'il n'était pas même de retour d'outre-mer, pourquoi avions-nous envoyé un prêtre à Simitthu, sinon pour qu'il visitât nos fidèles sans être à charge à personne, et que, dans sa demeure, fort de son droit, il prêchât à ceux qui voulaient la foi catholique?* Lorsque cet évêque était déjà mort, il en parle encore dans ses livres de la *Cité de Dieu*, qu'il commença l'an 413 : *Il arriva par hasard*[4], dit-il, *que mon collègue Maximin, évêque de l'Église*

---

(1) *Civ. Dei, Aug.*, c. III.
(2) *Ép.* XXIII.
(3) *Ép.* CV, n. 4.
(4) *Civ. Dei*, XXII, VIII, 6.

de Simitthu et moi, nous nous trouvâmes alors dans le voisinage, etc. Je crois qu'il mourut avant la conférence de Carthage.

CRESCONIVS. Cet évêque assista, en 411, à la conférence de Carthage. Lorsque s'étant avancé il eût dit[1] : *J'ai donné mandat et j'ai souscrit*, il n'ajouta rien au sujet d'un compétiteur catholique, car lui-même était Donatiste.

LVCILLVS. Après la défaite du Donatisme, à la suite de la conférence de Carthage, et peut-être après la mort de Cresconius, les habitants du Castellum Simitthu paraissent avoir eu de nouveau un évêque catholique. Saint Augustin, parlant en effet des miracles accomplis par la puissance de Dieu, de son temps en Afrique, rapporte ce qui suit de Lucillus[2] : *Lucillus, évêque du Castellum Simitthu, voisin de la colonie d'Hippone, portait au milieu du peuple qui le précédait et le suivait, la memoria ou reliquaire du même martyr* (saint Étienne). *Une fistule dont il souffrait beaucoup depuis longtemps et qu'un médecin de confiance devait prochainement opérer, fut guérie tout à coup par ce pieux fardeau et il ne s'en trouva plus aucune trace dans son corps.* Comme on le voit, rien n'indique dans ce passage que Lucillus fût déjà mort. Or, il est certain que saint Augustin n'acheva pas avant 426 les livres de la *Cité de Dieu* dans lesquels il rapporte ce fait. On peut donc croire que Lucillus vécut jusqu'après cette année.

---

(1) *Cogn.*, I, n. 202.
(2) *Civ. Dei*, XXII, VIII, n. 11.

ETIENNE. La *Notice* le cite le soixante-septième parmi les évêques de la Numidie qui, convoqués à Carthage, en 484, par le roi Hunéric, furent exilés avec tous les évêques qui s'y étaient réunis.

XXXVIII. — CASTELLVM TITVLI.

Outre Tituli, ville de la Proconsulaire, il y avait, dans la Numidie, un Castellum Tituli, de même que la Proconsulaire avait sa Simitthu, tandis que la Numidie avait son Castellum Simitthu. C'est ce que nous apprend la *Notice*, tandis que deux monuments de Lambæse nous font connaître un aqueduc et une source de Tituli ou Titulus. Le premier porte le texte suivant[1] :

IMPP. CAESS. C. AVR. VALERIVS. DIOCLETIANVS. P
F. INVICTVS. AVG. ET. M. AVRELIVS. VALERIVS. MA
XIMIANVS. P. F. INVICTVS. AVG. AQVAE. DVCTVM
TITVLENSEM AB ORIGINEM VSQVE AD CIVITA
TEM LONGA VETVSTATE. CORRVPTVM.
PER AVRELIVM MAXIMIANVM. V. P. P. P. N. AD MELIO
REM STATVM ADDITIS LIMIS RESTITVERVNT CVRANTIBVS
AEMILIO LVCINO AVGVRE CVR. REIP.
ET IVLIO AVRELIO. 7.

Le second texte est ainsi conçu[2] :

AQVAM TITVLENSEM QVAM ANTE ANNOS
PLVRIMOS LAMBAESITANA CIVITAS IN

---

(1) *Corpus*, n. 2660.
(2) *Ibid.*, n. 2661.

TERVERSO DVCTV VI TORRENT*I*S AMISERAT
PERFORATO MONTE INSTITVTO ETIAM. A
SOLO NOVO DVCTV SEVERINVS APRONIANVS. VP. PPN.
PAT. COL. RESTITVIT: CVR. AELIO RVFO.
VE FL PP. CVR RP

Si ce nom n'est pas celui d'un Castellum de l'Aurès, voisin de Lambæse, au moins il nous rappelle le nom de notre évêché.

VICTORIN. Il est le cinquante et unième sur la liste des évêques de Numidie qui, s'étant rendus à Carthage, en 484, à l'assemblée de cette ville, furent condamnés par le roi Hunéric à la peine d'exil avec tous leurs collègues de l'Afrique, pour avoir repoussé les erreurs perverses des Ariens.

XXXIX. — CASTRA GALBÆ.

Plus d'une ville d'Afrique a tiré son nom des camps des généraux romains. Torrentius croit que celle-ci reçut le sien du proconsul Galba, qui devint plus tard empereur[1]. Il tint en effet le gouvernement de l'Afrique pendant deux ans et, au témoignage de Suétone, il l'administra avec beaucoup de sévérité et de justice, de sorte que cette ville aurait pu être fondée ou restaurée pour perpétuer sa mémoire. Hardouin pense qu'elle était située dans la Numidie,

---

[1] Suet, *in Galba*, 7, 4.

peut-être parce que, dans un concile de Carthage, l'évêque de cette ville vota parmi les évêques de cette province. Il n'est pas, d'ailleurs, invraisemblable que Galba ait eu un camp dans la Numidie où des troubles furent souvent suscités contre la République.

L'évêque Lucius est nommé entre ceux de Cirta et de Lambæse et c'est entre ces deux villes que se voient les ruines de Kasr-Galaba, dont le nom représente bien celui de Castra-Galbæ et si cette localité a porté plus tard, comme nous le dirons plus loin, le nom de Gibba, elle a pu antérieurement être connue sous le nom de Galba.

LVCIVS. Il est le septième parmi les évêques qui se rendirent, en 255, au concile de Carthage, le troisième tenu par saint Cyprien sur la question du baptême[1]. Dans le passage de saint Augustin, où son opinion est réfutée[2], il est appelé à Castro-Galbæ. Mais dans les *Actes* du concile, il est nommé à Castra-Galba. Dans une inscription de la Maurétanie Sitifienne, du reste, relative à l'évêché de Cellæ, on lit *castram* à l'accusatif. Dans une autre, trouvée à Ammi-Moussa, dans la Maurétanie Césarienne, nous lisons *castrum*[3].

Si les Castra-Galbæ étaient les mêmes que les Castra-Bedera autrement Vetera de la *Notice* de Léon le Sage, il faudrait ajouter que cette ville avait encore un évêque à la fin du IXe siècle.

---

(1) Hard., I, p. 162.
(2) *Contr. Donat*, VI, XIV.
(3) *Corpus*, n. 9725.

XL. — CATAQVAS.

La *Notice* prouve que la ville de Cathaquas, ou Cataquas, appartenait à la Numidie, ce que confirment les lettres de saint Augustin[1]. Le nom paraît être un composé du grec κατα et du latin *aquas* et répondre à la station nommée Ad-Aquas, située sur la voie de Carthage à Hippone.

L'usage de pareils composés n'était pas rare aux IVe et Ve siècles. Saint Augustin cite les termes de *Thelodives*, *Thelosapiens*, etc., qui étaient populaires, dans une de ses lettres[2]. Saint Cyprien disait de même l'Évangile *cata Joannem*[3]. Le saint évêque d'Hippone connaissait parfaitement le diocèse de Cataquas, il séjournait chez son évêque et il laisse suffisamment entendre que cette ville se trouvait dans la même région que Fussala, Mutugenna, Simitthu et Bulla-Regia. Or, les *Itinéraires* indiquent la station Ad-Aquas à cinq milles de Simitthu et à soixante-quinze milles d'Hippone. Les eaux termales ainsi indiquées sont certainement représentées par le Hammam des Oulad-Ali et les ruines de la station portent le nom de Henchir-Moussa. Ce point est compris aujourd'hui, comme Simitthu, dans la régence de Tunis, et c'est une partie de la Numidie Proconsulaire.

PAVL. Cet évêque était contemporain de saint Augustin, dont il reçut une lettre qui est maintenant la quatre-vingt-

---

[1] *Ép.* LXXVI, XCVII, CXXXIX, CXLIII, CXLIX, CLII.
[2] *Ép.* CXLIX, n. 27.
[3] *Testim.*, lib. III, v.

cinquième; elle appartient à l'an 405. Saint Augustin lui reproche surtout de vivre avec une prodigalité qui dépassait les modestes revenus de son église. Dans une autre lettre adressée à Olympe, maître des offices[1], il gourmande Paul de ce que, devant déjà beaucoup au fisc, il avait acheté, sous le couvert d'une maison très puissante, *quelques terrains qui lui permettaient de satisfaire ses caprices, sans payer le fisc et sans être inquiété par les percepteurs.* Il paraît être mort avant l'année 408.

BONIFACE. Il occupa le siège de Cataquas en 408, comme l'indique saint Augustin dans sa lettre à Olympe[2] et aussi dans une lettre qu'il adressa cette même année à Boniface lui-même[3]. En 411, il assista à la conférence de Carthage dans laquelle, après la lecture de sa souscription il dit de son compétiteur donatiste[4] : *J'ai contre moi Sperat*, lequel s'étant avancé ajouta : *Je le connais.* Puis, plus tard, il dit lui-même, à l'appel de son nom[5] : *J'ai donné mandat et j'ai souscrit.*

PASCENTIVS. La *Notice* l'indique le soixante-huitième parmi les évêques de Numidie qui, en 484, se rendirent à Carthage pour l'assemblée générale des évêques d'Afrique qui tous furent ensuite envoyés en exil par le roi Hunéric. Le nom de cette ville offre dans la *Notice* la forme suivante *Cethaquensusca*, qu'il faut peut-être lire en le corrigeant Cathaquen Fusca. Les ruines voisines du Hammam

---

(1) *Ép.* LXXXV, XCVI, XCVII, n. 2.
(2) *Ép.* XCVI, n. 2 et XCVII, n. 3.
(3) *Ép.* XCVIII.
(4) *Cogn.*, I. n. 143.
(5) *Ibid.*, n. 202.

dont nous avons parlé ont conservé le nom d'un personnage nommé Q. Cocceius Gemellus Fuscianus[1]. Dans les *Actes* des saints martyrs Lucius et Montan, il est question de deux localités nommées Fuscianum et Gemellæ. Mais tout cela semble avoir peu de rapport avec le terme que nous présente la *Notice*.

XLI. — CEDIAS.

Cedias est la forme que nous indiquent les *Actes* du concile de l'an 255. Nous avons observé déjà son emploi pour Badias, Medias, Majores et autres villes. Rien n'indiquait avec certitude où se trouvait Cedias. Nous avions néanmoins un indice de quelque valeur, qu'elle appartenait à la Numidie. C'est que, à la conférence de Carthage[2], l'évêque donatiste de Cedias, ayant déclaré le dixième *avoir donné mandat* et Marcellin ayant ordonné, pour gagner du temps, que ces dix premiers témoigneraient du consentement et de la souscription des autres, le donatiste Pétilien de Cirta s'y opposa et se plaignant qu'on favorisait trop les catholiques, il dit : *Ce serait céder un avantage à ceux qui ont montré avoir beaucoup d'évêques à nous opposer dans cette province* (Proconsulaire), *si nous ne montrions qu'ils n'en ont pas en Numidie, ou du moins qu'il n'en ont qu'en un petit nombre*

---

[1] Tissot, *Bagrada*, p. 30.
[2] *Cogn.* I, n. 164.

d'endroits. Or, ces paroles concordent avec celles de l'évêque de Cedias qui venait d'affirmer, en dernier lieu, qu'il n'avait aucun compétiteur dans son Église. L'indice a été, depuis, vérifié, car Cedias a été retrouvée dans les ruines de Oum-Kif situées à peu de distance au sud-est de Mascula. Sur un monument dédié aux empereurs Dioclétien et Maximien, la ville de Cedias est mentionnée dans les termes suivants[1] : *Diocletiano et Maximiano Augustis respublica Cediensium*. Le texte parle ensuite d'un *duumvir*, d'un *princeps*, d'un flamine perpétuel, d'un *curator ordinis* et dit que le monument, une statue sans doute, a été érigée *propria liberalitate* d'un ou de plusieurs personnages. Il se trouvait dans un château byzantin dont il reste les ruines.

Les chrétiens de Cedias sont mentionnés dans un autre texte trouvé à Sefel-el-Delaa, assez loin d'Oum-Kif. Voici ce texte intéressant[2] :

```
    IN PATRI DOMINI
   DEI QVI EST SERMONI
    DONATVS ET NAVIC
    IVS FECERVNT CEDI
   ENSES PECKATORES
```

Il faut lire : *In nomine Patris, Domini Dei qui est Sermonis*, etc.

SECVNDINVS. Cet évêque donna son avis[3] le onzième dans le concile de Carthage, le troisième de ceux que saint Cyprien réunit, en 255, sur la question du baptême.

---

(1) *Corpus*, n. 10727.
(2) *Ibid.*, n. 2309.
(3) Hard., I, p. 163.

C'est probablement de cet évêque qu'il est parlé dans les *Actes* des saints Marien et Jacques et il aurait ainsi reçu la palme du martyre.

FORTIS. Il était de la secte des Donatistes, fort nombreux en Numidie et il assista, en 411, à la conférence de Carthage où, répondant un des premiers à l'appel de son nom, il dit[1] : *J'ai donné mandat et j'ai souscrit, je n'ai point de compétiteur.*

XLII. — CELERINA.

On peut supposer que Celerina vient de Celer ou Celerinus, nom célèbre en Afrique. Nous savons par saint Augustin[2] qu'un sénateur, nommé Celer, possédait de vastes domaines dans la région d'Hippone et de Fussala. Ce personnage était donatiste. Dans une lettre à Marcellin, l'an 412, saint Augustin[3] dit que Macrobe, évêque donatiste d'Hippone, avait fait ouvrir de force les basiliques situées sur les terres du clarissime Celer, pendant que celui-ci était à Carthage.

A Gueber-Bou-Aoun, sur la rive droite de la Seybouse, à seize kilomètres d'Hippone, deux statues avaient été dédiées à un autre personnage nommé L. Postumius Felix

---

(1) *Cogn.*, I, n. 164.
(2) *Ép.* CXXXIX, CCIX, n. 5.
(3) *Ép.* CXXXIX, n. 2 — Cf. *Ép.* LVI, LVII.

Celerinus[1]. Les Celerini paraissent dans les inscriptions de Vaga, de Lambæse, de Verecunda, etc.

DONAT. Cet évêque était de la secte de celui dont il portait aussi le nom. Il était à Carthage quand eut lieu la conférence. Il y répondit à l'appel de son nom[2] : *J'ai donné mandat et j'ai souscrit. Je n'ai point et je n'ai jamais eu de compétiteur dans mon peuple.*

XLIII. — CEMERINIANA.

Cemeriniana était dans la Numidie et près de Cirta, appelée aussi Constantina, comme il résulte d'un passage de la conférence de Carthage que nous citerons tout à l'heure. C'est à peu de distance aussi de Cirta, sur la voie qui conduisait à Milève, probablement aux ruines de Zitou-net-el-Bidi, sur la rive gauche de l'oued Coton, que, d'après la *Table* de Peutinger, se trouvait une station nommée Numituriana. Mais on voit facilement que ce nom, s'il est sans altération, diffère absolument de Cemeriniana.

MONTAN. Cet évêque se trouvait dans les rangs des Donatistes à la conférence de Carthage, en 411. A l'appel de son nom, il répondit[3] : *J'ai donné mandat et j'ai*

---

(1) *Corpus*, n. 5276.
(2) *Cogn.*, I, n. 180.
(3) *Cogn.*, I, n. 201.

souscrit; je n'ai point de compétiteur. Or, à cette déclaration, Fortunat, évêque de l'église catholique de Constantine, répartit : *Nous avons là une église et le prêtre Terentius*. Ce qui prouve que Fortunat connaissait cette situation à cause de son voisinage. Aussi personne ne récusa-t-il son témoignage. Cela montre encore que Térence avait été chargé par cet évêque de venir en aide aux catholiques.

XLIV. — CENTENARIA.

La *Notice* nous fait connaître que Centenaria ou Centenarius se trouvait dans la Numidie. La *Table* de Peutinger mentionne une localité, appelée *Ad Centenarium*, à mi-chemin de Gadiaufala et de Tigisi, à douze milles de l'une et de l'autre de ces deux villes. La *Table* en mentionne une autre du même nom entre Diana et Zaraï à vingt-deux milles de celle-ci et à quinze milles de la première. D'autre part, cette localité se trouvait à dix milles de Lamasba et il est probable qu'elle est représentée par le Ksar-Cheddi. L'anonyme de Ravenne appelle la localité voisine de Tigisi du nom de Centenarius. Ce nom indique un établissement militaire et non une distance. On a signalé d'autres Centenarius dans les Maurétanies.

CRESCONIVS. Parti en 411, pour la conférence de Carthage, il tomba malade et se fit représenter par Reginus, évêque de Tigillaba, de la même province. La souscription de celui-ci fut ainsi formulée[1] : *Moi, nommé plus haut, en présence du clarissime tribun et notaire Marcellin, ai approuvé et donné mandat ci-dessus, à Carthage, pour Cresconius, évêque de Centenaria. Délégué par lui, parce qu'il est empêché par la maladie, j'ai souscrit à Carthage.* Mais l'évêque donatiste du même lieu était venu également. Son nom est inconnu, mais lui aussi était malade, comme en témoigna un autre évêque, Quodvultdeus de Nebbi, en ces termes[2] : *Il est également atteint de maladie.* On pourrait en conclure que Centenaria, Nebbi, Tigillava, et même Pauzera, comme nous le verrons, étaient des villes voisines les unes des autres.

FLORENTIVS. Il est le trente-neuvième parmi les évêques de Numidie qui, en 484, appelés à l'assemblée de Carthage avec les autres évêques, furent ensuite tous condamnés à l'exil.

XLV. — CENTVRIA.

Outre la *Notice*, Procope reconnaît[3], dans la Numidie, la ville appelée *Centuriæ*. Je pense que ce nom lui fut donné parce qu'il y avait là un poste contre les Barbares

---

(1) *Cogn.*, I, n. 133.
(2) *Ibid.*
(3) *Bell. Vand.*, II, 13.

et qu'il a la même signification que Centenarius. L'un désigne le chef et l'autre la troupe qu'il commandait. D'après le contexte de Procope, il semblerait que la localité qu'il appelle Centuriæ est la même que le Centenarius voisin de Tigisi. Une inscription trouvée à Bordj Mamra, sur la voie de Cirta à Sitifis, mentionne une Centuria ou un Centenarius, en ces termes[1] :

Imp. Caes. in. Aurelio Antonino
pio felice aug. pONT
M. TRIB. POT. XVIIII. IMP. III
cos. IIII. P. P. PROCOS. RESPVB
CENT. SVBVRBVR. VIAS. EX
AVSTAS. ReSTITVIT. AC. NO
VIS. MVN *itio* NIB. DILATAVIT
XXI

QVODVVLTDEVS. Il est fait mention de lui dans le premier concile de Milève, en 402, comme nous le voyons par le recueil des canons de l'Église d'Afrique[2]. On y voit même qu'il eut avec l'évêque schismatique un différend qu'il refusa ensuite de soumettre au jugement de ses collègues[3]. Cependant le même Quodvultdeus assista, en 411, à la conférence de Carthage dans laquelle il répondit[4] : *Je suis présent*. Il avait pour compétiteur le donatiste Cresconius qui dit : *Je le connais*. Mais pourquoi ce Cresconius, présent à la conférence, ne paraît-il pas ensuite au milieu des Donatistes pour l'appel de son nom?

Remarquons que, à la conférence de 411, Centuria a deux évêques : Quodvultdeus, catholique, et Cresconius, dona-

---

(1) *Corpus*, n. 10335.
(2) Hard., I, p. 910.
(3) *Ibid.*, can. LXXXVII.
(4) *Cogn.*, I, n. 126.

tiste; que, à la même conférence, Centenarius a pour évêque catholique Cresconius, et que c'est un Quodvultdeus qui représente la cause donatiste. Nous croyons qu'il y a là une énigme à résoudre.

IANVIER. Il est le quatre-vingt-quinzième sur la liste des évêques de Numidie que le roi Hunéric avait convoqués à Carthage, en 484, et qu'il envoya en exil avec tous les autres évêques qui s'étaient rendus à son ordre.

Il y a eu depuis plusieurs évêques titulaires de Centuria :

Jean GASPARI-KUNNAR, 15 décembre 1664 ;

André GRIFFORD, d'Angleterre, décembre 1705 ;

Jean ROUGLASS, vicaire apostolique de Londres, septembre 1790 ;

Millerius GRENDERGAST, de l'ordre des Carmes, vicaire apostolique du Malabar, 7 septembre 1818 ;

Antoine MAITHEUGI, auxiliaire de l'archevêque de Strigonie, 14 décembre 1840 ;

N..., coadjuteur du vicaire apostolique du Tonkin central, 25 décembre 1857, et qui mourut pour la foi en juillet 1858 ;

Thomas NULTY, coadjuteur de l'évêque de Miden, 3 septembre 1864 ;

Boniface TOSCANS, précédemment évêque de New Pampelune, 16 janvier 1874.

XLVI. — CENTVRIONES.

Il paraît hors de controverse que le nom de cette ville était Centuriones, bien que la manière de l'écrire varie dans les manuscrits : car l'évêque de ce lieu est appelé *Centurianensis* et ailleurs *a Centurionis*. Mais dans les Actes des martyrs de Cirta, Jacques et Marien, édités par Ruinart[1], on trouve cité les *magistratus Centurionum*. Il suit ainsi de là que cette ville non seulement appartenait à la Numidie, mais encore était très rapprochée de Cirta. C'est en effet, à Cirta[2], que les magistrats de Centuriones assistèrent, d'après le texte, à l'interrogatoire des martyrs, ce qui montre le voisinage des deux villes. Par suite, on a pensé que Centuriones pouvait être représentée par El-Kentour, localité peu éloignée de Constantine.

NABOR. Il figure parmi les évêques du concile de Cirta, convoqué, en 305, par Secundus, évêque de Tigisi[3]. On y examina la cause de ceux qui étaient accusés d'avoir livré les Saintes Écritures par crainte de l'édit de Dioclétien. Trois évêques seulement n'étaient point accusés et parmi eux était Nabor. On les consulta seulement sur la décision à prendre dans cette affaire[4]. Ils répondirent qu'*une telle cause devait être réservée au jugement de Dieu.*

---

(1) *Act. sinc.*, p. 225.
(2) *Ibid.*, n. 5.
(3) Aug., *Contr. Cresc.*, lib. III, cap. XXVII.
(4) Optat, *De schism.*, lib. I, cap. XIV.

JANVIER. Cet évêque était de la secte des Donatistes, et il assista dans leurs rangs, en 411, à la conférence de Carthage où il répondit à l'appel[1] : *J'ai donné mandat et j'ai souscrit.* Il ne dit rien d'un évêque catholique. Il n'y en avait pas alors dans un très grand nombre de villes de la Numidie, car c'était surtout en Numidie que les Donatistes régnaient comme dans leur propre domaine.

FIRMIEN. La *Notice* le cite le sixième parmi les évêques de Numidie qui, en 484, convoqués par un édit du roi Hunéric à une assemblée générale, furent ensuite condamnés à l'exil avec les autres évêques de l'Afrique. L'annotation ajoutée à son nom montre qu'il mourut en confesseur de la foi loin de son siège.

XLVII. — CERAMVSSA.

Ceramussa se trouvait dans la Numidie et sur les confins du territoire de Milève, comme on le voit par une discussion engagée entre les évêques de la conférence de Carthage et dont nous allons parler[2]. Ceramussa est, comme nous le croyons, représentée aujourd'hui par la localité dite encore Guerammoussa, située entre Chullu et Milia, au-dessous et près de l'établissement des mines de fer

---

(1) *Cogn.*, I, n. 202.
(2) *Cogn.*, I, n. 133.

d'Aïn Sedma exploitées déjà sous les Romains. Nous dirons plus tard qu'il y a un rapprochement à faire entre le nom de Ceramussa et ceux de Cedamussa et Tanaramussa, villes épiscopales de la Maurétanie Sitifienne et de la Césarienne. Il y avait des mines aussi près de ces différentes villes.

SEVERIEN. Il se rendit à Carthage, en 411, pour la conférence où, à la lecture de son nom, il rendit de son Église ce témoignage[1] : *Elle est tout entière catholique.* Mais, du parti opposé, Habetdeum, diacre de l'évêque donatiste Primien, repartit : *Nous y avons le primat Adéodat. Qu'il se montre* reprit Sévérien. Alors Adéodat, évêque donatiste de Milève, s'en expliqua ainsi : *Ceramussa se trouve dans mon diocèse de Milève.* Mais Sévérien insista et confirma en ces termes ce qu'il avait dit : *L'église de ce lieu est tout entière catholique dès l'origine : jamais il n'y a eu là de Donatiste.* Adéodat reprit : *Elle est dans mon diocèse. Il en a chassé par la violence tous les clercs et tous les prêtres.* Alors Sévérien : *Il ment,* dit-il, *Dieu en est témoin.*

Mais Marcellin, homme d'une grande douceur, chargé par l'empereur Honorius de présider la conférence, interpella Adéodat et lui parla ainsi : *Que Votre Sainteté daigne nous dire si de fait il y a actuellement un évêque dans ce lieu.* Adéodat répondit : *Il est dans mon diocèse; tout ce qui l'entoure est à moi. On a employé jusqu'à la terreur pour triompher de tous les miens qui étaient établis là.* A quoi Sévérien répondit une dernière fois : *Il ment.* Ainsi se termina cette contestation et il fut évident

---

[1] *Cogn.*, I, n. 133.

que les habitants de Ceramussa étaient catholiques, bien qu'ils fussent établis sur le territoire de l'évêque donatiste de Milève, où celui-ci commandait comme dans son Église propre.

Les Donatistes avaient sans doute voulu faire un double emploi avec le nom d'Adéodat.

Sévérien peut être l'évêque qui assista, en 408, comme délégué de la Sitifienne, au concile de Carthage?[1]

XLVIII. — CVICVL.

Outre la *Notice*, *l'Itinéraire* d'Antonin nous apprend que Cuicul se trouvait en Numidie, où il le place entre Idicra et Sitifis, à vingt-cinq milles de l'une et de l'autre. La *Table* de Peutinger lui donne le titre de colonie et la place à sept milles de Caput Budelli, à treize milles de Mons et à onze milles de Mopti. C'est la moderne Djemila, encore remarquable par ce qui reste de ses anciens monuments, basiliques, temples, théâtres, forum, arcs de triomphe, etc. Diverses inscriptions lui confirment son titre de colonie. Ainsi[2] :

CLAVDIAE
SALVIAE
CONIV *gi*
L TITINI

---

(1) Hard., I, p. 935.
(2) *Corpus*, n. 8329. — Cf. n. 8328, 8334, 8318, 8319, 8326.

```
    CLODIANI
    EV PROC
     AVG N
   SPLENDIDISSI
  MVS ORDO COL
   CVICVLITANOR
   CONLATIONE P.
   SPORTVLARVM
   FACTA POSVIT
```

Un autre monument, la *basilica Julia*, fut construit sous le règne de Marc Aurèle par C. Julius Crescens Didius Crescentianus[1], lequel avait été flamine perpétuel des quatre colonies et avait passé par les charges des cinq colonies, savoir : Cuicul, Cirta, Milève, Chullu et Rusicade.

Sous le règne des empereurs Valentinien, Valens et Gratien, une autre basilique fût élevée à Cuicul, d'après le texte suivant[2] :

```
 PRO BEATITVDINE PRINCIPVM MAXIMORVM
DDD NNN VALENTINIANI VALENTIS ADQ GRATIANI
 PERPETV SEMPER AVGGG FL SIMPLICIVS VC
  CONSVLARIS SEX FASCALIS PN CONSTANTINAE
 NVMINI MAIESTATIQ EORVM SEMPER DICATVS BASI
 LICAM DEDICAVIT RVTILIVS VERO SATVRNINVS VC
 PROEDITIONE MVNERIS DEBITI A SOLO FACIENDAM
      EX AEDIFICANDAMQ CVRAVIT
```

Un fait particulièrement intéressant, c'est que les chrétiens de Cuicul avaient conservé à leur usage les anciennes dénominations païennes. En effet le pavé de la basilique chrétienne est fait en mosaïque qui offre des médaillons

---

(1) *Corpus*, n. 8318 et 8319.
(2) *Ibid.*, n. 8324.

contenant les noms des souscriptions, dont l'une est d'un *sacerdotalis*[1] :

```
    TVLIVS
   ADEO DA
  TVS SACER
 DOTALIS VO
  TVM COMP
```

D'ordinaire, à l'époque chrétienne, le terme *sacerdotalis* n'était qu'un titre resté dans certaines familles. La ville d'Ammædara en Byzacène nous fournit un exemple semblable à celui de Cuicul.

Voici le médaillon d'un clarissime ou personnage consulaire de Cuicul[2] :

```
      FL.
   PAVLVS. V.
  C. EX. TRIB.
  VOTVM SOLVIT
```

Celui-ci avait été tribun ; cet autre était *princeps*[3] :

```
     .FL.
  FELIX. V. C.
   EX. PRINC.
    VOTVM.
    SOLVIT.
```

Puis c'est une personne de l'ordre équestre[4] :

```
    PONPO
   NIVS RVS
   TICVS V H.
    VOTVM
    SOLVIT
```

(1) *Corpus*, n. 8348.
(2) *Ibid.*, n. 8345.
(3) *Ibid.*, n. 8344.
(4) *Ibid.*, n. 8347.

Et encore cet autre [1] :

```
      . FL .
    . VECLVS .
     . VH . VO
    TVM. SOL
       VIT
```

Les fûts de colonnes de cette basilique étaient en place sur leurs bases. La mosaïque, outre les médaillons que nous venons de citer, présentait des dessins variés où se voyaient des animaux, des oiseaux, entre autres, la colombe portant dans son bec le rameau d'olivier. Les dépendances de la basilique étaient considérables et sont à comparer avec celles de la grande basilique de Carthage, de la basilique de Théveste, etc.

Un fragment de piscine circulaire en marbre et qui a pu appartenir à un baptistère présente en relief les scènes de l'ancien et du nouveau testament : Noé recevant la colombe, le corbeau dévorant les cadavres après le déluge, Daniel dans la fosse aux lions, le bon Pasteur entouré de ses brebis, etc.

Un lampadaire en bronze, très curieux, car il offre la forme d'une basilique du Ve siècle, a été découvert à Cuicul. Il appartient à la collection Basilewski.

Le fameux patriarche des ariens, au temps des Vandales, fut honoré par ceux-ci d'un culte public à Cuicul, car on lit sur la face d'un chapiteau [2] :

```
       NATALE
     DOMNI CIRV
    læ prIDIE KAL
      ocTOBRES
```

[1] *Corpus*, n. 8346.
[2] *Ibid.*, n. 10904.

On peut consulter à son égard Victor de Vite et ce qu'il dit de ce persécuteur, instrument du roi Hunéric[1].

Nous ne pouvons pas ne pas mentionner une dédicace récemment exhumée des ruines de Cuicul. Elle porte la mention d'une *basilica vestiaria* en ces termes[2] :

```
PRO BEATITVDINE temporum.
DDNN. VALENTI niani et Valen
TIS SEMPER AVGVS torum basili
CAM VESTIARIAM de suo cons
TRVXIT DEDICAVIT que Publilius
CAEIONIVS CAECIN a albinus v. c.
CONSVLARIS SEX fascalis provin
CIAE NVMIDIAE CVR ante ex propri
O SVMPTV PERFICIENT e........
```

Il nous reste à énumérer les noms des évêques connus de Cuicul. Ce sont :

PVDENTIEN. Il assista, en 255, au concile de Carthage, le troisième que saint Cyprien réunit sur la question du baptême. Il y fit connaître son sentiment le soixante-onzième.

En donnant son vote, il constate qu'il a été récemment ordonné évêque[3] : *Ma récente entrée dans l'épiscopat, dit-il, frères bien-aimés, me fait une obligation de soutenir le sentiment de mes anciens.*

ELPIDEPHORE. Il donna son avis dans le concile de Carthage, réuni sous Gratus, en 349, et il y fut l'auteur du canon suivant[4] : *Sur ce que les clercs orgueilleux et*

---

(1) *Hist. Pers. Vand.*, II, LIII.
(2) *Bull. arch.*, 1887, p. 311.
(3) Hard., I, p. 175.
(4) *Ibid.*, p. 687.

récalcitrants doivent être punis, ainsi que les clercs inférieurs qui outragent ceux d'un ordre supérieur, afin qu'ils aient le respect de la discipline.

CRESCONIVS. On voit qu'il se rendit, en 411, à la conférence de Carthage où il répondit à l'appel[1] : *Je suis présent; j'ai eu un évêque contre moi, il n'est plus de ce monde.*

VICTOR. La *Notice* le cite le dixième parmi les évêques de Numidie qui se rendirent, en 484, à la réunion générale de Carthage et furent ensuite envoyés en exil par le roi Hunéric avec tous les autres évêques de l'Afrique.

CRESCENT. Il se rendit à Constantinople et assista, en 553, au cinquième concile œcuménique. Il y souscrivit ainsi[2] : *Crescent, par la grâce de Dieu, évêque de la sainte Église catholique de Cuicul, de la province de Numidie, pareillement.*

XLIX. — CVLLV.

Cullu, autrement Chullu et Collops, était une ville de Numidie, que Strabon a qualifiée de grande[3]. Ptolémée

---

(1) *Cogn.*, I, n. 121.
(2) Hard., III, p. 204.
(3) Lib. XXVII, p. 570.

a fait de même. Pline[1] en fait également mention, l'appelant seulement *oppidum* (ville), tandis que Solin[2] lui donne le premier rang, après Cirta, dans la Numidie : *On y trouve,* dit-il, *de très nombreuses et importantes villes; mais celle de Cirta y tient le premier rang, et ensuite Chullu comparée à Tyr pour la pourpre de ses toisons.* L'*Itinéraire* d'Antonin en fait un municipe et la *Table* lui assigne sa place. C'est la moderne Collo qui a succédé à la colonie de Chullu, car elle avait ce titre et elle faisait partie de la confédération des cinq colonies Cirtésiennes d'après les monuments épigraphiques que nous allons citer. Et d'abord, les inscriptions de Cirta, dont plusieurs commencent en ces termes[3] :

```
    M. CAECILIVS Q F QVIR NATALIS
 AED III VIR QVAESTOR QQ PRAEF. COL
     MILLEVITANAE ET RVSICADENSIS. ET
   CHVLLITANAE PRAETER HS LXN. etc.
```

Son titre de *Colonia Minervia Chullu* paraît dans une inscription de Tiddi qui s'exprime ainsi[4] :

```
         Q. SITTIO
        Q. FIL. QVIR
      FAVSTO. III. VIRO
     PRAEF. I. D. COL. VE
       NERIAE. RVSICADE
    ET. COL. SARN. MILEV
     ET. COL. MINERVIAE
        CHLLV. AEDILI
       MVNICIPES. OB
```

(1) H. N., V, 3.
(2) *Polihist.*, XXVI.
(3) *Corpus*, n. 7098. — Cf. n. 7094, 7095, 7096, 7097.
(4) *Ibid.*, n. 6710.

```
        MERITA. EIVS
       AERE CONLATO
            D D
```

On le voit, ces textes donnent la forme *Chullu*, tandis que plusieurs auteurs donnent Cullu.

On y a découvert un splendide sarcophage en marbre blanc dont la face principale offre la scène de Jonas rejeté par le monstre marin, celle de Daniel dans la fosse aux lions, celle du bon Pasteur, du miracle de Cana.

Collo n'a jamais cessé d'exister; au XVIIe siècle, elle était un des principaux comptoirs de notre compagnie d'Afrique.

VICTOR. Il vint à Carthage, en 411, pour la conférence. Il y répondit, à l'appel de son nom[1] : *Je suis présent*. Et son compétiteur, le donatiste Fidentius, qui s'y trouvait aussi dit : *Je le connais*. Appelé ensuite lui-même, il déclara[2] qu'il *avait donné mandat et souscrit*.

QVODVVLTDEVS. La *Notice*, de 482, le cite le cent quinzième parmi les évêques que le roi Hunéric appela à Carthage en 484. Il est dit évêque de Ullu, mais c'est sans doute par la faute des copistes.

---

(1) *Cogn.*, I, n. 126.
(2) *Ibid.*, n. 201.

L. — DIANA.

Diana, ville de Numidie, était située, comme le prouve l'*Itinéraire* d'Antonin, à trente-trois milles de Lambæse, à quatorze milles de Nova Petra, à dix-huit milles de Lamasba et à seize milles de Tadutti. De son côté, la *Table* de Peutinger place Diana à douze milles de Lambiridi et à quinze milles de Ad-Centenarium. Il faut observer que l'*Itinéraire* l'appelle *Diana Veteranorum*, parce qu'elle avait été fondée par des vétérans et que la *Table* nomme la station *Ad Dianam* et y ajoute l'image d'un castellum. Il ne faut pas confondre la ville de Diana avec le castellum Dianense qui se trouvait dans la Maurétanie Sitifienne. Diana porte aujourd'hui le nom arabe de Aïn Zana, qui est une altération du nom ancien. Celui-ci se lit sur plusieurs monuments de la cité. Ainsi[1] :

```
IMP. CAES
T. AELIO. HA
DRIANO. ANTO
NINO. AVG. PIO
DIVI HADRIANI
FIL. DIVI. TRAIA
PARTHICI. NE
POTI. DIVI. NERV
AE. PRONEPOTI
PONTIF. MAX
TRIB. POT. IIII. COS
III. P. P. RESPVB
DIANENSIVM. D. D
```

(1) *Corpus*, n. 4587. — Cf. n. 4598.

Une dédicace lui donne le titre de municipe qu'elle devait sans doute à l'empereur Antonin [1] :

```
D. FONTEIO
FRONTINIANO
L. STERTINIO
RVFINO. LEG
AVG. PR. PR
CONSVLI
PATRONO
MVNICIPI
ORDO. DIAN
AERE. CONLAT
```

Plusieurs inscriptions de Diana sont relatives à des avocats, dont les Africains goûtaient fort la profession [2] :

```
C. ORCHIVIO
PAVLINO. FL. P. P
ADVOCATO. FI
DELISSIMO. RE
PVBLICAE. EX DE
CRETO. SPLEN
DIDISSIMI. OR
DINIS. DIANEN
SIVM. OB MERITA
```

Diana était une colonie militaire qui existait déjà l'an 161. Située au pied du djebel Mestaoua, qui a toujours servi de centre de résistance aux insurrections de cette partie de la Numidie, elle était destinée à tenir en respect les tribus turbulentes des environs. Au moment de l'invasion arabe, Diana était la ville la plus forte de la région. *Elle avait un prince*, dit Moula Ahmed, *chef des chefs des chrétiens*

---

[1] *Corpus*, n. 4599. — Cf. n. 4591 et 4603.
[2] *Ibid.*, n. 4604. — Cf. 4602.

du pays du Zab, pays qui comptait trois cent soixante bourgades ayant chacune son émir. Elle fut ruinée en 935. Parmi les monuments ruinés de Diana, on remarque une basilique chrétienne à trois nefs dont l'autel, encore debout, est orné d'une croix et du monogramme du Christ.

On y voit aussi deux arcs de triomphe, la porte monumentale du temple de Diane auquel la ville empruntait son nom, des thermes, une forteresse byzantine formant un carré de soixante-dix mètres de côté et dont les murs ont plus de deux mètres d'épaisseur.

FIDENTIVS. Il siéga, en 411, parmi les Donatistes à la conférence de Carthage. Il y répondit, à l'appel de son nom. *J'ai donné mandat et j'ai souscrit*[1]. Il ne fut point fait mention d'un évêque catholique.

Diana a eu plus tard des évêques titulaires :

Thomas François CRAPSKI, de l'ordre de Citeaux, 1er juillet 1726 ;
André Stanislas de HATTEN, 11 août 1800 ;
Daniel LATUSSET, 12 février 1838 ;
Félix BIET, vicaire apostolique du Thibet, juillet 1878.

---

(1) *Cogn.*, I, n. 198.

LI. — DVSA.

Dusa n'est point connue. Ce pouvait être un de ces bourgs sans importance auxquels les Donatistes de la Numidie imposèrent des évêques pour pouvoir lutter de nombre avec les catholiques, ou la même que Ausa, autrement Auzia de Maurétanie.

BEBIANVS. Il siégea, en 411, parmi les Donatistes, à la conférence de Carthage, où il répondit à l'appel de son nom[1] : *J'ai donné mandat et j'ai souscrit*. Il ne se présenta contre lui aucun évêque catholique.

LII. — FATA.

Fata, comme l'indique la *Notice*, était une ville de Numidie, mais dont nous ne savons absolument rien.

HONORAT. Il figure le cent septième dans la liste des évêques de Numidie qui, en 484, avec les autres évêques mentionnés par la *Notice* se rendirent à Carthage. Envoyés en exil par le roi Hunéric, ils honorèrent le nom catholique en confessant généreusement leur foi.

---

(1) *Cogn.*, I, n. 198.

LIII. — FESSEI.

Nous savons, par la *Notice*, que Fessei se trouvait en Numidie. Ce nom est de même formation que Sertei, ville de la Maurétanie Sitifienne, mais elle n'est pas connue comme cette dernière.

ADEODAT. Il figure le douzième sur la liste des évêques de Numidie qui, s'étant rendus, en 484, à la réunion de Carthage, ordonnée par le roi Hunéric, furent de là envoyés en exil avec les autres évêques catholiques. Une note ajoutée à son nom montre qu'Adéodat mourut pour la foi en exil.

Les évêques titulaires de Fessei sont :

Stanislas GIANNOTTI, 1er décembre 1659 ;
Jérôme WIERZ-BOUSKI, 22 septembre 1681 ;
Gabriel ANTONIN, des comtes Erdoy, 19 septembre 1714 ;
Louis-Philippe DAMNEAU, 14 mars 1718 ;
Félicien ALONZO, de l'ordre des Prêcheurs, vicaire apostolique du Tonkin oriental, septembre 1790 ;
Dominique HENARAS, de l'ordre des Prêcheurs, 9 septembre 1800 ;
Patrice MAC-MAHON, 19 août 1819 ;
Perpetuus de Solero, de l'ordre des Mineurs, vicaire apostolique d'Égypte et d'Arabie, 17 mai 1839 ;
Edouard ISLEY, 19 novembre 1879.

LIV. — FORMA I.

Il est évident, d'après la *Notice,* qu'il y avait en Numidie deux évêchés du nom de Forma, et l'un d'eux était voisin d'Idicra, que l'*Itinéraire* d'Antonin place entre Milève et Cuicul. Il est possible que Forma ait tiré son nom d'un aqueduc, car un canal se disait aussi *Forma,* comme on le voit par Frontin et par d'anciennes lois. D'après l'inscription du Saltus Burunitanus, la *Forma* est le règlement qui détermine une fois pour toutes les rapports de droit du fermier *conductor* et des colons et qui devait, aux termes de la loi d'Hadrien, être affiché, comme le prouve l'inscription, dans tout domaine. Or, les domaines entre Cuicul et Cirta étaient nombreux. La *forma perpetua, in ære inciso,* marquait les journées de corvée imposées par an aux colons des domaines impériaux ou autres [1].

VRBAIN. Saint Optat le nomme parmi les Pères des Donatistes qui, sous le règne de Constance et de Julien, persécutèrent très cruellement les catholiques [2] : *Rappellerai-je,* dit-il, *le souvenir de Tipasa de la Maurétanie Césarienne, sur laquelle Urbain de Forma et Félix d'Idicra, ces deux torches enflammées par la haine, se précipitèrent du fond de la Numidie,* etc.

Et ailleurs : *A leur retour, Urbain de Forma et Félix d'Idicra trouvèrent mères les vierges sacrées qu'ils*

---

(1) Cf. Aurel, Victor, *Ép.* XVI, II. — Constitut. de l'an 365 — Cf. coll. Carth., *Cogn.*, III, n. 58.
(2) *De schism.,* II, 18 et 19.

avaient deshonorées. Il n'est pas douteux que la secte des Donatistes Urbanistes prît de lui son nom, car il est certain qu'elle eut son origine en Numidie[1].

IVSTE. Il tomba malade, en 411, pendant qu'il se rendait à la conférence de Carthage[2]. C'est pourquoi Martial, évêque d'Idicra, souscrivit pour lui. Tous deux étaient donatistes, comme la plupart des évêques de Numidie de ce temps-là. Mais on peut croire que c'est surtout à cause du voisinage que Martial avait eu sa procuration. Nous reparlerons de lui à l'article de Niciba et de Tigisi.

PONTICANVS. La *Notice* le nomme le cent quatrième parmi les évêques de Numidie que le roi Hunéric convoqua à Carthage, en l'an 484, avec tous les autres évêques et qu'il condamna à l'exil. L'annotation ajoutée à son nom indique qu'il mourut confesseur de la foi loin de son siège. Comme la *Notice* cite deux évêques de Forma, la place de Ponticanus paraît être ici, parce qu'il est cité presque immédiatement après l'évêque de Garba, dont le nom se trouva joint, dans la conférence, à celui des évêques de Forma et d'Idicra.

---

(1) Aug., *Contr. Cresc.*, lib. IV, LX, n. 73.
(2) *Cogn.*, I, n. 209.

LV. — FORMA II.

Pour distinguer la seconde Forma de Numidie, on pourrait l'appeler Forma de Messor, qui fut primat de sa province, tandis que la première Forma peut être appelée Forma d'Idicra. On ne connaît pas, en effet, le surnom qui pouvait désigner cette localité et on ne trouve dans la *Notice* rien qui la distingue de l'autre du même nom.

MESSOR, appelé aussi *Missor* et *Mensor*. Il figure le cent huitième parmi les évêques de Numidie que le roi Hunéric, après la réunion de Carthage, en 484, condamna à l'exil, en même temps que leurs autres collègues.

Messor, ayant vécu encore longtemps, rentra dans son Église. Il était, en 525, primat de Numidie, et il reçut de Boniface, de Carthage, des lettres que nous avons encore[1]. Cependant, déjà courbé sous le poids des années, il ne put se rendre au concile et c'est à cette absence que se rapportent les paroles de Florentien, légat de Numidie, s'adressant à Boniface[2] : *Votre bienveillance est si grande, votre douceur si gracieuse et votre autorité si vénérable, que notre seigneur Primat, s'il n'eût été empêché par les infirmités de la vieillesse, se serait fait un honneur de se présenter lui-même en personne devant vous.*

---

(1) Hard., II, p. 1072.
(2) *Ibid.*, p. 1073.

Les lettres très importantes, adressées par Messor à Boniface, se trouvent dans les *Actes* de ce concile[1].

LVI. — FVSSALA.

Saint Augustin nous donne des renseignements précis sur cette ville de Numidie et sur l'origine de son évêché dans la lettre qu'il écrivit au pape Célestin, vers l'an 423[2] : *Fussala, dit-il, est un bourg (oppidum), situé sur les confins du territoire d'Hippone. Jamais, auparavant, il n'y avait eu là d'évêque, mais il appartenait avec la région voisine au diocèse d'Hippone. Cette localité avait peu de catholiques et l'erreur des Donatistes retenait malheureusement le reste de ces nombreuses populations, au point que, dans le bourg lui-même, il n'y avait pas un seul catholique. Or, il est advenu, par la miséricorde de Dieu, que tout le pays s'est rattaché à l'unité de l'Église, mais avec quelles fatigues et avec quels périls pour nous, il serait trop long de le raconter. Les prêtres que nous y avons d'abord établis pour faire entrer les schismatiques dans l'unité, ont été dépouillés, battus, estropiés, aveuglés et tués. Leurs souffrances n'ont point été cependant inutiles et stériles, car l'unité et la paix s'y sont établies. Mais, comme ce bourg est éloigné d'Hippone de quarante milles et que*

---

(1) Hard., II, p. 1074.
(2) *Ép.* CCIX.

pour son administration et pour ramener le reste, il est vrai, peu considérable des dissidents des deux sexes qui tenaient encore à l'erreur, ne menaçant plus comme autrefois, mais nous fuyant, je voyais mon administration s'étendre plus qu'il ne fallait, et je me trouvais dans l'impossibilité de suffire à tous les soins nécessaires, dont des raisons très réelles me faisaient un devoir, j'y fis ordonner et placer un évêque.

Le même saint rapporte aussi que, dans le territoire de Fussala, Maximin de Simitthu et lui firent la dédicace d'un sanctuaire, *dans lequel*, écrit-il[1], *on avait placé de la Terre Sainte apportée de Jérusalem, de l'endroit même où le Christ sortit du tombeau, le troisième jour.* Il ajoute qu'un jeune paysan paralytique qui y avait été conduit par ses parents, fut subitement guéri après ses prières et put en sortir en se servant de ses pieds.

Ce sanctuaire se trouvait sur la terre de Zubedi, peut-être la moderne Zebda, à la limite de l'Algérie et de la Tunisie. Le fait de vénérer la Terre Sainte ne fut pas particulier à la Numidie, car une dédicace, récemment trouvée à Tixter, dans la Maurétanie de Sétif, signale le culte rendu en ce lieu à la terre apportée de l'endroit où le Christ naquit à Bethléem.

Après ce que nous avons dit à propos du Castellum Simitthu, il s'ensuit que le Castellum Fussala se trouvait à la frontière actuelle et à mi-chemin à peu près entre Hippone et la ville de Simitthu, différente du Castellum du même nom, dont Maximin était évêque.

La population du diocèse de Fussala était punique et parlait sans doute le lybique, cette langue même dont tant

---

[1] *De civ. Dei*, XXII, VIII, 6.

de monuments ont été retrouvés en ces dernières années dans la région de la Cheffia, qui est celle même où nous plaçons le Castellum de Fussala. Évidemment ce bourg ne pouvait être à quarante milles d'Hippone du côté de Rusicade, ni du côté de Calama, ni même du côté de Thagaste.

ANTOINE. Saint Augustin avait jeté les yeux, pour cet évêché, sur un autre membre de son clergé, qui était déjà prêtre et qui connaissait la langue punique ; mais ce dernier résistait, et le Primat de Numidie, étant déjà arrivé pour ordonner le nouvel évêque, *je leur présentai,* dit-il[1], *sans qu'ils l'eussent demandé, un nommé Antoine, jeune homme qui se trouvait alors avec moi, que j'avais élevé dès son bas âge dans notre monastère, mais qui, à l'exception de l'office de lecteur, n'avait aucun rang, aucune fonction dans la cléricature. Et ces pauvres habitants de Fussala, ignorant ce qui devait en advenir, s'en rapportèrent à mon choix avec une parfaite obéissance. Que dirai-je encore? Tout fut fait ainsi, et il devint leur évêque.* Antoine paraît avoir été élu pour l'épiscopat avant 416, car, cette année-là même, il est nommé dans la lettre du concile de Milève, adressée au pape Innocent, pour la répression du pélagianisme[2]. Il n'y est point nommé tout à fait le dernier, ce qui permet de croire qu'il avait été fait évêque quelques années auparavant, si c'est bien lui dont cette lettre donne le nom, ce qui est tout à fait vraisemblable. Mais l'épiscopat d'Antoine ne fut pas tel que l'avait espéré saint Augustin et que

---

(1) *Ép.* CCIX, n. 3.
(2) *Apud Aug., Ép.* CLXXVI, *initio.*

l'avaient désiré les habitants de Fussala. Des accusations nombreuses s'étant élevées contre sa réputation, les évêques se réunirent pour délibérer sur ce qu'il y avait à faire à son égard. *Enfin*, dit saint Augustin [1], *nous calculâmes notre sentence de manière qu'en lui laissant l'épiscopat, elle ne laisserait pas néanmoins impunies des fautes qu'il se serait, sans cela, cru le droit de commettre encore, et que les autres se seraient cru le droit d'imiter. Nous avons donc laissé sa dignité au jeune homme, dont nous espérions l'amendement, et nous l'avons puni en diminuant sa juridiction, de telle sorte qu'il n'eût plus à gouverner ceux qui ne pouvaient plus, dans leur juste douleur de ses actes précédents, supporter son autorité.*

Ce jugement des évêques, que respectait Augustin, ne fut point révoqué par le pape Célestin et l'Église de Fussala obéit à l'Église d'Hippone, tant que vécut Antoine. Cela résulte de la lettre de saint Augustin à Quodvultdeus, dans laquelle il lui recommande un prêtre de Fussala et lui en apporte cette raison [2] : *Nous ne pouvons, en effet, négliger les besoins de ceux qui non seulement sont nos compatriotes, mais aussi nos frères et qui ont droit à notre sollicitude dans la charité du Christ.* Cette lettre est de l'année 428.

MELIOR. La *Notice* le cite le vingt et unième parmi les les évêques de la Numidie qui, avec tous les autres évêques, se réunirent à Carthage, en 484, pour rendre raison de leur foi au roi Hunéric. Mais, celui-ci, les ayant

---

(1) *Ép.* CCIX, n. 5.
(2) *Ép.* CCXXIV.

trouvés inébranlables dans leur attachement à la vérité catholique, les condamna tous à l'exil.

On a ajouté au nom de cet évêque la note *Nam.*, dont j'ai déjà parlé en traitant de l'évêché de Cæliana.

Selon l'historien Procope [1], le château de Fussala aurait été relevé, sous le règne de Justinien, pour contenir les populations turbulentes de cette région.

Fussala a eu, depuis, des évêques titulaires, dont nous connaissons les suivants :

Thomas DE CASTRO, septembre 1675 ;
Dominique TONADA ;
Antoine DE AZEVEDA, 18 mai 1699 ;
Charles O'REILLY, mai 1793 ;
Joseph SIGNAY, coadjuteur de l'archevêque de Québec, décembre 1827 ;
Joseph-Martial MOULY, de la congrégation de la Mission, vicaire apostolique de la Mongolie et ensuite du Pékin septentrional, 1855 ;
Paul-Marie REYNAUD, de la même congrégation, vicaire apostolique du Tché-Kiang, 3 mars 1884.

---

(1) *De ædif.*, VI, VII, passage inédit.

LVII. — GADIAVFALA.

Gadiaufala, dont le nom a été étrangement défiguré par les copistes, était une ancienne ville de Numidie, située entre Tipasa et Sigus, comme le montre l'*Itinéraire* d'Antonin.

La *Table* de Peutinger, l'historien Procope [1], l'anonyme de Ravenne, offraient des données assez précises pour déterminer la position de Gadiaufala. Il a fallu, néanmoins, la découverte d'un monument funéraire au milieu des ruines du Ksar-Sbehi pour que nous puissions reconnaître en ce lieu l'antique évêché de Gadiaufala. Le monument porte l'épitaphe suivante [2] :

```
         D. M. S.
       P. LIC. AGATO
       PVS VETERAN
       VS PRAEFECTVS
       IN BRITANIA EQ
       ALARIS MILITA
       NS BRAVNIACO
        DIS MISSVS
       REPETENS GADI
       AVFALA PAT riae
       SVAE VIX it an nos
        LXXXI..........
       FILI. IPS. P LI ci
        IANVRIVS.....
        ........F .....
```

---

(1) *Bell. Vand.*, II, XV.
(2) *Corpus*, n. 4800.

Nous y trouvons le vrai nom de Gadiaufala, qui devait être un château fortifié, plus tard un *burgus*, comme le montre une dédicace de l'époque byzantine [1] :

```
σ|ω DEO IVBANTE TEMPORIBVS
   IVSTINIANI ET THEODORAE PIIS
zzzz MM DOMINORVM NOSTRORVM
   PROVIDENTIA SOLOMONIS EXCELLEN
   TISSIMI MAGISTRI MILITVM EX CONSVLE
BIS PREFECTO pr AETORIORVM AFRICAE HAC
PATRICIO FA bric ATVM EST B ur G um
```

Selon Procope, que nous avons cité plus haut, Stozza, vaincu par Bélisaire à Membressa, s'était enfui jusqu'à Gadiaufala. Le nom actuel de Ksar marque également une position fortifiée. Et, en effet, la ville s'élevait sur un contrefort qui domine l'immense plaine des Haractas.

Les ruines de la ville ont encore fourni une intéressante épitaphe chrétienne, ainsi conçue [2] :

```
       MEMORIAE .
      CORINTHIADI .
       THEODORAE .
         CHINITI .
        FILIORVM .
      DVLCISSIMOR .
    FIDELIS. ET. THALLV
      SA. PARENTES .
```

SALVIEN. Il assista au troisième concile que saint Cyprien tint sur la question du baptême, en 255, et il y fit connaître son sentiment le soixante-seizième [3].

---

(1) *Corpus*, n. 4799.
(2) *Ibid.*, n. 4807.
(3) Hard., I, p. 167.

Des manuscrits lui donnent le titre de martyr et le nom de Salvius que nous retrouvons souvent nommé parmi les martyrs d'Afrique.

AVGENTIVS. Il figure le second dans la liste des évêques de Numidie qui, pour obéir au roi Hunéric, se rendirent, en 484, à la réunion de Carthage et subirent, avec les autres évêques d'Afrique, la peine de l'exil. La note ajoutée à son nom indique qu'Argentius mourut confesseur de la foi, loin de son siège.

LVIII. — GARBA.

Garba était dans la Numidie et il y a grande apparence que la grosse bourgade dont les ruines se voient au-dessus de la magnifique source, appelée encore aujourd'hui Aïn-Garb, sur l'oued Decri, représente l'évêché de Garba. Elle est mentionnée en 1481, sous le nom de Gareb, par l'historien arabe Kairouani. Saint Optat, de Milève qui était peu éloigné de Garba, et saint Augustin la citent souvent.

VICTOR. Il assista, en 305, au concile de Cirta, lorsque Secundus de Tigisi, primat de Numidie, y porta la cause de ceux qui avaient livré les Saintes Écritures[1]. Victor fut un des trois qui dirent : *Une telle cause doit être réservée*

---

[1] Optat, *De schism.*, I, xiv.

au jugement de Dieu. Plus tard, les Donatistes l'envoyèrent à Rome pour y présider à ceux de leur secte, afin de pouvoir, eux aussi, se glorifier, selon la tradition des catholiques, d'être unis avec Rome. *Victor fut donc envoyé à Rome,* dit saint Optat[1], *et il était là comme un fils sans père, comme un soldat sans chef, comme un disciple sans maître, un successeur sans prédécesseur, un locataire sans maison, un hôte sans gîte, un pasteur sans troupeau, un évêque sans peuple, et le reste.* Victor eut ensuite comme successeurs parmi ceux de sa secte à Rome, Boniface, Encolpius, Macrobe, Lucius, Claudien et Félix qui vint à Carthage et assista à la conférence de l'an 411[2].

FELIX, Donatiste. Comme il ne se trouvait point présent, en 411, à la conférence de Carthage, sa souscription y fut exprimée de la façon suivante[3] : *Moi, Martial, évêque d'Idicra, ai souscrit pour Félix de Garba et pour Justus de Forma, que la maladie a retenus en route.* A quoi Marcien, évêque catholique, répartit : *Félix, évêque de Garba, n'est pas sorti de chez lui.* Marcien était lui-même évêque catholique d'Idicra.

On peut se demander comment, étant à Rome, cet évêque pouvait administrer la ville de Garba et s'il n'y aurait point quelque rapport entre Garba et Ausugraba, dont nous avons parlé en son lieu.

FELIX, Catholique. La *Notice* le nomme le cent deuxième parmi les évêques de Numidie qui assistèrent

(1) Optat, *De schism.*, II, IV.
(2) *Cogn.*, I, n. 149.
(3) *Ibid.*, n. 209.

à la réunion de Carthage, convoquée par l'édit du roi Hunéric, en 484. Ils furent ensuite, avec tous les autres évêques, condamnés à l'exil, à cause de leur profession de foi catholique. Félix fut du nombre de ceux qui moururent à cause de leur foi en exil, comme l'indique la note ajoutée à son nom.

LIX. — GAVDIABA.

La *Notice* place cette ville dans la Numidie. Serait-ce la même localité que Claudi que l'*Itinéraire* d'Antonin indique entre Mascula et Thamugade, ou que Gazabiana dont nous parlerons plus loin, ou que Cazalis que la *Table* met entre Germani et Mascula? Ce ne sont que des conjectures bien peu fondées.

VICTOR. La *Notice* le nomme le quatre-vingt-treizième parmi les évêques de Numidie qui, après l'assemblée de Carthage, en 484, furent condamnés à l'exil par le roi Hunéric, avec tous les autres évêques de l'Afrique.

LX. — GAVRIANA.

Gauriana était située dans la Numidie, comme l'indique la *Notice*. On ne peut supposer que c'est une altération de Gaudiaba, puisque ces deux évêchés sont distincts dans la *Notice*, ni Gurai, antique château voisin de Théveste, car le nom offre des éléments trop différents. Une altération de Cæsariana serait possible, mais c'est entrer dans le domaine de la pure conjecture.

IANVIER. Il figure le quatre-vingt-dix-neuvième dans la liste des évêques de Numidie qui se rendirent à Carthage en 484, pour la réunion générale des évêques, convoquée par le roi Hunéric, et furent peu après condamnés à l'exil avec tous leurs collègues. Mais l'annotation de *éprouvé* ajoutée à son nom indique qu'il mourut pour la foi, loin de son siège.

LXI. — GAZABIANA.

Nous l'attribuons à la Numidie pour la raison donnée plus haut que cette province avait plus que tout autre des évêques donatistes, mais rien ne prouve que Gazabiana n'appartenait pas à une autre province.

SATVRNIN. Il assista, en 411, parmi les Donatistes, à la conférence de Carthage, où, à l'appel de son nom, il dit[(1)] : *J'ai donné mandat et j'ai souscrit*. Il ne paraît pas avoir eu de compétiteur catholique. Gazabiana pourrait être le même évêché que Gaudiaba, malgré la différence des noms qui peut être attribuée aux copistes.

(1) *Cogn.*, I, n. 201.

LXII. — GEMELLÆ.

Gemellæ était un bourg de la Numidie que l'*Itinéraire* d'Antonin place entre Lambæse et Sitifis, à vingt-sept milles de Nova-Sparsa et à vingt-cinq milles de Sitifis. Il paraît répondre aux ruines appelées Kherbet-Fraïm. Il y avait, en Numidie, une autre Gemellæ que la *Table* de Peutinger met dans le sud entre Thabudæos et Ad-Piscinam, autrement Biskra et Sidi-Okba. Cette ville répond aux ruines de Mlili sur l'oued Djedi. On y a découvert une dédicace qui porte son nom et il est évident que Mlili n'est qu'une corruption de Gemellis.

Voici la dédicace[1] :

```
         VIC . AVG .
       PRO. SAL. DD NN.
      VALERIANI ET GALL
    IENI augg. vext LLAT MILL
    iaria leg. III. aug. re STITV
       TAE. E. RAET. GEME
         LL. REGRESSI. DIE
      XI. KAL. NOVE. VOLVSI
     ANO. II. T. ET. MAXIMO
       COS. VOTVM SOLVER
       PER. N. FL. VALENTE
     7. LEG. SS. L. VOLVMIVS
         CRESCES. OP. PRI
       M. AVREL. LICINVS. OP
      C. GEMINIVS. VICTOR OP
      ESCVLP. ET. S. DONATVS
```

[1] *Corpus*, n. 2482.

Un *numerus* de soldats y avait sa station pour la défense de la frontière. Dans la *Notice* de l'Empire d'Occident, on voit, sous l'autorité du comte d'Afrique, un *Præpositus limitis Gemellensis*. Et, en effet, on a retrouvé la Kasba ou forteresse de Mlili. Ce camp est situé sur la rive gauche de l'oued Djedi, entre Ourbal et Mlili. Il offre l'aspect d'une grande enceinte qui en circonscrit une autre plus petite, au milieu de laquelle s'élève un réduit rectangulaire, dont les faces sont casematées. C'est un établissement militaire de premier ordre qui gardait la route stratégique du sud. Les noms des soldats romains se lisent encore sur les murs de l'enceinte. Dans notre texte il s'agit de la première vexillation de la troisième légion Auguste, restituée en octobre 253, à son retour d'une expédition en Rhétie.

C'est à cette même Gemellæ que se rapporte sans doute la dédicace suivante provenant de Lambæse, quartier général de la légion [1] :

```
    HYGIAE AVG SAC
    QVAM RESP. GEMEL
    LENS. OB INSIGNEM
      AMICITIAM, etc.
```

Des débris de poterie trouvés à Cirta portent le nom d'une Gemellæ qui peut être celle de la voie de Lambæse à Sétif. On y lit [2] :

```
        AZVRENSES
        GEMELLENSES
         MILEVITANI.
          TIDITANI
          VZELITANI.
```

[1] *Ephem. epig.*, V, n. 748.
[2] *Corpus*, n. 20476.

Mais ces terres cuites peuvent aussi venir d'une Gemellæ que les *Itinéraires* placent entre Telepte et Capsa. On l'a identifiée avec les ruines de Sidi-Aïch et l'on y voit quantité de restes de poteries. Mais cette ville appartient à la Byzacène.

BVRCATON. Il était du nombre des Donatistes et il assista parmi eux à la conférence de Carthage, en 411. Lorsque, à l'appel de son nom, il eut répondu[1] : *J'ai donné mandat et j'ai souscrit,* il ajouta : *Je n'ai point de traditeur et n'en ai jamais eu.* C'est ainsi, on le sait, que les Donatistes désignaient les évêques catholiques. Cet évêque, du reste, pouvait appartenir à l'une des trois ou quatre Gemellæ que nous avons mentionnées.

LXIII. — GERMANIA.

La *Notice* fait de Germania une ville de Numidie et la *Table* de Peutinger marque sur la voie de Théveste à Mascula, une station nommée Ad-Germani. Elle la fixe à dix milles de Ruglata, à six milles de Ad-Cazalis et à seize milles de Mascula. On croit qu'elle est représentée par les ruines de Kasr-el-Kelb.

L'anonyme de Ravenne la nomme simplement Germani et l'énumère entre Théveste et Vicus-Aureli. Est-ce la Germiana de Ptolémée? D'autre part, le Ksar-Gerbania du

---

(1) *Cogn.*, I, n. 206.

Zab occidental, avec ses ruines romaines, représente-t-il aussi une Germania?

Ajoutons que Saint Augustin indique une Germaniciana comme voisine d'Hippone-Royale lorsqu'il écrit que les habitants de cette localité avaient droit à sa sollicitude[1]. Du reste, les Africains s'accordaient des licences dans la manière d'écrire les noms des villes et pouvaient fort bien dire Germanicia pour Germania. C'est ainsi qu'ils disaient des citoyens de *Culusi*, *Culcitani et Culcitanenses*. Quant à la Germaniciana dont parle saint Augustin, il semble qu'elle n'avait qu'un prêtre et pas d'évêque, mais elle peut fort bien être le domaine de l'Église de Rome dont parle saint Grégoire et dont nous nous occuperons à propos de la Germaniciana de Byzacène.

INNOCENT. Il figure parmi les évêques catholiques qui assistèrent, en l'an 411, à la conférence de Carthage, où, à l'appel de son nom, il dit[2] : *Je suis présent; je n'ai point de compétiteur.*

CRESCENTIEN. La *Notice* le cite le quatre-vingt-dix-septième parmi les évêques de la Numidie qui se rendirent avec leurs collègues, à la réunion de Carthage, ordonnée par le roi Hunéric, en 484, et subirent tous la peine de l'exil, après avoir généreusement confessé la foi catholique. Il convient de rappeler ici que la *Notice* fut dressée en 482, que les évêques dont les noms sont portés sur la *Notice* furent exilés en 484 et que les annotations faites à la *Notice* sont probablement de l'an 490.

---

(1) *Ép.* CCLI.
(2) *Cogn.*, I, n. 120.

LXIV. — GIBBA.

Hardouin pensait que Gibba était une ville de Numidie, et il avait raison, car plusieurs inscriptions relevées à Henchir-Diba, entre Aïn-Jagout et Aïn-Mlila, sont venues confirmer ce sentiment. L'une d'elles porte ce qui suit[1] :

```
IMP CAES L SEP ti
MIO SEVER o pert
INACI AVG A rabi
COADIABENI co
PMTRP III I mp
V COS II PP ex
HS CN GIB ben
SES FECER
```

Un autre texte retrouvé à quelque distance des ruines et qui indique une limite de territoire, porte[2] :

```
PEDATVRA
STERATAE
GIBBENSIM
```

Cette bourgade de Gibba pourrait être la même que celle que saint Augustin appelle Gippi, voisine de la terre de Strabonia et qui avait une église desservie par le prêtre Abundantius[3]. Celle-ci, toutefois, ne paraît pas avoir eu d'évêque et elle était assez rapprochée d'Hippone-Royale.

(1) *Corpus*, n. 4364.
(2) *Ibid.*, n. 4363.
(3) *Ép.* LXV.

VICTOR. Il était de la secte des Donatistes, parmi lesquels il assista, en 411, à la conférence de Carthage, où, à l'appel de son nom, il dit[1] : *J'ai donné mandat et j'ai souscrit.*

Au reste, Gibba peut être également une erreur de copiste pour Gilba, dont nous allons parler.

Nous observerons pourtant que saint Augustin parle dans un de ses *Traités*[2] du mont Gibba qu'il compare avec le mont Olympe. Ailleurs[3] il semble lui donner le nom de Giddaba.

LXV. — GILBA I.

Il y eut, en Numidie, deux évêchés de ce nom, puisque la *Notice* donne le nom de deux évêques de Gilba. On pourrait y voir une altération, soit de Gibba, soit de Galba pour Castra Galba, deux diocèses dont nous avons parlé, mais la réciproque serait également possible. Nous observerons qu'une inscription de Calama mentionne le nom de Gilva en ces termes[4] :

```
        TELLVRI. GILVAE. AVG
         SACR. C. ARRIVS. NE
       POTIS FIL. SABINIVS. PAPIR
                  etc.
```

(1) *Cogn.*, I, n. 201.
(2) *Tract.* I, *in ep. Joan*, 13.
(3) *Serm.*, XLV, n. 7.
(4) *Corpus*, n. 5306.

S'il y avait erreur de province dans la *Notice* il s'agirait de *Gilva Colonia* que les *Itinéraires* placent dans la Maurétanie Césarienne.

FELIX. La *Notice* le mentionne le quarantième parmi les évêques de Numidie qui furent exilés par le roi Hunéric, avec tous les autres évêques d'Afrique, après l'assemblée de Carthage, en 484. Il mourut en exil pour sa foi.

LXVI. — GILBA II.

La seconde Gilba n'est pas plus connue que la première et la *Notice* seule nous apprend qu'elle appartenait à la Numidie.

DONAT. Il figure le quatre-vingt-dixième sur la liste des évêques de Numidie qui, en 484, se rendirent à Carthage pour assister, avec les autres évêques, à la réunion générale, convoquée par le roi Hunéric et ils furent ensuite condamnés à l'exil, ainsi que le reste de leurs collègues.

LXVII. — GIRVS.

Girus ou Giru de Numidie est signalée par la *Notice* sans autre qualificatif qui la distingue des autres villes de Numidie connues sous le même nom. Nous ne sommes pas fixés encore sur le vrai sens de ce mot, mais il est probable qu'il signifie citadelle, forteresse, élévation, ou même élévation circulaire, comme son homonyme latin. Le Sahara a encore aujourd'hui ses Gour ; les Orientaux avaient leur Kir. Les Africains avaient leur fleuve Gir et l'onomastique moderne nous offre pour plusieurs rivières les noms de Gir, Ghir, ou Djer. Très probablement la lettre *G* avait un son dur comme en Orient.

MARTIAL. Il figure le neuvième sur la liste des évêques de Numidie qui, s'étant rendus à Carthage, en 484, pour la réunion générale ordonnée par le roi Hunéric, furent, avec leurs autres collègues, envoyés en exil.

LXVIII. — GIRVS DE MARCEL.

Ce mot *Girus*, qui se retrouve plus d'une fois en Afrique, paraît être le même que *Arx* ou *Castrum ;* car les latins appelaient *gyrum* un lieu fermé de toutes parts, comme lorsque Cicéron dit[1] : *Vous forcez l'orateur à quitter un immense et vaste champ, pour s'enfermer dans un cercle (gyrum) étroit.* Il est permis de croire que cette localité dut son nom à ce que le chef appelé Marcellus l'avait entourée et fortifiée. Elle se trouvait, de plus, dans

---

[1] *De orat.*, III, 19.

la Numidie, qui fut souvent exposée aux incursions des tribus barbares et guerrières.

Il faut, à notre avis, distinguer le Girus Marcelli de Marcelliana, dont nous avons parlé au livre de la Proconsulaire.

Il y avait, du reste, en Numidie, une station de Flavia Marci que la *Table* de Peutinger place entre Théveste et Vatari, et une autre appelée Marcimeni que l'*Itinéraire* d'Antonin met entre Théveste et Cirta et qui paraît répondre à Aïn-Beïda.

FRVCTVEUX. La *Notice* le mentionne le cinquante-deuxième parmi les évêques de Numidie qui, en 484, appelés par un édit du roi Hunéric, à l'assemblée de Carthage, subirent tous courageusement la peine de l'exil, par attachement à la vérité catholique.

LXIX. — GIRVS DE TARAISE.

Nous apprenons, par la *Notice,* que cette ville était en Numidie. Taraise (Tarasius) doit être le nom de son fondateur. C'est aussi dans la Numidie que se trouvait l'évêché de Tarasa et il est fort possible que le Girus de Tarasius ait été voisin de la ville même de Tarasa.

FÉLICIEN. Il figure le cent vingt et unième parmi les évêques de Numidie qui furent réunis à Carthage par le roi Hunéric, en 484, et ensuite envoyés en exil par ce prince avec tous leurs autres collègues.

LXX. — GVIRA.

Nous avons distingué Guira de Girus, quoique la lettre G ait souvent la prononciation dure et que nous trouvions dans les monuments écrits Iguilguili pour Igilgili. Mais du reste nous ne pouvons affirmer que Guira soit un évêché de la Numidie, d'autant plus que son évêque, qui assista à la conférence de 411, était catholique.

LVCIEN. Il assista, en 411, parmi les catholiques, à la conférence de Carthage et, à l'appel de son nom, il répondit[1] : *Je suis présent et je n'ai personne contre moi*. Peu d'évêques de Numidie purent en dire autant.

LXXI. — GVZABETA.

On peut attribuer Guzabeta à la Numidie. Un seul évêque donatiste désigne cette province plutôt que toute autre, car la Numidie était regardée comme le domaine propre du donatisme. Et, en effet, une inscription, trouvée au nord-est de Thamugade, porte ce qui suit :

(1) *Cogn.*, I, n. 121.

```
         B A   N O
        VENVSIANENSES
        INIIIAVERVNT
        IVCRIONENSES
       COLVMNAS V DE
        DERVNT CVΣABE
        TENSES DEDE
        RVNT COLVM
        NAS N OMNES
        APSIDA STRA
        VERVNT PLVS
        CVΣABETESES
       OR NAVERVNT RO
       GATVS PRESBITER
       ET EMILIVS ΣACON
        EDIFICAVERVNT
```

INNOCENT. Il assista, parmi les Donatistes, à la conférence de Carthage de 411, où, à l'appel de son nom, il dit[1] : *J'ai donné mandat et j'ai souscrit; je n'ai point de compétiteur.*

LXXII. — HIPPONE-LA-ROYALE.

Silius dit[2] qu'Hippone fut *aimée des anciens rois* et c'est pourquoi sans doute elle avait conservé le titre de

---

(1) *Cogn.*, I, n. 198.
(2) Lib. III, v. CCLIX.

Royale, qui la distinguait de l'autre Hippo ou Hippone Diarrhyte, ville de la province Proconsulaire. Saint Augustin l'appelle *cité romaine et colonie*[1]. L'*Itinéraire* d'Antonin lui donne aussi ce titre que l'on suppose remonter à l'époque d'Hadrien. Nul doute qu'elle ne fût une des premières villes de la Numidie, même au temps des vieilles dynasties indigènes. Mais elle doit surtout sa renommée au nom et à l'histoire de saint Augustin. La vieille Hippo ou Hippone s'élevait à deux kilomètres au sud de la Bône moderne, sur les hauteurs qui séparent le cours de l'oued Bou-Djemâ de celui de la Seybouse, l'Ubus des Romains. Le mamelon d'Hippone porte le nom de Medinet-Zaoui. Aujourd'hui, une magnifique basilique s'y élève en l'honneur de saint Augustin, à côté d'un grand hospice occupé par des vieillards des deux sexes que soignent les admirables Petites Sœurs des Pauvres. L'enceinte de la ville antique couvrait une superficie de près de soixante hectares. On remarque les restes des quais au pied de la colline Gharf et Antran, à mille mètres environ de l'embouchure actuelle de la Seybouse. Le pont de l'oued Bou-Djemâ est de construction romaine. Hippone, au Ve siècle, fut un des boulevards de l'Afrique et ne fut prise par les Vandales qu'après un siège de près de dix-huit mois, au mois d'août de l'an 431. Mais elle ne fut ni détruite ni même démantelée, puisque Procope, en 534, en parle comme d'une ville forte[2]. La *Notice* de Léon le Sage nous apprend que Hippone avait encore un évêque en 883.

Le nom de la ville se lit dans une inscription de Calama qui s'exprime ainsi[3] :

---

(1) *De civ. Dei*, XXII, VIII.
(2) *Bell. Vand.*, II, 4.
(3) *Corpus*, n. 5351.

— 153 —

```
T. FLAVIO. T. FIL. QVIR. MACRO
   II. VIR. FLAMINI. PERPE
    TVO AMMAEDARENSIVM
    PRAEF. GENTIS MVSVLAMIO
    RVM CVRATORI FRVMENTI
    COMPARANDI IN ANNONAm
   VRBIS FACTO A DIVO NERVA TRA
    IANO PROC. AVG. PRAEDIORVM
  SALTVM hip PONIENSIS ET THEVESTINI
   PROC. AVG. PROVINCIAE SICILIAE
      MVNICI pes MVNICIPI
```

On le lit également dans cette épitaphe d'Hippone même [1] :

```
      D. M. S
      M. CIAR
      CIVS. PV
      DENS. MI
      LES. COHO
      RTIS. XIIII. VR
      7. SILAN. IA
      CENS. SV
      PRA. RIPA. HIP
      PONE. REG. ARA
      POSITA. EX TEST
      IVSSO. CVRA
      AGENTE. MER
      CVRIO. LIBER
      TO. H. S
```

Cette ville avait plusieurs églises dont la principale paraît avoir été celle qui était appelée l'église de la paix [2]. C'est peut être celle dont les restes sont appelés l'*Église* par les indigènes. Il y en avait une autre dans le faubourg, appelée l'Église des Vingt-Martyrs, dont saint Augustin a dit [3] :

---

(1) *Corpus*, n. 5230.
(2) *Ép.* CCXIII, n. 1.
(3) *De civ. Dei*, XXII, VIII, 9, *Serm.*, CXLVIII.

Leur chapelle est très célèbre parmi nous. Il parle aussi d'une basilique des huit martyrs[1], d'une chapelle de saint Étienne, martyr[2], d'un hôpital[3] et d'un monastère[4], situés dans la même ville. Le sanctuaire des martyrs de Milan, Gervais et Protais, était encore sur son territoire, à Villa Victoriana[5]. C'est là, sans doute, que saint Augustin prononça le sermon intitulé : *Pour la fête des martyrs Gervais et Protais*[6]. Il en a prononcé un autre : *Pour la fête des saints martyrs Hilda, Evora, Juhila et Théogène*[7], mais nous ignorons si ces martyrs avaient une *memoria* ou chapelle à Hippone. Enfin, il est certain que le concile célébré à Hippone, en 393, réunit un grand nombre d'évêques. On lui attribue quarante canons dont l'authenticité est jusqu'ici assez douteuse.

Une autre assemblée fut aussi tenue, en 426, par saint Augustin, pour traiter de son successeur. Il en a lui-même publié les *Actes*[8]. Il nous apprend encore souvent que le diocèse d'Hippone avait une grande étendue. Outre Fussala, Villa Victoriana et Mutugenna, bourgs qui reçurent des évêques, il mentionne, dans sa soixante-troisième lettre, Subsanna, Turres, Cizan, Verbalis, et dans sa soixante-cinquième, la terre de Straboniana. A chaque bourgade étaient préposés des prêtres chargés du ministère des âmes.

Le peuple d'Hippone n'était pas complètement converti

---

(1) *Ép.* LXXXIII, n. 6, *Serm.*, CCCLVI, n. 7 et 10.
(2) *Ibid.*
(3) *Ibid.*
(4) *Ibid.*
(5) *De civ. Dei*, XXII, VIII, 7.
(6) *Serm.*, CCLXXXVI.
(7) *Bibl. Casim.*, I, p. 174.
(8) *Ép.* CCXIII.

au temps de saint Augustin, car il a pu dire lui-même[1] : *Qu'en beaucoup de maisons de la cité, il n'y avait plus un seul païen et qu'il n'y avait aucune maison où il ne se trouvât des chrétiens*, et en plus grand nombre que les païens. Hippone avait un monastère d'hommes et un couvent de religieuses[2]. Les monuments chrétiens qui sont restés de la ville antique sont des épitaphes dont quelques-unes ne sont pas sans intérêt. Voici l'épitaphe d'un sous-diacre des environs d'Hippone[3] :

```
      CVSTO
     S SVBDIA
     CONVSBI
    XXIT IN PACE
       ANNOS
    XVIIII MESESV
    ET REQVIEBI
     T SEX M KA
    LENDAS APL
```

L'épitaphe suivante est celle d'un sénateur d'Hippone[4] :

```
         D M S
    AMABILIS SENATOR DE NV
    MERV BIS ELECTVM FIDE
    LIS VIXIT IN PACE ANN LX
    QVEBIT SVB D NON AV
        GVS INDTC XV
```

Un soldat avait l'épitaphe suivante[5] :

```
    BVRALDO MILEX
    DE NVM HIPP REG
```

(1) *Serm.*, CCCII, n. 21.
(2) *Ép.* CCXLVIII.
(3) *Eph. epig.*, vol. VII, n. 430.
(4) *Eph. epig.*, VII, n. 429.
(5) *Corpus*, n. 5229.

```
    VIXIT IN PACE
    ANN XL MILITA
    BIT XVIII CVIEBI
  S B D III N IVL INDI
     T N NONA
```

Citons aussi celle d'un simple chrétien [1] :

```
    MARCELLVS
   FIDELIS VIXIT
   ANNOS XXVIII
   QVEBIT IN PA
    CE SVB DIE
   QVINTV KL. A
   PRILES INDIC
```

La suivante est d'une chrétienne et porte la date de l'an 24 de Carthage, sans doute à partir de la conquête byzantine, ce qui donne l'an 557 [2] :

```
  APRILIA FIDELIS VIXIT
  ANNOS LXXV RECESSIT
 IN PACE SVB DIE III KAL
        SEPTEMB
      ANNO XXIIII
     KARTHAGINIS
```

Enfin, voici l'épitaphe d'une enfant [3] :

```
    REPARATA
   FIDELIS VIXIT
  IN PACCE ANNVM
   VNVM MENSES VI
     DIES XIIII
   QVIEBIT IN PACE
```

(1) *Corpus*, n. 5263.
(2) *Ibid.*, n. 5262.
(3) *Ibid.*, n. 5264.

SVB DIE QVINTV
IDVS FEBRVARIAS
INDICTIONE QVAR
TA DECIMA

Toutes ces dalles funéraires sont ornées de la croix.

Quant aux évêques connus d'Hippone, ce sont :

THÉOGÈNE. Il assista au troisième concile tenu par saint Cyprien, en 255, sur la question du baptême, et il y donna son avis le treizième[1]. C'est le même, pense-t-on, qui est mis par saint Augustin au nombre des martyrs, lorsque, pour distinguer l'honneur rendu aux martyrs de l'adoration qui est due à Dieu, il s'exprime en ces termes[2] : *Quand avez-vous entendu, dans la chapelle de saint Théogène, dire par moi, par un de mes frères et collègues, ou par un prêtre : Je t'offre, saint Théogène.* Il est certain qu'il est appelé, dans le martyrologe romain, évêque d'Hippone-Royale. Mais, dans les exemplaires de ce concile, il n'est pas appelé martyr, quoique cependant ce titre s'y trouve donné à d'autres dont on ne peut rien affirmer à cet égard. Dans le martyrologe, on donne à Théogène trente-six compagnons de martyre[3], parmi lesquels il faut probablement compter ceux que nous avons nommés plus haut avec lui. Il ne semble donc avoir fait partie ni des huit, ni des vingt martyrs d'Hippone. On ne sait non plus dans quelle basilique se trouvait la *memoria* du saint, quoique le discours de saint Augustin paraisse

---

(1) Hard., I, p. 167.
(2) *Serm.*, CCLXXIII, n. 7.
(3) 20 *Jan.*

à bon droit avoir été prononcé à Hippone⁽¹⁾. Il y attaque, en effet, l'intempérance des habitants par ces paroles : *Les martyrs ont horreur de vos flacons,* et le reste.

D'ailleurs, il n'est pas du tout certain que les compagnons de Théogène, non plus que les huit ou les vingt martyrs soient tous des citoyens d'Hippone. Nous croirions plutôt le contraire, si nous considérons diverses listes de martyrs récemment découvertes dans les basiliques africaines.

FIDENTIVS. Saint Augustin le cite dans son sermon trois cent vingt-cinquième, lorsque, faisant l'éloge des vingt martyrs dans leur basilique d'Hippone, il dit : *Elle commence* (leur série) *par un évêque, Fidentius, et elle se termine par une femme fidèle, sainte Victoria.* Il ne dit rien, il est vrai, du temps où ils souffrirent le martyre, mais si cette Victoria martyre est celle dont nous avons encore les *Actes,* qui portent les noms de Saturnin et de Dativus, ils appartiennent à Abitina, ville de la Proconsulaire, au temps de Dioclétien et à l'année 304. D'autres martyrs d'Abitina, leurs compagnons, étaient honorés à Aïn-Regada, non loin de Calama.

LÉONCE. On ne sait rien de l'époque où il vivait, sinon qu'il était, à n'en pas douter, de beaucoup antérieur à saint Augustin. Nous posssédons une lettre de ce dernier, publiée pour la première fois par les Bénédictins de Saint-Maur, d'après un manuscrit de la riche bibliothèque des Cisterciens de Rome. Elle est intitulée : *La lettre d'un prêtre d'Hippone-Royale à Alype, évêque de Thagaste, sur le*

---

(1) *Serm.,* CCXIII, n. 8.

jour de la fête de Léonce, autrefois évêque d'Hippone[1]. Cette lettre est de 395. Il nous reste aussi un sermon prêché par saint Augustin *dans la basilique de Léonce le jour de l'Ascension du Seigneur*. Il y est dit[2] : *Il y a une seconde fête spéciale à notre église : c'est aujourd'hui l'anniversaire de la déposition de saint Léonce, fondateur de cette basilique.* Le rapprochement de ces témoignages prouve l'erreur de ceux qui ont attribué à Carthage la basilique de saint Léonce. Il montre que Léonce appartient à Hippone et qu'il y fut enseveli dans la basilique qui porte son nom, mais qui peut aussi avoir été la même que la basilique de la paix ou l'une de celles qui sont énumérées ci-dessus.

FAVSTIN. Il était donatiste et probablement sans adversaire catholique ; car, avant Valère, Hippone comptait fort peu de fidèles. Il semble qu'il ait vécu au temps de Constance et de Julien. Nous apprenons de saint Augustin, dans son écrit contre les lettres de Pétilien[3], à quel point cet évêque poussait sa fureur : *Manque-t-il de gens à Hippone,* dit-il (il écrivait ceci en 402), *qui se souviennent que votre Faustin, au temps de sa tyrannie, abusant du petit nombre des catholiques, avait défendu de cuire du pain pour eux, au point qu'un boulanger, locataire d'un de nos diacres, refusa de cuire le pain de son propriétaire et de communiquer avec lui, sans que ce diacre fût sous le coup de l'exil, et cela non seulement dans une cité romaine, mais dans sa patrie, non seulement dans sa patrie, mais dans sa propre maison.*

---

(1) *Ép.* XXIX.
(2) *Serm.*, CCLXII, n. 2.
(3) Lib. II, cap. LXXXIII.

VALÈRE. Il occupait déjà le siège épiscopal quand Augustin revint en Afrique, c'est-à-dire en 388. Possidius dit[1] qu'il *était grec d'origine et peu instruit dans la langue et les lettres latines, mais homme pieux et craignant Dieu.* C'est par lui qu'Augustin étant venu par hasard à Hippone, fut d'abord ordonné prêtre, puis évêque, comme son futur successeur, l'un et l'autre ignorant alors la défense qui en avait été faite par le concile de Nicée[2]. Saint Augustin dit même qu'il ne put s'en défendre parce que plusieurs cas semblables s'étaient déjà présentés[3]. Valère mourut vers l'an 396. Il avait eu pour compétiteur donatiste Proculéien, qui, comme nous l'apprennent les lettres d'Augustin, écrites avant la conférence, lui survécut, mais de peu d'années, car, en 409, Macrobe lui avait déjà succédé, ainsi que les lettres de saint Augustin le prouvent encore.

AVGVSTIN. Suivant la chronique de Prosper, il fut sacré évêque en 395. *Augustin,* dit-il, *disciple du bienheureux Ambroise, homme éminent par la science et par l'éloquence, est ordonné évêque à Hippone-Royale, en Afrique.* En 397, il assista au troisième concile d'Aurèle à Carthage et y souscrivit le troisième[4]. En 411, il revint à Carthage pour la conférence, à laquelle il prit une grande part. Après la lecture de sa souscription, Macrobe, son adversaire donatiste, se présenta et dit[5] : *Je le connais.* Augustin se rendit aussi, en 416, au concile de Milève, et

---

(1) *In vita Aug.*, cap. II.
(2) *Ép.* CCXIII, n. 4.
(3) *Ép.* XXXI, n. 4.
(4) Hard., I, p. 970.
(5) *Cogn.*, I, n. 138.

son nom se lit au commencement de la lettre qui fut écrite au pape Innocent par les Pères de ce concile[1]. En 430, saint Prosper parle ainsi de sa mort : *L'évêque Augustin, homme accompli en toutes choses, meurt le 5 des calendes de septembre ; arrivé au terme de sa vie et pendant les assauts des Vandales, qui faisaient le siège de la ville, il réfute encore les écrits de Julien, défendant ainsi jusqu'à la fin la cause de la grâce de Jésus-Christ. Il mourut âgé de soixante-seize ans, dont il avait passé près de quarante dans l'accomplissement de ses devoirs de prêtre et d'évêque, Dieu lui ayant accordé une si longue vie, afin qu'il contribuât au service et au bonheur de l'Église.*

HERACLIVS. En 426, Augustin l'avait proposé à son Église comme son successeur. Il en parle ainsi dans les *Actes* ecclésiastiques de son élection[2] : *Je n'ai pas besoin de faire son éloge ; j'applaudis à sa sagesse et j'épargne sa modestie. Il me suffit que vous le connaissiez, et je ne fais qu'exprimer ce que je sais que vous voulez vous-mêmes. Et, si je ne l'avais su auparavant, je n'en saurais douter aujourd'hui.* Il ne voulut pas cependant qu'il fût sacré de son vivant, comme lui-même l'avait été du vivant de Valère. Il avait appris, en effet, depuis, que cette ordination était contraire aux canons. *Il restera prêtre comme il l'est*, dit-il[3], *et deviendra évêque quand il plaira à Dieu*. Mais nous ignorons ce qui en advint dans la suite. Il est vraisemblable que Héraclius ne put excercer l'épiscopat à Hippone, car, après la mort

---

(1) Hard., I, p. 1221.
(2) *Ép.* CCXIII.
(3) *Ép.* CCXIII, n. 5.

d'Augustin, cette ville, abandonnée par ses habitants, fut, au rapport de Possidius[1], livrée aux flammes par l'ennemi. Nous avons dit que pourtant elle ne fut pas détruite, du moins elle fut vite relevée.

Plus tard, on voit relever le nom des évêques d'Hippone, mais ce ne sont plus que des évêques simplement titulaires qui n'habitèrent jamais l'Afrique. Ce titre d'une ville que saint Augustin avait illustrée, devait naturellement plaire à un grand nombre.

JEAN, coadjuteur de l'archevêque de Mayence, en 1375;

HENRI, en 1393;

GRISNIUS, évêque de Rossa, en Écosse, 1423;

PIERRE, en 1433;

Gonsalve MONAUD, en 1445;

VOLFANG, en 1448;

Pierre de MELINO, en 1448;

NICOLAS, en 1451;

Antoine BRUSSON, en 1463;

JEAN, en 1463;

Robert CLÉMENT, en 1469;

Bernard SERAT, en 1478;

Nicolas CAPSEUS, en 1491;

FRANÇOIS, en 1497;

Guillaume SERRA, en 1498;

TILIMAN, en 1498;

NICOLAS, en 1508;

BARTHÉLEMY, en 1511;

Élie de BUCHA, en 1523;

Jean REIBER, en 1525;

Jean REUTER, en 1528;

---

(1) *In vita Aug.*, cap. XXVIII.

Jean Maxanasseus, en 1531 ;
Guillaume, en 1532 ;
Pierre Giachinus, en 1533 ;
Sébastien de Valle Oleti, en 1536 ;
Jean-Marie Canigianus, en 1540 ;
Pierre Ferdinand, en 1542 ;
François, en 1553 ;
Pierre, en 1558 ;
Jean-Dominique Annius, en 1561 ;
Pierre Ursinus, en 1580 ;
Denys Hernault, en 1582 :
Jean Salius, en 1603 ;
Michel Dzyalynski, en 1624 ;
Albert Pileovitz, en 1648 ;
Louis de Souse, en 1671 ;
François Dumont, en 1680 ;
Antoine Bottadius, en 1696 ;
François-Julien Bradensis, en 1703 ;
Jean-Paul Mariconi, 11 février 1728 ;
François-Ignace Vinsok, en 1728 ;
Pierre-Louis Jasquet, en 1737 ;
Joseph, des comtés d'Arco, 9 avril 1764 ;
François-Xavier Tyrdy, 16 décembre 1776 ;
Ladislas Luzenzsky de Reglicze, 13 décembre 1779 ;
Jean-Martin-Bernardoni Baccola, juin 1793 ;
Joseph-Barthélemy Menochius, des Ermites de Saint-Augustin, 18 décembre 1795 ;
Cyprien Odynice, sous Pie VI ;
Joseph-Marie Lais, 16 mars 1818 ;
Grégoire Zelli, du Mont-Cassin, 24 mai 1824 ;
François-Paul Barretta, 28 janvier 1828.

LXXIII. — HIZIRZADA.

Hizirzada était en Numidie, comme le prouve la *Notice*. C'est un nom inconnu, altéré peut-être par les copistes ignorants.

VIGILE. Il est le cinquante-cinquième parmi les évêques de Numidie qui, en 484, se rendirent à Carthage, sur la convocation du roi Hunéric et furent exilés par lui avec tous les autres. Vigile ne revit pas son siège, car il mourut en exil pour sa foi, comme l'indique l'annotation jointe à son nom.

LXXIV. — HOSPITA.

La ville se nommait Hospita. Ce n'était sans doute, au commencement, qu'une hôtellerie, ou la demeure d'un personnage, nommé Hospes, Hospitius, nom qui se rencontre fréquemment dans les inscriptions de la Numidie centrale. Ainsi le nom de C. Nonius Hospes revient plusieurs fois dans les dédicaces de Mastar[1]. Il est permis de croire que les Hospitii avaient un *vicus* ou un *fundus* dans cette même région, car la *Notice* place Hospita en Numidie.

(1) *Corpus*, n. 6355, 6684, 6689. — *Eph. epig.*, V, n. 1294.

BENENATVS. Il se rendit à Carthage, en 411, pour la conférence. On y lut sa souscription. Il était du nombre des catholiques et s'était montré apparemment assez vigoureux contre les Donatistes, car lorsqu'il eut dit de son Église[1] : *Il n'y a pas d'autre évêque en ce lieu*, Lucullus, qui se disait aussi évêque d'Hospita, se présenta et dit : *J'ai dû fuir sans cesse devant la persécution*. A son propre appel, Lucullus répondit[2] : *J'ai donné mandat et ai souscrit; j'ai deux évêques contre moi et l'un d'eux a été récemment ordonné;* ce qui étonne, c'est de ne point voir Lucullus se présenter une seconde fois, quand son autre adversaire catholique parut à son tour. Quel était le siège de ce dernier? Nous l'ignorons. Mais le fait de deux ou plusieurs évêques catholiques contre un seul Donatiste, ou réciproquement, a déjà été signalé plus haut pour la Numidie et nous en avons vu précédemment des exemples pour la Proconsulaire.

GEDALIVS. Il est porté le cent dixième parmi les évêques de Numidie qui, en 484, après l'assemblée de Carthage, furent exilés avec tous les autres par le roi Hunéric.

LXXV. — IDASSA.

La *Notice* nous apprend que Idassa était une ville de Numidie, située non loin de Macomades, comme cela est

---

(1) *Cogn.*, I, n. 133.
(2) *Ibid.*, n. 198.

clairement indiqué dans la conférence de Carthage. Elle se trouvait donc au centre de la Numidie, mais les géographes n'en disent rien et elle n'a pas été jusqu'ici retrouvée.

ROGATIEN. Il se rendit à Carthage, en 411, avec les autres Donatistes. Il y assista à la conférence où, à l'appel de son nom, il dit[1] : *J'ai donné mandat et j'ai souscrit.* Mais, comme il ajoutait : *Je n'ai point de compétiteur*, Aurèle, évêque de l'Église de Macomades, répondit : *J'ai, dans cette église, le prêtre Florentin. Elle a eu trois évêques catholiques; ils sont morts et nous n'avons pu encore en faire ordonner un autre, mais nous avons là le prêtre Florentin.*

ADÉODAT. La *Notice* le nomme le vingt-septième parmi les évêques de Numidie qui firent partie de l'assemblée de Carthage, en 484, et furent, à cause de leur attachement à la foi catholique, envoyés en exil, avec leurs autres collègues, par le roi Hunéric.

LXXVI. — IDICRA.

Idicra se trouvait très probablement sur l'oued Decri, et entre Milève et Cuicul, comme nous l'apprenons par l'*Iti-*

---

(1) *Cogn.*, I, n. 182.

néraire d'Antonin, qui la place exactement entre ces deux villes, à vingt-cinq milles de l'une et de l'autre.

FÉLIX. Il était le chef du parti Donatiste qui, avec Urbain de Forma, persécuta si cruellement les catholiques sous le règne des Empereurs Constance et Julien. Saint Optat les appelle [1] *ces deux torches enflammées de haine qui jetaient le trouble dans les âmes tranquilles et pacifiques*. Félix surtout dont il dit [2] : *Félix, parmi ses crimes et ses infamies atroces, n'a pas craint d'enlever une vierge à qui il avait lui-même donné la mitre* (c'est-à-dire une vierge consacrée à Dieu et dont la mitre supportait le voile) *et de se souiller d'un inceste avec celle dont peu auparavant il était appelé le père*, etc.

MARCIEN. Il assista avec les catholiques, en 411, à la conférence de Carthage et lorsqu'il eut répondu qu'il était présent, son compétiteur, le donatiste Martial, se présenta et dit [3] : *Je le connais*. Et lui-même répondit, à son appel [4] : *J'ai donné mandat et j'ai souscrit*.

PALLADE. La *Notice* de 482 le cite le seizième parmi les évêques de Numidie réunis à Carthage par le roi Hunéric et que ce prince condamna à l'exil avec tous les autres évêques d'Afrique. Il mourut loin de son siège, en exil pour la foi, comme le fait connaître l'annotation ajoutée à son nom.

---

(1) *De Schism.*, II, 18.
(2) *Ibid.*, XIX.
(3) *Cogn.*, I, n. 128.
(4) *Ibid.*, n. 187.

LXXVII. — IVCVNDIANA.

Jucundiana devait être un bourg de la Numidie, car à la conférence de Carthage, quand on nomma les évêques de Jucundiana et de Vageata, après plusieurs autres, Alype, évêque de Thagaste, c'est-à-dire du centre de la Numidie, dit[1] : *Que l'on ait soin d'écrire que tous ceux-ci ont été ordonnés évêques dans des villages ou dans des fermes et non dans des villes.* Alype ne put donner ainsi témoignage que sur des évêques donatistes de sa propre région. Nous observerons cependant que Thagaste n'est pas si éloignée de la Proconsulaire ni même de la Byzacène.

SECVNDIN. Il assista, en 393, comme Maximianiste, au concile de Cabarsussi dont il signa la lettre avec ses collègues[2]. Il vivait encore en 411, et il assista à la conférence de Carthage. A l'appel de son nom il dit[3] : *J'ai donné mandat et j'ai souscrit; je n'ai point d'adversaire dans mon église,* c'est-à-dire ni évêque ni prêtre catholique, dont le nombre était alors certainement moins considérable en Numidie.

(1) *Cogn.*, I, n. 181.
(2) *Aug. in ps.*, XXXVI, II, n. 20.
(3) *Cogn.*, I, n. 180.

LXXVIII. — IZIRIANA.

Nous ne croyons pas devoir confondre cette ville avec Hizirzada. Nous penserions plutôt qu'elle est représentée par les ruines de Seriana qui se trouvent dans la région de Batna, si cette localité ne représentait plutôt Lamiggiga dont nous parlons plus loin.

FELIX. Il assista, dans les rangs des catholiques, à la conférence de Carthage, en 411. Après la lecture de sa souscription, il dit[1] : *J'ai pour compétiteur Saturus.* Celui-ci s'étant avancé, reprit : *Il a été mon prêtre.* A son appel, le même Saturus répondit[2] : *J'ai donné mandat et j'ai souscrit.* Mais ici il est appelé dans l'unique manuscrit de la conférence, évêque de Bizacia. C'est sans doute une erreur de copiste pour Iziriana. Ce dernier nom est lui-même sujet à caution.

LXXIX. — LACVS DVLCIS.

Nous avons attribué à la province Proconsulaire l'évêché de Lacubaza. Il y en avait un autre que les *Actes* de

---

[1] *Cogn.*, I, n. 133.
[2] *Cogn.*, I, n. 198.

la conférence de Carthage appellent Lacus Dulcis et que pour les raisons plusieurs fois alléguées, nous pouvons accorder à la province de Numidie. Cette province possède au reste, des lacs nombreux, dont la plupart sont salés. L'*Itinéraire* d'Antonin met sur la voie de Cirta à Thamugade, une station qu'il nomme *Ad Lacum Regium* et qu'il place à vingt milles de Ad-Rotam et à vingt milles de Cirta. D'ailleurs toutes les autres provinces ont leurs lacs. Ainsi nous ne pouvons rien affirmer.

QVINTIEN. Il fut du nombre des Donatistes qui, en 411, se rendirent à Carthage pour la conférence, mais il n'y assista point. Valentinien, diacre de Primien, en donna la raison, lorsqu'il dit[1] : *Il est malade.*

LXXX. — LAMASBA.

Lamasba, autrement Lamasua, se trouvait en Numidie, entre Diana Veteranorum et Zaraï, comme le montre l'*Itinéraire* d'Antonius qui la place à dix-huit milles de Diana et à vingt-cinq milles de Zaraï, tandis que la *Table* de Peutinger met Lamasba à dix milles de Centenarius et à quatorze milles de Lambiridi. Il a donc été facile de la retrouver aux ruines considérables qui portent le nom de Henchir-Merouana. C'était un centre commercial, qui

---

(1) *Cogn.*, I, n. 187.

servait de débouché à toutes les productions de la contrée et cinq voies romaines y aboutissaient. Lamasba eut le titre de municipe, d'après une inscription de Verecunda[1] :

```
...FL. PP. DECVRIO MVNIC. LAMASBENSIVM. AE dem
...CTAM ET LATERIBVS ORNATAM EX HS IIII MIL N....
        ...A FECIT IDEMQVE DEDICAVIT
                    INNOCII
```

Elle aurait été même une colonie des Antonins, d'après un milliaire trouvé dans ses environs[2] :

```
IMP CAES M AVRELI
O SEVERO ANTONI
NO PIO FELICI AVG
PART MAX BRIT
MAX GER MAX
PONT MAX TR
POT XVII IMP III
COS IIII PROCOS
R. P. LAMASB
ANTONINIANA
M VIIII
```

Une autre borne milliaire donne le nom entier de la ville[3] :

```
IMP CAES M AV
RELIVS SEVERVS
ALEXANDER PI
VS FELIX AVG PO
NTIF MAX TRIB P
OT PP COS DIVI
MAGNI ANTO
```

(1) *Corpus*, n. 4253. — Cf., n. 4438.
(2) *Ibid.*, n. 10403.
(3) *Ibid.*, n. 10401.

```
           NINI FIL MILIARIA
              COMMEANTI
             BVS INOVAVIT
            DE RP SVA LA
               MASBA
```

C'est à Lamasba qu'ont été découvertes des *Tables* sur lesquelles était gravé le règlement pour la distribution des eaux entre les habitants de la ville[1].

PVSILLVS. Il assista, en 255, au troisième concile que saint Cyprien tint à Carthage, sur la question du baptême, et il y donna son sentiment le soixante-quinzième[2].

AVIT. Il est nommé parmi les évêques catholiques de la conférence de Carthage de l'an 411. Lorsqu'il eut répondu à l'appel de son nom qu'il était présent, Janvier se présenta contre lui et dit[3] : *Je le connais.* Puis lui-même à l'appel répondit[4] : *J'ai donné mandat et j'ai souscrit.*

SECVNDINVS. La *Notice* le nomme le cent douzième sur la liste des évêques de Numidie qui furent envoyés en exil avec tous leurs collègues par le roi Hunéric après leur réunion à Carthage en 484.

(1) *Corpus*, n. 4440.
(2) Hard., I, 167.
(3) *Cogn.*, I, n. 128.
(4) *Ibid.*, n. 187.

LXXXI. — LAMBÆSIS.

Lambæsis, mentionnée par Ptolémée, est une ville connue de la Numidie. La troisième légion Auguste y stationnait sous le commandement d'un légat de l'empereur qui en même temps administrait la province. Le camp de la légion avec son magnifique Prætorium et ses vastes nécropoles a été reconnu. C'était une vraie cité distincte de la ville et depuis le règne d'Auguste jusqu'à celui de Dioclétien le camp fut occupé par la légion préposée à la garde des provinces africaines et à la surveillance de toutes les frontières depuis la Cyrénaïque jusqu'à la Maurétanie. Le camp offre la forme d'un rectangle de cinq cents mètres de longueur sur quatre cent cinquante mètres de largeur. Il était entouré d'un rempart percé de quatre portes principales et de dix autres plus petites pour le service des dix cohortes.

L'*Itinéraire* d'Antonin place Lambæsis entre Diana et Thamugade. Elle se trouvait au pied septentrional du mont Aurès, à l'endroit que les indigènes appellent aujourd'hui Tezzout, nom berbère qui signifie les genêts, entre la montagne et le camp de la légion. Ce ne fut d'abord qu'un *vicus*, transformé en municipe vers 207, quand Lambæsis devint comme la capitale de la province. La ville reçut le titre de colonie entre 238 et 253 quand la légion fut licenciée pour avoir renversé les premiers Gordiens. Saint Cyprien lui donne ce titre dans sa lettre au pape Corneille mais on ne le rencontre dans les documents épigraphiques qu'au temps de Dioclétien. Le nom de la colonie était *Aurelia Lambæsis*[1]. Sous Constantin, Lambæsis cessa d'être le siège du gouverneur de la province et sa prospérité déclina rapidement. Elle essaya en vain de se relever sous Valentinien et Valens. Elle était néanmoins encore assez forte pour résister à l'invasion arabe. Ce n'est plus qu'un simple village appelé Lambèse.

Lambæsis possédait de magnifiques monuments, dus à la troisième légion. On y admire près du *Vicus Sancitus*, un arc de triomphe élevé en l'honneur de Commode, un amphithéâtre de quatre cents mètres de longueur; l'arc de triomphe de la *via septimiana*, un palais qui est peut-être celui du légat propréteur, le temple d'Esculape, un troisième arc de triomphe, le forum, une forteresse byzantine, des thermes, un septizonium, un temple de Neptune, etc.

Les saints Jacques et Marien comparurent plusieurs fois devant le tribunal du gouverneur à Lambæsis, et cette ville est aussi mentionnée dans les *Actes* de saint Mammaire et de ses compagnons, que Mabillon a publiés[2]; quantité d'autres martys y ont certainement confessé la foi. Saint Cyprien écrit[3] qu'un concile de quatre-vingt-dix évêques y avait été tenu pour la condamnation de l'hérétique Privat.

Un grand nombre de monuments épigraphiques célèbrent les gloires de Lambæsis. Ainsi la dédicace suivante[4] :

GENIO. LAMBAESIS.
PRO. SALVTE
IMPP. CAESS. L. SEPTIMI

---

(1) *Corpus*, n. 2949 et 4306. — Cyp., *epist.*, LV.
(2) *Analect.*, t. III.
(3) *Ép.* LV.
(4) *Corpus*, n. 2528.

SEVERI. PERTINACIS. AVG
ET. M. AVRELI. ANTONINI
AVG. FELIC. PAR. BR. GER. MAX.
AVG. ET. IVLIAE. AVG. MA
TRI AVG N ET CASTROR
DEDICANTE. Q. ANICIO. FAVS
LEG. AVGG. PR PR CV COS DES
L. BAEBIVS. FAVSTIA
NVS. SIG. LEG. III. AVG. P. V.
L. BAEBI. FELICIS. VET. EX
SIGNIFERO FILIVS
VOTVM SOLVIT

Cette autre est relative à l'avènement de Constantin [1] :

PROVIDEN
TISSIMO ET
CVM ORBE
SVO REDDI
TA LIBERTA
TE TRIVMFANTI
DN PERP IMPFLVAL
CONSTANTINO
INVICT P F AVG
VICTORI
RES. P. C. L. F

La suivante célèbre le même événement [2] :

Constant(i)ne, tuos sic semper malis iratos
Cernimus Augustis, malis; et pace potimur,
Cum et in hoc g(e)nio sese provincia monstr(e)t.
Nam po(nit) ille cruces et prælia sæva tyranni.

Nous avons rapporté plus haut, à l'article du Castellum Tituli les inscriptions relatives aux eaux de Lambæsis.

---

(1) *Corpus*, n. 2721.
(2) *Eph. epig.*, VII, n. 380.

Quant aux monuments chrétiens, ils consistent en quelques bas-reliefs, des lampes et quelques épigraphes, dont une, gravée sur une table de marbre et qui appartenait à un édifice religieux. On y lit[1] :

IN. N. DOMINI. N. CRIST *salvatoris*
VOTVM. QVOD. PROMISIT. V*na cum*
FRATRIBVS. SVIS. DVLCI *ss. et cum*
CONIVGE. SVA. CASTA..........
A. SOLO. DEDICAVERV *nt*........
IN CRISTO. VIVAS. VT. IN ME *lius crescas.*

PRIVAT. Il était déjà évêque en 240, car on croit qu'il fut condamné cette année-là. Les prêtres et les diacres de l'Église de Rome parlent de lui en ces termes dans une lettre à saint Cyprien[2] : *Pour ce qui regarde Privat de Lambæsis, vous avez agi avec votre empressement ordinaire, en voulant nous faire connaître une affaire qui est de nature à exciter l'inquiétude.* Privat, en effet, après le jugement des évêques, causa de longs embarras à l'Église et fut le fauteur du schisme des adversaires de saint Cyprien.

IANVIER. Il donna son sentiment le sixième au concile de Carthage de l'an 255, le troisième de ceux que tint saint Cyprien sur la question du baptême.

Lambæsis a eu, depuis, des évêques titulaires. Ce sont :

Jean DEMBOWSKI, 24 septembre 1759 ;
Jérôme STROYNOWSKI, 20 août 1804 ;

(1) *Eph. epig.*, VII, n. 414.
(2) *Ép.* XXX, *inter Cypr.*

Matthieu-Gonzalèz Nubio, 1ᵉʳ février 1836;

Édouard Vasquez, des Frères-Prêcheurs, 24 décembre 1853;

Alphonse O'Collaghan, des Frères-Prêcheurs, 12 juin 1884.

LXXXII. — LAMBIA.

Selon la *Table* de Peutinger, il y avait une ville nommée Lambafudi, pour Lamba Fundus, entre Thamugade et Lambæsis, à cinq milles de cette dernière, ce qui conduit aux ruines dites Henchir Touchin. On y a retrouvé, du reste, la dédicace qui suit[1] :

IMP CAES L SEPTI
MIO SEVERO PER
ti NACI AVG PIO FE
l. f ORTISSIMO QVE
*p*RINCIPI ARABI
co ADIA BENICO
*de*DICANTE
*q. ani*CIO FAVSTO
leg. AVG PR. PR
desig. COS. C. V
*possess. vici la*Mb
AFVNDENSIVM
FACIENDVM CV
RAVERVNT PECV
NIA CONLATA
QVORVM NOMI
NA ATLATVS BA
SIS ISCRIPTA SVNT
LATERANOE *t rufino cos.*

[1] *Corpus*, n. 2438.

Et cette autre qui est plus mutilée [1] :

```
C. IVN ius........
HIL arus.......
VNV...........
OR DOM.......
LAMBA fundensium
SE VIVO........
BI FEC........
DEMQue dedicavit
```

Les ruines de cette ville, que l'anonyme de Ravenne appelle Lamba Fudin, sont considérables et témoignent de son importance.

Il y a aussi, non loin de Théveste, un groupe de ruines qui portent le nom de Aïn-Lamba.

Enfin, on a trouvé, près de Mouzaïa-les-Mines, en Maurétanie, une borne milliaire qui mentionne une ville de Lambdia, qui ne saurait être que la moderne Médéa nommée aujourd'hui encore Lemdia par les indigènes [2].

Or, l'évêché dont nous avons à nous occuper s'appelait Lambia, nom qui diffère de Lamba et de Lambdia. Nous remarquerons, à propos de l'évêque Félix de Lambia, que ses collègues, qui interviennent dans son affaire à la conférence de 411, sont ou de la Numidie et paraissent ne pas connaître ce siège, ou de la Maurétanie et ceux-ci sont favorables à Félix.

FÉLIX. Il se rendit à Carthage, en 411, pour assister à la conférence; mais à l'appel il ne parut point, parce qu'il était malade. Ce fut le sujet d'une contestation

---

(1) *Corpus*, n. 2440.
(2) *Eph. epig.*, V, n. 1161.

entre les catholiques et les Donatistes, à la secte desquels appartenait Félix. Comme les premiers, Fortunatien de Sicca, Alype de Thagaste et Possidius de Calama, demandaient comment Félix avait pu souscrire, le donatiste Pétilien de Cirta répondit après une vive discussion[1] : *Je crois que ce Félix a chargé quelqu'un de souscrire à sa place et on a fait erreur sur le siège ou sur le lieu. Acceptez-le simplement ou nous en faisons le sacrifice.* C'était, en effet, de Félix de Lambia qu'il s'agissait. Dans sa souscription il était appelé Félix de Zumma, qui était tout différent de Lambia, et dont l'évêque avait été déjà mentionné comme compétiteur de Sylvain, évêque catholique de Zumma ou Summa; ce compétiteur donatiste portait aussi le nom de Félix. Dans la même discussion, nous voyons un donatiste, Optat de Rusucurru ou de Timici, prendre la défense de Félix de Lambia.

LXXXIII. — LAMBIRIDI.

La *Notice* fait connaître que Lambiridi était une ville de Numidie. La *Table* de Peutinger la place, en effet, entre Lambæsis et Lamasba, à douze milles de Diana. L'anonyme de Ravenne la nomme aussi entre Lambæsis et Lamasba. Lambiridi se retrouve dans les grandes ruines qui portent le nom de Kherbet-Oulad-Arif et se

---

[1] *Cogn.*, I, n. 201.

trouvent à dix-huit milles de Lambæsis, sur la rive droite de l'oued Chaba, à la sortie du Châbet-Oulad-Arif. Les ruines couvrent une cinquantaine d'hectares. C'était un municipe comme l'atteste l'inscription suivante[1] :

```
INP. D. N. FLA
VIO. VALERIO
CONSTANTI
NO. INVIC
TO. PIO. FELI
CI. AVG. DIVO
ORDO. MVNI
CIPII. LAMBI
RIDITANI. DE
VOTVS. NVMI
NI. MAIESTATI
QVE. EIVS
```

Et cette autre qui s'exprime en ces termes[2] :

```
L. ANTISTIVS ANTONINVS
DVVMVIRALICIVS MVN LAM
BIRIDI. IN HONOREM CIVI
VM SVORVM QVOD IN SE PLE
NO SVFFRAGIO ET AMORE
DVMVIRATVM CONTVLIS
SENT PROMISERAT SVA PEC
VNIA FECIT IDEMQ DD
```

On remarque aux Ouled-Arif quelques restes de beaux édifices, ceux d'une forteresse byzantine et surtout les ruines d'une grande basilique chrétienne partagée en cinq nefs et flanquée de deux corps de bâtiments.

(1) *Corpus*, n. 4414. — Cf., n. 4415 et 4413.
(2) *Ibid.*, n. 4418. — Cf., n. 4419.

CRESCENTILIEN. Il assista, en 411, à la conférence de Carthage où, à l'appel de son nom parmi les Donatistes, il dit[1] : *J'ai donné mandat et j'ai souscrit.* Puis il ajouta au sujet de son Église : *Je déclare que je n'ai point de traditeurs.* Ce à quoi Aurèle, évêque de Macomades, répondit : *C'est une déclaration superflue, car il y a eu là un évêque qui est décédé récemment et un autre y sera ordonné.* Nous ne connaissons néanmoins les noms ni de l'un ni de l'autre de ces deux évêques.

BENENATVS. Il est dit, dans le manuscrit de la *Notice*, évêque de Lamviri. Il figure le dix-neuvième parmi les évêques de Numidie qui se rendirent à la réunion générale de Carthage et furent ensuite envoyés en exil par le roi Hunéric avec leurs collègues à cause de leur attachement à la vérité catholique.

LXXXIV. — LAMIGGIGA I.

Il est prouvé par l'autorité de la conférence de Carthage et par celle de la *Notice* qu'il y avait en Numidie, sinon deux villes, du moins deux diocèses nommés Lamiggiga. Quoi qu'il en soit, il est aujourd'hui certain que c'est le Ksar-Seriana, car une *epistula sacra*, adressée par un empereur aux habitants de cette localité, porte ce qui suit[2] :

---

[1] *Cogn.*, I, n. 206.
[2] *Journal officiel*, 10 mars 1893.

ANICIVS F *austus*............
MAGG. LAMIGGI *gensium*........
AB OFFICIO SVBIC............
MAGISTROS ET O.......
RIONVM HABEAT............
SAECVLI FELICITAT *em*...*reipu*
BLICAE VESTRAE............
SI QVIS SVA............
....TA..............

Une épitaphe trouvée au même lieu porte[1] :

C. ANTONIVS C. FIL. FORTVNATVS. VET. DOMO.
LAMIGG *igensis* CONVIGI. PIISSIME. ET ANTONIO. VERO.
FILIO. INN *ocentissimo* ET ANTONIAE MAXIMAE. ALVM
Nae suae FECIT . . VIXIT .*Annos*......

Lamiggiga se trouvait sur la voie de Lambæsis à Sitifis; ses ruines sont assez considérables. Nous lui attribuons les évêques suivants, qui pourtant ont pu appartenir à la seconde Lamiggiga. Réciproquement les évêques de cette dernière ont pu appartenir à la première.

INNOCENT. Il assista, en 411, à la conférence de Carthage parmi les catholiques. Lorsque, à l'appel de son nom, il eut répondu *qu'il était présent*, le donatiste Juniën, son compétiteur, qui peut-être avait été récemment nommé évêque, dit[2] : *Ni je ne le connais, ni il ne me connaît lui-même*. A l'appel de son nom, Junien se présenta de nouveau et dit[3] : *J'ai donné mandat et j'ai souscrit*.

(1) *Corpus*, n. 4376.
(2) *Cogn.*, I, n. 133.
(3) *Ibid.*, n. 198.

MAXIME. La *Notice* le cite le cent unième parmi les évêques de Numidie qui, après la réunion de Carthage, en 484, furent, avec tous leurs collègues d'Afrique, envoyés en exil par ordre du roi Hunéric.

LXXXV. — LAMIGGIGA II.

La seconde Lamiggiga n'est pas connue, mais il est permis de supposer qu'elle n'était pas très éloignée de la précédente, car l'intervention d'Aurèle de Macomades au sujet de Crescentien de Lamiggiga, comme l'intervention du même au sujet de Crescentilien de Lambiridi, marque suffisamment que la seconde Lamiggiga, comme la première, était dans la région de Lambæsis, de Lambia, de Lambafundus, de Lamasba, de Lambiridi, de Lamsorta, de Lamzella, de Lamphua, etc.

L'une ou l'autre des deux Lamiggiga existait encore au temps de saint Grégoire le Grand. Ce pape parle lui-même, comme nous allons le montrer bientôt, de l'Église de Lamiga, que l'on peut difficilement ne pas croire la même, quoique son nom ait été abrégé par la suppression de quelques lettres, ce qui est dû à la faute des copistes ou à l'usage du peuple qui fait toujours la loi en fait de langage.

RECARGENTIVS. Il était de la secte des Donatistes, parmi lesquels il assista, en 411, à la conférence de Carthage où, à l'appel de son nom, il dit[1] : *J'ai donné mandat et j'ai souscrit, je n'ai point de compétiteur*. Il paraît cependant qu'il y avait alors un certain nombre de catholiques à Lamiggiga, car Aurèle, évêque de Macomades, ajouta : *Il y a là le prêtre Crescentien.*

CARDELVS. Il figure le vingt-deuxième sur la liste des évêques de Numidie que le roi Hunéric condamna à l'exil après la réunion de Carthage, en 484. Cependant, il n'est pas certain que Cardelus ait été évêque de cette ville plutôt que Maxime que nous avons mentionné plus haut, car la *Notice* ne fournit aucun indice sur le lieu dont ils étaient évêques. Ce nom de Cardelus qui paraît étrange, comme celui de Recargentius, se lit dans une épitaphe de Lambæsis[2] :

```
        D M
       IVLIAE
       VICTO
       RINAE
       DOMO
       LAMBAE
      VIX. ANNIS
      XXV. MEN
      VIII. DIEB
       XVII. M
      SEXTILIVS
       LAETVS
     QVE ET CAR
      DELVS CONI
       MER. FEC
```

ARGENTIVS. Saint Grégoire le Grand le nomme dans sa lettre à Hilarus, administrateur du patrimoine de Germa-

---

(1) *Cogn.*, I, n. 188.
(2) *Corpus*, n. 3834. — Cf. n. 3083.

niciana, lorsqu'il dit[1] : *Félicissime et Vincent, diacres de l'Église de Lamiga, dans une requête qu'on m'a présentée et qui se trouve ci-jointe, disent qu'ils ont souffert une grave injustice de la part d'Argentius, évêque de cette ville. Ils l'accusent, en outre, d'avoir, à prix d'argent, donné à des Donatistes l'administration des églises et de s'être rendu coupable d'un crime très grave qu'il n'est pas permis de nommer. Nous avons cru devoir, par le texte de la présente ordonnance, enjoindre à votre prudence de faire rendre avec sollicitude audit évêque la justice qu'il a méritée. Il faut donc faire des instances pour que, selon l'usage, on réunisse un concile sur les lieux et qu'une sérieuse information canonique soit faite en présence des parties intéressées sur tout ce que porte le texte de la plainte que nous avons reçue.*

LXXXVI. — LAMPHVA.

La *Notice* nous apprend que Lamfua était une ville de Numidie. Elle est ailleurs appelée Lampua, car *P* et *F* sont des lettres qui s'échangent facilement. Le véritable nom est Phua. Il nous a été révélé, avec la situation de la ville, par plusieurs inscriptions retrouvées à Aïn-Phoua où sont des ruines importantes. Aïn-Phoua est située à l'ouest

---

[1] Lib. I, *Ép*. LXXXIV.

de Cirta, sur le versant occidental du Chettaba. *Pagus*, *castellum* et cité, Lamphua eut ses *magistri* et ses décurions qui administrèrent ses intérêts. Un texte important de l'an 205 s'exprime comme suit[1] :

```
        IVLIAE AVGVSTAE MATRI CAS
              TRORVM CONIVGI
       IMP. CAES. DIVI. M. ANTONINI PII GERM
      SARM. FILI DIVI COMMODI FRATRIS DIVI
      ANTONINI PII NEPOTIS DIVI HADR PRONEP
      DIVI TRAIANI PARTHIC. ABNEPOT. DIVI NER
               VAE ADNEPOTIS
   L. SEPTIMI SEVERI PII PERTINACIS AVG. ARABIC
   ADIABENICI PARTHIC MAX PONT MAX TRIB POTES
   XIII IMPXI COS III PROCOS PROPAGATORIS IMPERI
    FORTISSIMI FELICISSIMIQ PRINCIPIS PP MATRI
    IMP CAES L SEPTIMI SEVERI PII PERTINACIS AVG
     ARABIC ADIABEN PARTHIC MAX FIL DIV. M. AN
    TONINI PII GERM SARM NEPOTIS DIVI ANTONINI
         PII PRONEP. DIVI HADRIANI ABNEPOTIS
    DIVI TRAIANI PARTHIC ET DIVI NERVAE ADNEP
          M. AVRELI ANTONINI PII FELICIS AVG.
      PONT MAX. TRIB POT. VIIII COS III PROCOS
        FORTISSIMI FELICISSIMIQ PRINCIPIS PP
    ET SVPER OMNES RETRO PRINCIPES INVIC
                  TISSIMI
               RESP. PHVENSIVM
```

Ainsi la syllabe *Lam* ou *Lamb* que nous rencontrons au commencement de plusieurs noms de villes de la Numidie et d'autres provinces ne faisait pas partie essentielle de ces mêmes noms. Elle avait, croyons-nous, le sens de peuple, d'agglomération.

SAFARGIVS. Il assista, en 411, avec les évêques catholiques, à la conférence de Carthage, où après la lecture de

---

[1] *Corpus*, n. 6306. — Cf. n. 6303, 6307.

sa souscription, l'évêque donatiste qui devait se présenter pour déclarer qu'il le connaissait se trouva absent et Valentinien, diacre de Primien, prit la parole à sa place et dit[1] : *C'est le peuple du primat? (senis) Cartherius, mais il est absent; il souffre des jambes, c'est pourquoi il n'a pu venir.*

MAXIME. Il figure le quatre-vingt-septième parmi les évêques de Numidie qui se rendirent à la réunion de Carthage, en 484, et furent envoyés en exil par le roi Hunéric avec leurs autres collègues. L'annotation ajoutée à son nom indique que Maxime mourut pour sa foi loin de son siège.

PONCE. Il souscrivit au concile que Boniface avait réuni à Carthage, en 525, grâce à la bienveillance du roi Hildéric[2].

LXXXVII. — LAMSORTA.

Lamsorta, comme nous l'apprend la *Notice*, se trouvait aussi en Numidie. Elle est fort probablement représentée par les ruines appelées aujourd'hui Henchir-Mâfouna et situées auprès de Lamasba. On y a trouvé, en effet, la dédicace suivante[3] :

---

(1) *Cogn.*, I, n. 133.
(2) *Hard.*, II, p. 1082.
(3) *Corpus*, n. 4437.

```
        GENIO LAMSO
      R tae AVG VET u
      RIA SATVRNINA
      MATER. DVOR
      VM EQ. ROMA
      nORVM HOSTI
      LIORVM SATVR
      NINI ET FELICIS
      CONIVNX. L.
       HOSTILI. FELI
      CIS PONTIFICIS
      MVNICIP. LAMBA
      ESITANORVM. OB
     HONOREM. FL. P. D
```

Nous ferons encore une remarque sur la préfixe *lam* ou *lem*, construite avec le nom par ou sans l'intermédiaire d'une préposition. C'est que souvent elle sert à représenter un groupe de population à part. Ainsi nous trouvons Lamiggiga et Gigga, Lamphua et Phua, Lamzella et Zella, peut-être aussi Lamasba et Suaba, Lambæsis et Baiesi, Lambia et Baïa, Lambiridi et Buri, Lamsorta et Zerta.

ANTONIEN. Il fut un des principaux Donatistes qui se rendirent à Carthage, en 411, pour la conférence, car il souscrivit le septième [1] et lorsque son nom fut de nouveau cité dans cet ordre et qu'il eut répondu [2] : *J'ai donné mandat et j'ai souscrit;* il ajouta, au sujet de son Église : *Je n'ai point de compétiteur.*

FÉLIX. La *Notice* le nomme le vingt-troisième parmi les évêques de Numidie qui se rendirent à Carthage, en 484, sur l'ordre du roi Hunéric et furent exilés par lui avec tous leurs collègues.

(1) *Cogn.*, I, n. 149.
(2) *Ibid.*, n. 163.

FLORENTIVS. Il assista au concile de Carthage réuni par Boniface, en 525, et y souscrivit le seizième[1].

LXXXVIII. — LAMZELLA.

Nous voyons, dans la conférence de Carthage, que Lamzella était une ville de la Numidie. L'*Itinéraire* d'Antonin détermine un peu sa position en plaçant Macomades, qui était assurément assez proche de Lamzella, sur la voie de Théveste à Cirta. Il semble, d'autre part, que Lamzella se rapproche passablement de Lampsilii que la *Table* de Peutinger annonce sur la voie de Théveste à Lambæsis, entre Popleto et Thamugade. On a supposé que les ruines dites Henchir Resdis, qui se trouvent à la pointe orientale de la Sebkha de Djondeli, répondaient assez exactement à la station de Lampsilii.

RVFVS. Il fut évêque catholique de Lamzella avant la conférence de Carthage, c'est-à-dire avant l'année 411; car, comme Donatien, de la secte des Donatistes, s'y vantait de n'avoir pas, ni de n'avoir jamais eu d'adversaire catholique, ajoutant même qu'il n'en aurait jamais. Aurèle, évêque de l'Église catholique de Macomades, répliqua[2] : *Il y a eu là un de nos évêques, Rufus, et Gildon est ense-*

---

(1) Hard., II, p. 1082.
(2) *Cogn.*, I, n. 206.

veli dans notre basilique de Lamzella. Qu'on en prenne note en attendant une nouvelle élection; mais un évêque y sera ordonné au nom du Christ. Il montre donc ainsi que Gildon a été enseveli dans cette basilique et il se sert en quelque sorte du témoignage de son tombeau pour prouver qu'il y avait depuis longtemps un évêque catholique à Lamzella. La défaite du tyran Gildon remonte à l'an 398.

Aurèle de Macomades cite Rufus comme lui étant connu ainsi qu'à ses collègues. A la triple affirmation de Donatien, qu'il n'y a pas d'évêque à Lamzella, qu'il n'y en a pas eu et qu'il n'y en aura jamais, Aurèle, pour répondre à tout, nomme Rufus comme contemporain de Donatien, puis il ajoute qu'on devait prochainement élire un autre évêque qui serait aussi l'adversaire de Donatien.

DONATIEN. C'est le donatiste dont nous venons de parler. Voici les paroles qu'il prononça à la conférence[1] : *J'ai donné mandat et j'ai souscrit, mais je n'ai point de traditeur; je n'en ai jamais eu et je n'en aurai jamais,* assertion qu'Aurèle de Macomades démontre nettement, comme nous l'avons vu, être sans vérité. Nous ignorons le nom de l'évêque que les catholiques devaient opposer à Donatien.

---

[1] *Cogn.*, I, n. 206.

LXXXIX. — LEGES.

Dans une lettre, adressée à saint Augustin par un inconnu, nous lisons ce passage : *J'ai été bien affligé, à mon récent passage dans la ville de Leges, de ne pas vous y trouver tout entier. J'y ai cependant rencontré la moitié de vous-même, et pour ainsi dire, une partie de votre âme, c'est-à-dire le très cher frère Sévère* (de Milève). On peut donc supposer que la bourgade de Leges se trouvait entre Hippone et Milève. La *Notice* indique, en effet, que c'était un évêque de Numidie. D'autre part, les auteurs arabes parlent d'une ville nommée *Ledja*, située dans la région de Théveste, au sud-sud-ouest de cette ville et au pied de l'Aurès.

DACIEN. Il assista, en 411, avec les évêques catholiques, à la conférence de Carthage. Après qu'il eut répondu, à l'appel de son nom, qu'il était présent, il ajouta, au sujet de son Église[1] : *Mais je n'ai point de compétiteur contre moi*. Néanmoins, Verissimus, évêque des Donatistes de Tacarata, répartit aussitôt : *Il y en a quatre dans mon peuple, Dacien* (de Leges), *Aspidius* (de Tacarata), *Fortunat* (des Casæ Calanæ), et *Octavien* (de Ressiana), ce qui semble indiquer que l'évêché de Leges venait d'être récemment établi dans le diocèse de Tacarata.

---

(1) *Cogn.*, I, n. 121.

IANVIER. Il figure le quatre-vingt-cinquième parmi les évêques de la Numidie qui se rendirent à la réunion de Carthage, en 484, sur la convocation du roi Hunéric, et furent condamnés à l'exil avec leurs autres collègues.

La note ajoutée à son nom nous apprend que Janvier mourut pour sa foi dans son exil.

XC. — LEGIA.

Cette ville, ou ce diocèse, paraît avoir reçu son nom du terme militaire *Legio* et peut-être faut-il reconnaître que la troisième légion campée à Lambæse a donné naissance à ce diocèse. Nous savons qu'en Espagne et en Syrie, il y a eu des villes portant le même nom et ayant la même origine. Quoi qu'il en soit, la *Notice* cite, dans la même province de Numidie, deux évêchés distincts qu'elle nomme *Legenses* ou *Legienses,* tandis que, dans la conférence, on trouve deux évêques appelés tous deux *Legenses,* de sorte qu'il faut effacer la lettre I dans la *Notice* ou l'ajouter dans la conférence. D'autre part, on pourrait admettre que *Legensis* ou *Legiensis* est une altération de *Regensis* ou *Regiensis.*

CRESCONIVS. Il était donatiste et il assista parmi ceux de sa secte, à la conférence de Carthage, en 411. Après avoir répondu à l'appel de son nom[1] : *J'ai donné mandat*

---

(1) *Cogn.,* I, n. 187.

et j'ai souscrit; il ajouta : *Je n'y ai pas eu et n'y ai pas de compétiteur*. Mais cet évêque est appelé *Legensis* et, pour cette raison, il pourrait revendiquer, avec le même droit, la place que nous avons attribuée à Dacien, comme aussi Dacien pourrait réclamer celle-ci, s'il doit en réalité être *Legiensis* plutôt que *Legensis*.

VICTORIN. La *Notice* le nomme le soixante-dix-huitième sur la liste des évêques de Numidie que le roi Hunéric, après leur réunion à Carthage, en 484, envoya en exil, avec leurs autres collègues.

XCI. — LEGIS VOLVMNI.

Il se trouvait en Numidie une ville nommée *Legis Volumen* ou *Leges Volumni* ou *Legis Volumni*. C'est ce que nous apprenons par la souscription de son évêque qui assista au concile d'Arles. On ignore l'origine de ce nom et nous ne savons pas davantage si cette ville a quelque rapport avec celles qui précèdent et qui portent le nom de *Leges* ou *Legia*. Il peut remonter, du reste, à l'époque où César fit du royaume numide une province romaine. Un personnage du nom de Volumnius est mentionné dans le récit de Hirtius. Une dédicace trouvée à Gemellæ, en Numidie, signale un autre personnage appelé[1] :

M. FL. VALENTE 7. LEG. SS. L. VOLVMIVS

---

[1] *Hist. B. Afric.*, XXXIII, 97. — *Corpus*, n. 2482.

VICTOR. Il assista au concile d'Arles, réuni dans les Gaules, en 314. Sa souscription, qu'on lit avec les autres, à la suite du texte des canons, est ainsi formulée[1] : *Victor, évêque de la cité de Legis Volumini, de la province de Numidie.* Toutefois, les manuscrits offrent de nombreuses variantes qui rendent incertains les noms de la ville et de la province.

XCII. — LIBERALIA.

Le nom de cette ville paraît avoir été Liberalia, sans doute parce qu'il y avait là un temple de Liber et qu'on y donnait des jeux publics. Ces jeux se célébraient par les Romains le 16 des calendes d'avril et étaient appelés Liberalia, du nom de Liber ou Bacchus. Il est donc permis de croire que cette ville était ancienne. Elle se trouvait en Numidie, dans la région qui s'étend entre Tabuda et Tubunæ, comme nous le voyons dans la conférence de Carthage.

GORGONIVS. Il assista, en 411, à la conférence de Carthage, mais un peu en retard, pour raison de santé. Car le jour où les évêques catholiques avaient souscrit le mandat, il était absent et l'évêque de Thabudæos signa pour lui avec cette formule[2] : *Moi, Victorin, évêque du peuple de Tabuda, j'ai signé ici, à Carthage, en présence du*

(1) Hard., I, p. 267.
(2) *Cogn.*, I, n. 133.

clarissime tribun et notaire Marcellin, pour Gorgonius, mon collègue, évêque du peuple de Liberalia, empêché par la maladie et de qui j'ai reçu ce mandat. Mais le jour où on donna lecture des souscriptions, Gorgonius lui-même était présent et ajouta : *Les hérétiques m'ont abandonné la basilique ; je suis seul.* Ce à quoi Protais de Tubunæ, un des sept mandataires des Donatistes, répondit : *Nous avons là l'évêque Victor.* Gorgonius n'en avait peut-être pas entendu parler, et peut-être Victor avait-il été, comme d'autres, ordonné en route par les Donatistes, sans cela il n'eût pas affirmé être seul. Au reste, nous ne voyons pas apparaître ensuite le donatiste Victor comme évêque de Liberalia, mais nous trouvons les évêques Victor de Gibba, et Victor de Rotaria.

XCIII. — LIMATA.

Sans aucun doute, il faut placer Limata dans la Numidie, car son évêque assista, à Cirta, au concile des évêques de Numidie et y fut mis en cause par Secundus de Tigisi, primat de Numidie, avec des détails tellement circonstanciés qu'il est permis de mettre Limata dans les environs de Milève, si ce n'est cette ville elle-même. Il est vrai, la *Table* de Peutinger nomme une station de Liviana entre Mascula et Thamugade, mais la différence est grande entre Limata et Liviana, comme aussi entre Limata et Milève.

PVRPVRIVS. Il est cité par saint Optat parmi les évêques impies qui, lors de la publication des Édits de Dioclétien contre les chrétiens, *pour acheter, au prix de la vie éternelle, quelques moments très courts de cette vie incertaine, livrèrent sacrilègement les livres de la loi divine*[1]. Il assista ensuite au concile de Cirta, de l'an 305, dans lequel on lui reprocha d'autres crimes qu'il avoua avec une rare impudence, car, lorsque Secundus, évêque de Tigisi, s'adressa à lui en ces termes : *On dit qu'à Milève vous avez tué les deux fils de votre sœur.* Purpurius répondit : *Croyez-vous donc que j'ai peur de vous, comme les autres? Et vous, qu'avez-vous fait lorsque vous fûtes pris par le curateur et par l'officium pour vous obliger à livrer les Écritures? Comment avez-vous obtenu votre liberté, si ce n'est parce que vous avez livré ou vous avez ordonné de livrer tout? Car ils ne vous auraient pas relâché sans motif. Quant à moi, j'ai tué et je tue ceux qui me combattent. Ne me provoquez donc pas à en dire davantage; vous savez que je ne parle de personne.* Ceci se trouve dans les *Actes* de ce concile que nous a conservés saint Augustin[2]. Un monument funéraire de Henchir Fegousia, au sud de Batna, offre, sous deux coquillages, qui sont comme des armes parlantes, ce mot[3]

PVR
PVRI
ORVM

qui peut avoir quelque rapport avec la famille de Purpurius, de Limata.

(1) *De schism.*, I, 13.
(2) *Contra Cresc.*, III, XXVII. — De Bapt., *Cont. Petil.*, I, XVII. — *Ep.* XLIII, *Gesta apud Zenoph.*
(3) *Corpus*, n. 2523.

XCIV. — LVGVRA.

Nous apprenons par la *Notice* que Lugura était une ville de Numidie, que nous reconnaîtrions volontiers dans un groupe de ruines appelées Henchir Aïn Laoura. Ces ruines se trouvent au douar des Mesboula, près des Mahatla, à l'est et à vingt-huit kilomètres d'Aïn-Beïda. De même que, dans la même région, Thagura est devenue Thaoura, Naraggara, autrement Maraggara est devenue Meraou et que Magarmel est devenue Mougmel, de même Lugura a pu devenir Laoura.

DONAT. Il figure le quatre-vingt-deuxième parmi les évêques de Numidie qui, après la réunion de Carthage, en 484, furent exilés par le roi Hunéric avec tous leurs collègues. Donat ne revit pas son Église, car la note ajoutée à son nom indique qu'il mourut loin d'elle pour sa foi.

XCV. — MACOMADES.

La ville de Macomades, appelée aussi Macomadia, était en Numidie, sur la voie de Théveste à Cirta, à vingt-quatre milles de Marcimeni et à vingt-huit milles de Sigus, comme l'indique l'*Itinéraire* d'Antonin. Elle est représentée aujourd'hui par les ruines de Mrakib-Talha et environs qui couvrent une superficie de cinquante hectares. Un canal y amenait les eaux d'Aïn-el-Abéïr. Une basilique de 30 mètres de longueur, partagée en trois nefs et terminée par une abside s'y remarque encore. Le sol de l'abside, élevé de trois degrés au-dessus du pavé des nefs, recouvre des tombeaux superposés. On y voit aussi des thermes.

Macomades avait le titre de municipe, selon un fragment d'inscription qui porte[1] : muni(cipii Ma)co ma (densium). Une dédicace fait mention de la municipalité[2] :

```
      DN FL CLAV
      DIO IVLIANO
     PF INVICTO A
      VG VLPIVS
       MARISCIA
      NVSVC CO
       NS PN NV
       MINI EIVS
      DICATISSIM
      VS OFFEREN
       TE ORDINE
```

Nous observerons que Macomades paraît être un nom composé, comme tant d'autres noms de villes africaines. Les termes *Maces et Mades* se rencontrent dans l'onomastique africaine.

CASSIVS. Il donna son sentiment le vingt-deuxième au concile de Carthage, le troisième que réunit saint Cyprien sur la question du baptême, en 255[3].

---

(1) *Corpus*, n. 4773. — Cf. *Addit.*
(2) *Ibid.*, n. 4771.
(3) Hard., I, p. 167.

DONAT. Saint Augustin le cite parmi les évêques qui, après avoir abjuré l'erreur des Donatistes, rentrèrent dans l'Église catholique et qui, *menant une vie édifiante, atteignirent honorablement et pleins de mérites l'âge de la vieillesse*[1]. Il est certain qu'il vivait avant l'année 406, car on rapporte à cette année les livres contre Cresconius dans lesquels saint Augustin fait mention de la conversion de Donat.

AVRÈLE. Il assista, en 411, à la conférence de Carthage, où il prit souvent la parole pour réfuter les mensonges des Donatistes. Il avait pour compétiteur Salluste[2] et dans son voisinage il y en avait aussi un autre, Rogatien d'Idassa, auquel, à la mort de l'évêque catholique du lieu, il avait opposé le prêtre Florentin. Du reste, nous ne voyons paraître ensuite Salluste que comme évêque de Zerta, d'où il faut conclure que Zerta était comme Idassa, bien voisine de la ville de Macomades.

PARDALIVS. Il figure le quatre-vingt-quatrième sur la liste des évêques de Numidie qui se rendirent à Carthage, en 484, pour la réunion générale des évêques d'Afrique et subirent ensuite avec tous leurs collègues l'exil auquel les condamna le roi Hunéric. Il paraît aussi s'être rendu à Rome avec trois autres évêques d'Afrique au temps de son exil, lorsque le pape Félix y convoqua un concile. Ils sont, en effet, nommés dans la *Préface*[3], Victor, Donat, Rustique et Pardalius, évêques d'Afrique. Ce concile est de l'année 487.

---

(1) *Contr. Cresc.*, II, 10.
(2) *Cogn.*, I, n. 116.
(3) Hard., II, p. 877.

XCVI. — MACOMADES RVSTICIANA.

Il y avait, dans la Byzacène, une ville que Ptolémée appelle Macodama et que la *Table* de Peutinger nomme Macomades Minores, parce que, dans la province Tripolitaine, se trouvaient des Macomades Majores. C'est à celles-ci qu'on doit rapporter la garnison militaire qui sous les ordres du spectable Duc de la province Tripolitaine, gardait la frontière et obéissait au *Præpositus Limitis Macomadensis*, comme on peut le voir dans la *Notice* de l'empire d'Occident. La Macomade de la Byzacène était située entre Thenæ et Cellæ, dans le golfe de la petite Syrte, en face de l'île de Girba, appelée aussi autrefois Méninx et des Lotophages.

Toutefois, la Macomades de Rusticus ou Rusticiana, ainsi nommée, peut-être parce qu'elle se trouvait dans la dépendance et la banlieue de Macomades, nous paraît devoir être attribuée à la province de Numidie. En vérité, les ruines de Macomades, dont nous venons de parler, comprennent, outre Mrakib-Talha, les groupes de Ksour-el-Ahmar, Oum-el-Bouaghi, Oum-el-Aber, etc. Quelqu'un de ces groupes a pu avoir un évêque donatiste qui aura pris le titre de la campagne de Macomades, comme nous voyons beaucoup d'évêques de la conférence appelés évêques de la cité ou du peuple, etc. D'autre part, la *Table* de Peutinger place une station, nommée Rustici, sur la voie de Siguese à Sigus. Rustici n'était pas très éloignée de Gadiaufala, c'est-à-dire qu'elle appartenait à la même région que Macomades.

PROFICENTIVS. Il était de la secte des Donatistes et il assista parmi eux à la conférence de Carthage, en 411. A l'appel de son nom, il dit[1] : *Quoique je n'ai point de compétiteur, j'ai donné mandat et j'ai souscrit.* A ces paroles, Fortunatien de Sicca, un des sept mandataires catholiques, lui fit cette question : *De quelle Macomades?* Proficentius lui répondit : *De celle qui est appelée Rusticiana.* Et Fortunatien ne demanda plus rien.

XCVII. — MADAVRVS.

Madaure est une ville assez connue de la Numidie et mentionnée par les plus anciens auteurs. Apulée, dont elle fut la patrie, l'a rendue encore plus célèbre. Il dit[2] que *Madaure était située entre la Numidie et la Gétulie* et que lui-même est *à moitié Numide et à moitié Gétule.* Madaure dépendait autrefois de Syphax et de Massinissa. *Plus tard,* dit Apulée, *grâce aux vétérans qu'on y a récemment établis, nous sommes devenus une splendide colonie.* Les ruines de Medaourous, car elles ont conservé leur nom, attestent cette assertion. Une grande pierre, employée pour la construction de la citadelle Byzantine, porte[3] :

GENIO
COLONIAE

---

[1] *Cogn.*, I, n. 197.
[2] *De dogm. Plat.*, I, 3. — *Apol.*, XXIV.
[3] *Corpus*, n. 4672.

On lit, ailleurs, sur le roc, près de la ville [1] :

EX AVCTORITATe
iMp. NERVAE. TRAIANI
CAES. AVG. GERMANI
CI. DACICI
L. MINICIVS. NATALIS
LEG. AVG. PR PR INteR
MADAVRENSEs ET
VIAMVO

Dans une épitaphe de Madaure, nous lisons le nom de *Julius Justus Madavrius* [2], mais évidemment il ne s'agit pas ici de l'ethnique. Le culte du dieu Liber pratiqué à Madaure, comme le dit saint Augustin dans sa lettre à Maxime [3], est attesté par diverses inscriptions trouvées dans les ruines de la ville [4]. Une dédicace commence par ces mots [5] :

NONIAE
SEVERAE
OFFEREN
TE ORDI
NE. etc.

qui rappellent le nom du grammairien Nonius, originaire, comme le grammairien Maxime, de Madaure. Le nom d'Apuleius, le fameux philosophe, se lit dans une autre épitaphe [6].

(1) *Corpus*, n. 4676.
(2) *Ibid.*, n. 4733.
(3) *Ép.* XVI.
(4) *Corpus*, n. 4681 et 4682.
(5) *Ibid.*, n. 4686.
(6) *Ibid.*, n. 4693.

Mais l'Église de Madaure est surtout illustre par les victoires de ses martyrs que l'Église romaine a inscrits dans son martyrologe[1]. Ce furent *Namphamo*, que le grammairien Maxime appelle *archimartyr*[2], *Miggin, Sanaem, Lucitas* et d'autres dont nous ignorons les noms. Mais ce sont peut-être ceux que nous lisons sur un chapiteau de Berriche, non loin de Madaure :

```
         HIC MEMORIE SANCTO
     RV PAVLI PETRI DONATI MIG
             GINIS BARICIS
```

et sur une pierre d'Henchir-Hamecha, dans les environs de Théveste[3] :

```
          METTVN. PRIMI
          DONATI TVNNINI
         FELICIS. LVCCATIS
           ET. IA. HINIS
```

Nous lisons sur un monument de Vazaïvi, dans la même région, les noms suivants[4] :

```
          METTVN SECVNDI
          DONATVS MIGGIN
            BARIC FELIX
           CRESCENTIANI
            ADER MINVCI
          STIDDIN MIGGIN
             NOMINA MA
            RTIRV PERF
```

Cependant, au temps de saint Augustin, bon nombre de

(1) 4 *Jul.*
(2) *Ép.* XVI, *Apud Aug.*
(3) *Corpus.*
(4) *Corpus*, n. 10686.

citoyens de Madaure étaient encore attachés aux superstitions anciennes, comme le montre la lettre qu'il leur adressa[1]. Il nous donne aussi quelques renseignements sur l'emplacement de Madaure, car, né à Thagaste et envoyé pour ses études à Madaure, il appelle celle-ci ville voisine[2]. Au milieu des ruines de Madaure, on remarque les restes d'une citadelle bâtie par le patrice Salomon, d'une basilique chrétienne et aussi diverses inscriptions funéraires chrétiennes. Nous citerons la suivante[3] :

```
        F. VRBANVS VIX
       IT IN PACE ANNIS LV
       IVLIA CRESCENTIA VI
          XIT ANNIS LII
        QVI VNA DIE DEC....
         R POREEXERVNT
```

Et cette autre, non moins intéressante[4] :

```
         MVNIVS IVLIVS
      BARGEVS NEPOS VIR HONE
     STVS VICXIT IN PACE FIDELIS
     ANIS XXXIII MINVS DIES XIII
     DEPOSITVS EST VI IDVS SEP
             TEMBRES
             HIC SET
```

Les évêques connus de Madaure sont :

ANTIGONE, qui assista au concile de Carthage tenu sous Gratus, en 349, et dans lequel il se plaignit d'Optantius,

---

(1) *Ép.* CCXXXII.
(2) *Confess.*, II, 3.
(3) *Ann. Const.*, 1883, p. 110.
(4) *Corpus*, n. 4762.

évêque d'une ville voisine, parce que, après s'être partagé d'un commun accord les centres de population, celui-ci avait repris ceux qui avaient été attribués à Antigone[1], lequel, du reste, n'est dit *Madaurensis*, que dans un manuscrit.

PLACENTIVS. Il assista, en 411, à la conférence de Carthage où, à l'appel de son nom, il répondit, selon la formule usitée[2] : *Je suis présent*. De l'autre côté se présenta Donat, qui était de la secte dont il portait le nom; il dit : *Je le connais*. Mais ensuite nous ne le voyons pas paraître parmi les Donatistes, au moins il ne paraît pas avec le titre d'évêque de Madaure. Évidemment il a dû se présenter sous un autre titre du voisinage de Madaure.

Placentius avait assisté, en 407, au concile de Carthage, comme délégué de la Numidie.

PVDENTIVS. Il figure le soixantième parmi les évêques de Numidie qui, après la réunion de Carthage, en 484, furent envoyés en exil avec les autres évêques par le roi Hunéric.

Après plus de dix siècles, nous voyons reparaître des évêques titulaires de Madaure. Ce sont :

Nicolas DE VALLE, en 1525;
Gaspar DE TORRE, en 1570;
François DE VIERA, en 1603;
Jean SUAREZ, en 1613;

---

[1] Hard., I, p. 688.
[2] *Cogn.*, I, n. 126.

Melchior Rodriguez, en 1616;
Sébastien Carta, en 1621;
Martin Maurisse, en 1628;
Jérôme, en 1647;
François Visdelonsi, en 1651;
François Coetlozoni, en 1666;
Bonaventure Gifford, en 1699;
Antoine-Ignace Muntzen, en 1708;
N....., en 1771;
Louis Bruno, 27 mars 1882;
Épiphane Carbassore, 15 juillet 1884.

XCVIII. — MADES.

Mades était, comme l'indique la *Notice*, une ville de Numidie, et c'est à elle que doit se rapporter le *limes Madensis*, mentionné dans la *Notice* de l'Empire d'Occident et dont le *præpositus* était placé sous les ordres du spectable Duc de la province tripolitaine. Celui-ci, en effet, paraît avoir commandé jusqu'à la Césarienne. Du reste, Mades existe toujours sous ce même nom, sur la frontière sud-est de la Numidie, au sud de Majores. On remarquera que ce nom simple entre dans les composés Macomades et Madasumma de la Byzacène.

PIERRE. La *Notice* le cite le trente-septième sur la liste des évêques de Numidie que le roi Hunéric appela à la réunion de Carthage, en 484, et qu'il condamna tous à l'exil avec leurs autres collègues.

XCIX. — MAGARMEL.

Nous savons, par la *Notice,* que la ville de Magarmel, autrement Aquæ de Magarmel, appartenait à la Numidie. La diatase grecque de Léon le Sage semble aussi indiquer ce nom et la ville aurait eu encore un évêque en 883. Magarmel paraît répondre à la localité appelée Aïn-Mougmel, qui se rencontre près de Sigus. Megarmel a produit Mougmel, comme Thagura a produit Thaoura et Naraggara, Meraou.

SECVNDVS. Il assista, en 411, à la conférence de Carthage ou à l'appel de son nom il dit[1] : *Je suis présent.* Mais son compétiteur, le donatiste Félix, y était présent aussi. Il s'avança et dit : *Je le connais.* Puis à l'appel de son nom, il répondit[2] : *J'ai donné mandat et j'ai souscrit.* On croit que ce Secundus est le même qui approuva le dernier, plus tard, l'*Acte* de rétractation de Leporius et le signa avec cette formule : *Moi, Secundus, évêque de l'église d'Aquæ ou de Magarmel, j'ai signé l'édit que nous a présenté Leporius*[3].

[1] *Cogn.*, I, n. 126.
[2] *Ibid.*, n. 198.
[3] Hard., I, p. 1270. — *Aug. Ép.* CCXIX.

IVLES. Il figure le cent troisième sur la liste des évêques de Numidie qui se rendirent à la réunion de Carthage, en 484, et furent ensuite exilés par le roi Hunéric.

C. — MASCVLA.

Mascula était une ville de Numidie, que l'*Itinéraire* d'Antonin place sur la voie de Théveste à Lambæsis, à dix-huit milles de Vegesela et à vingt-deux milles de Claudi. La *Table* de Peutinger la nomme Zyrnas-Mascli et la place à dix milles de Cazalis et à quatorze milles du Vico-Aureli. C'est la moderne Khenchela, située près d'un débouché par où l'on passe du Tell dans le Sahara. Mascula était et est encore, au pied nord de l'Aurès, une position militaire de premier ordre. On y voit stationner, dès le IIe siècle, la septième cohorte des Lusitaniens [1], et sous le règne de Tibère II, durant la préfecture de Gennade, nous trouvons Mascula munie d'une enceinte qui la défendait des invasions des Maures et Berbères révoltés de l'Aurès [2]. Elle survécut à la première invasion arabe, car l'auteur du *Kitab-el-Adouani* la cite, avec Bagaï et Casas, comme une ville habitée par les chrétiens. Ibn Khaldoum la mentionne sous le nom de Tarf Mascala. Son origine remonterait très haut, si ce que dit

---

(1) *Corpus.*
(2) *Ibid.*, n. 2245.

Diodore est vrai, quand il rapporte qu'Eumaque, lieutenant d'Agathocle, prit la ville de Meschela fondée par les Grecs au retour de la guerre de Troie. Mais rien ne prouve qu'il s'agit dans ce texte de Mascula. Les vestiges de la ville antique couvrent une surface de quarante à cinquante hectares et attestent par leur étendue l'importance de la cité.

Mascula avait le titre de municipe, comme le montre le texte épigraphique suivant [1] :

```
PRO SPLENDORE FELICIVM SAECVLORum dd. nn.
valENTINIANI ET VALENTIS SEMPer AVgustorum
......AATA VE ...MNI MASCVLitani.... A
fVNDAMENTIS CONSTRVXIT et dedicavit publi
us CEIOMIVS CAECINA ALBINVS v. c. consularis
SEXFASCALIS PROVINCIAE Numidiæ.......
```

L'inscription qui suit est encore plus ancienne [2] :

```
          IMPPP DDD NNN
         F LICINIO VALERIANo
        ET P LICINIO EGNATIo
       GALLIENO PIIS FELIC. AV
       GVSTIS ET P CORNELIo
       LICINIO VALERIANO NO
          BILISSIMO CAESARI
        ET CORNELIAE SALO
              NINAE AVG
              R. P. M. M.
```

La ville eut aussi le titre de colonie, ainsi que le prouve le texte suivant [3] :

---

[1] *Corpus*, n. 2242.
[2] *Eph. epig.*, V, n. 1128.
[3] *Corpus*, n. 2239.

*imp. cæs*ARI M AVR*elio antonino*
*aug. p*ONT MAX TRI *b. pot.* X. *cos.* III. *et*
*imp. cæ*S L AVRELIO VE*ro augusto*
pontiF MAXIM TR*ib. pot*.... *cos*......
....FICIENTISSIM..............
....LIO. OPTAT*o*............
.....COLONI *æ masculitanæ.*

Si Mascula fut peu connue des auteurs profanes, elle est célèbre dans les fastes de l'Église. C'est là, en effet, que naquit le glorieux confesseur de la foi, Archimimus, célébré par Victor de Vite[1] et que Genséric avait condamné à mort. *Cependant le rusé monarque avait donné au bourreau l'ordre secret de ne le tuer que s'il le voyait trembler au moment d'être frappé du glaive, afin qu'il n'eût pas ainsi la gloire du martyre; mais que si, au contraire, il le voyait inébranlable dans sa foi, il s'abstînt de le frapper. Or, étant resté, par la grâce du Christ qui le fortifiait, ferme comme une colonne, il se retira avec tout le mérite de sa confession glorieuse.* L'Église romaine célèbre sa glorieuse mémoire dans le martyrologe avec celle de deux autres confesseurs. Il est appelé, au reste, *Masculanus Archimimus,* et le premier nom ne serait pas celui de son lieu d'origine, tandis que le second serait un nom de profession. Les compagnons de Masculan sont le comte Armogaste et Saturus, procureur de la maison de Hunéric[2].

Les restes chrétiens de Mascula sont assez nombreux : un ciborium, des sculptures, des lampes, des inscriptions,

---

(1) *Pers. Vand.,* I, xv.
(2) 29 *Mart.*

la fameuse formule *Deo laudes* des Donatistes. Ces restes proviennent en partie d'une basilique [1].

CLARVS. Il assista au concile de Carthage, le troisième tenu par saint Cyprien sur la question du Baptême, en 255. Il y donna son avis le soixante-dix-neuvième. Des manuscrits de ce concile lui donnent le titre de confesseur [2].

DONAT. Il fut le premier des évêques du concile de Cirta, interrogé par Secundus de Tigisi sur l'accusation d'avoir livré les saintes Écritures, avant que l'on parlât d'un nouvel évêque de Cirta qu'il fallait nommer [3]. *On vous accuse,* dit-il, *de les avoir livrées.* Donat répondit : *Vous savez, mon frère, que, malgré tous les efforts faits par Florus pour me prendre et me faire brûler de l'encens, Dieu ne m'a point livré entre ses mains, et puisque Dieu m'a épargné, gardez-moi aussi pour Dieu.* Alors Secundus dit : *que dirons-nous donc des martyrs? C'est parce qu'ils ne les ont pas livrées qu'ils ont reçu la couronne.* Et Donat ajouta : *Remettez-moi au jugement de Dieu, là, je rendrai compte de ma conduite.* Et Secundus dit : *Passez de ce côté.* C'était le 3 des nones de mars de l'an 305. Saint Optat a consigné ces faits dans son ouvrage [4].

MALCHVS. Il assista, en 411, parmi les évêques catholiques, à la conférence de Carthage. Lorsqu'il eut répondu,

---

(1) *Corpus*, n. 2241, 2243, 2272. — *Eph. epig.*, V, n. 680.
(2) Hard., I, p. 167.
(3) Aug., *Contr. Cresc.*, III, XXVII.
(4) *De schism.*, I, 13 et 14.

à l'appel de son nom, *qu'il était présent*⁽¹⁾, son compétiteur, le donatiste Vital, se présenta et dit : *Je le connais.* Lui-même répondant à l'appel, dit⁽²⁾ : *J'ai donné mandat et j'ai souscrit.* Alors Aurèle de Macomades porta contre lui ce témoignage : *Ce Vital a été diacre catholique dans la ville de Sitifis. Rebaptisé, il a été ordonné prêtre. Renvoyé pour cause d'adultère, il a été ensuite fait évêque.* A ce témoignage Pétilien irrité répondit : *Vous avez voulu tenir la place de l'accusateur.* Aurèle lui répartit : *Je n'ai pas voulu l'accuser, mais vous permettre de le justifier.*

IANVARIANVS. Il figure le quatre-vingt-quatorzième sur la liste des évêques de Numidie qui se rendirent à la réunion de Carthage, en 484, et furent ensuite exilés par le roi Hunéric à cause de leur attachement à la vérité catholique.

IANVIER. Il assistait au concile de Carthage de l'année 525, mais tellement affaibli par la vieillesse, qu'il ne put écrire lui-même sa signature, on le voit par sa souscription qui vient après celle de Boniface et est ainsi conçue⁽³⁾ : *Janvier, évêque du peuple de Vegesela, de la province de Numidie, j'ai souscrit aux décisions prises par le concile et qui doivent être observées par nous tous, signant pour moi et pour Janvier, le saint évêque de Mascula, de ladite province, qui ne peut souscrire de sa main à cause de son grand âge.* Il avait été pourtant chargé par les évêques de sa province de les représenter comme leur délégué.

---

(1) *Cogn.*, I, n. 128.
(2) *Ibid.*, n. 201.
(3) Hard., II, p. 1081.

Mascula avait encore un évêque en 883, s'il faut lire dans la *Notice* de Léon le Sage Mascula pour Cascala. Un exemplaire grec des *Actes* du concile de l'an 255, porte *Clarus à Cascula*. D'autre part, un fragment d'inscription trouvé à Henchir Tagfaght, dans la banlieue de Mascula, et qui est gravée sur un morceau de cintre très orné porte ces deux mots incomplets :

*vita*LIS EP*Iscopus*

qui se rapportent peut-être au fameux donatiste dont nous avons parlé ci-dessus.

CI. — MASTARA.

Mastara était une ville de Numidie, comme nous l'apprenons par la *Notice*. Les documents ecclésiastiques l'appellent Mathara, mais le nom entier et vrai de cette localité est *Castellum Mastara*, selon que porte une inscription relative à un marché qui s'y tenait, à partir de l'an 212, le 3 des calendes et le 3 des ides de chaque mois[1] :

NVNDINAE HABENTVR HIC IN
CASTELLO MASTARENSI DIE
III. KAL SEPTEMB. PRIMARVM
ET. DIE. III. IDVM. SEPTEMBRIVM

[1] *Corpus*, n. 6357.

SVBSEQVENTIVM ET DEINCEPS
SVO QVOQVE MENSE EX PER
MISSV
M. AVRELI COMINI CAS
SIANI LEG. AVGG. PR. PR
C. V.

Mastara est aujourd'hui représentée par les ruines de Rouffach situées dans le massif du Chettaba, à vingt et un kilomètres ouest-nord-ouest de Cirta. Sous Elagabale ou Alexandre Sévère, Mastara avait le titre de *Respublica Castelli Mastarensis*[1]. Mais son plus beau titre de gloire est le culte qu'elle rendait aux reliques des saints martyrs de Milève. Près de la nécropole, en effet, au nord-est de la cité antique, sur une éminence et dans les ruines d'un petit édifice orné de colonnes, on a trouvé l'importante inscription qui suit[2] :

TERTIV IDVS ℟ IVNIAS DEPOSI
TIO CRVORIS SANCTORVM MARTVRVM
QVI SVNT PASSI SVB PRESIDE FLORO IN CIV
ITATE MILEVITANA IN DIEBVS TVRIFI
CATIONIS INTER QVIBVS HIC INNOC..
ESTI † CE IN PACE

La persécution de Florus eut lieu vers l'an 304, comme saint Optat[3] et saint Augustin[4] nous l'apprennent. Saint Optat dit plusieurs fois que dans cette persécution les chrétiens étaient contraints d'offrir de l'encens aux divinités païennes. Du reste, cette violence et le culte rendu aux sang des martyrs sont déjà attestés par saint Cyprien[5].

(1) *Corpus*, n. 6356.
(2) *Ibid.*, n. 6700.
(3) *De schism.*, III, 8.
(4) *Contr. Cresc.*, III, 30.
(5) *Ép.* XXI et LII.

HONORAT. Il assista, en 411, à la conférence de Carthage, où, à l'appel de son nom, il dit[1] : *Je suis présent et je n'ai pas d'évêque contre moi;* ce qui alors était tout à fait rare en Numidie, où les Donatistes régnaient en maîtres.

FÉLIX. Il figure le trente-septième sur la liste des évêques de Numidie que le roi Hunéric, après la réunion de Carthage, en 484, condamna à l'exil avec les autres évêques. Mais l'annotation ajoutée à son nom indique que Félix mourut pour sa foi en exil.

CII. — MAXIMIANA.

La *Notice* fait de Maximiana une ville de Numidie que l'on peut croire avoir été fondée ou restaurée par Maximien Hercule. Ce prince vint, en 297, réprimer en personne une formidable insurrection des peuplades de la Kabylie. Ce que dit saint Augustin de l'évêque Firmus de Thagaste paraît devoir se rapporter à ce prince. Il est tout naturel, en effet, que Maximien vainqueur ait repassé par Carthage en traversant la Numidie. Or, la bourgade de Maximiana était voisine de Thagaste si elle répond aux ruines de Mexmeïa, situées près de Médjez Sfa. On y remarque les restes d'une basilique avec son baptistère.

(1) *Cogn.*, I, n. 120.

DONAT. Il figure le cent dixième sur la liste des évêques de Numidie qui, en 484, se réunirent à Carthage où le roi Hunéric avait convoqué tous les évêques de l'Afrique et durent ensuite quitter leur pays pour l'exil avec leurs autres collègues, à cause de leur profession de foi catholique.

COLVMBVS. Il fut le contemporain de saint Grégoire le Grand qui lui écrivit huit lettres que nous avons encore. Grégoire, dans l'adresse de ses lettres, l'appelle seulement évêque de Numidie. L'auteur des sommaires placés en tête des lettres de ce pontife, parlant de la lettre adressée par lui au Primat de Numidie, Adéodat[1], pour l'engager à ne prendre aucune décision sans les conseils de Columbus, s'exprime ainsi : *Qu'il ait recours aux conseils de l'évêque Maximien*. Nous ne savons où il a pris ce renseignement. Mais ne s'agit-il pas d'un autre évêque que Columbus, d'un évêque dont le nom était Maximien et dont le siège est aussi inconnu que celui de Columbus ? Quoi qu'il en soit, il est hors de doute que saint Grégoire avait ce dernier évêque en grande estime et qu'il le faisait passer avant les autres pour le maniement des affaires les plus graves.

---

[1] Lib. III, *Ep.* XLIX.

CIII. — MAZACES.

Les poètes célèbrent les *Mazaces* pour leur habileté à tirer de l'arc[1] et il est probable que la ville de ce nom, placée par la *Notice* dans la Numidie, leur doit son nom, comme la ville de Nattabutum doit son nom à la tribu qui le portait elle-même. Une inscription de Lambæsis[2] relate une victoire de P. Ælius Romanus sur les *Mazices* de la région des *Montensium*. Où se trouvaient ces *Montenses?* Nous connaissons par la *Notice* de l'Empire, un camp militaire que commandait un *præpositus limitis Montensis* et qu'il faut chercher à la limite méridionale de la Numidie entre Majores et Nepte de la Byzacène. Nous savons aussi qu'il y avait, dans la Maurétanie Sitifienne et près de la limite de la Numidie, à l'ouest, une ville épiscopale appelée *Mons*.

L'anonyme de Ravenne appelle Masaca la rivière que des documents plus anciens nomment Amsaga et qui est le Bou-Merzoug, rivière qui baigne le pied de Constantine.

APRONIEN. Il fut l'un des vingt-sept évêques catholiques qui, arrivés en retard à Carthage, pour la conférence de 411, n'avaient pas signé le mandat et qui, appelés à la fin de la première séance, déclarèrent y donner leur adhésion. Apronien était le premier de ceux que le clarissime Marcellin interrogea en ces termes[3] : *De quelle*

---

(1) *Lucan.*, IV, v. 681. — *Claud. carm.*, XXI, v. 356.
(2) *Corpus*, n. 2786.
(3) *Cogn.*, I, n. 215.

ville êtes-vous évêque? Apronien répondit : *De Mazaces.* Alors Marcellin : *Donnez-vous votre adhésion au mandat que vous n'avez point signé à cause de votre absence?* L'évêque repondit : *Je donne mon adhésion.*

BENENATVS. Il figure le quatre-vingt-unième sur la liste des évêques de Numidie qui se rendirent à la réunion de Carthage, en 484, et qui furent ensuite, sur l'ordre du roi Hunéric, envoyés en exil avec tous leurs autres collègues. L'annotation ajoutée à son nom indique que Benenatus mourut pour la foi, loin de son siège.

CIV. — MESARFELTA.

La *Table* de Peutinger place une station, nommée Mesarfilia, entre Ad Piscinam et Ad Aquas Herculis, à dix-neuf milles de Ad Piscinam et à six milles d'une station anonyme. Mesarfilia est assurément la même que Mesarfelta et que la Messafilta de l'anonyme de Ravenne. Or, Ad Piscinam est connue, c'est la moderne Biskra. Dès lors, Mesarfelta ne saurait être que la ville ruinée qui se trouve dans l'oasis d'*El-Outhaïa*. Cette ville était assez ancienne et assez importante pour avoir un amphithéâtre, ainsi que le montre l'inscription suivante [1] :

---

[1] *Corpus*, n. 2488.

IMP. CAESARES M. AVRELIVS ANTONINVS. ET
L. AVRELIVS COMMODVS AVG GERMANICI an. 176.
SARMATICI FORTISSIMI AMPHITHEATRVM
VETVSTATE CORRVPTVM A SOLO RESTI
TVERVNT PER . . COH . VI . COMMAG .
A IVLIO POMPILIO PISONE LAEVILLO LEG.
AVG PR PR CVRANTE AELIO SERENO PRAEF

Nous ne connaissons qu'un évêque de Mesarfelta, c'est :

LVCIEN qui mourut certainement avant l'année 411 ; car, à la conférence de Carthage, lorsque Benenatus, évêque donatiste de Mesarfelta, répondit à l'appel de son nom[1] : *J'ai donné mandat et j'ai souscrit, je n'ai point de compétiteur*, Aurèle de Macomades qui, dans cette assemblée, prit souvent la défense des intérêts catholiques, répondit comme s'il avait été témoin : *Vous en avez : vos violences ont perverti plusieurs habitants. Lucien y a été évêque et on va en ordonner un autre*, désignant ainsi le successeur de Lucien. Mais nous ne savons rien de ce qui suivit. L'intervention d'Aurèle confirme notre sentiment que Mesarfelta était en Numidie et elle montre que cet évêque s'intéressait à ce qui se passait assez loin de son siège.

CV. — META.

Il est certain, par la *Notice*, que Meta appartenait à la Numidie. Les géographes, du reste, ne nous disent rien de

---

(1) *Cogn.*, I, n. 198.

cette ville. Mais Ethicus signale une ville, nommée Midorum, entre Thubursicum Numidarum et Calama. D'autre part, dans la *Table* de Peutinger, nous trouvons la station *Ad Medias* marquée entre *Ad Majores* et *Ad Badias*, non loin de l'oued *Mita*, et il y a là de grandes ruines qui représentent certainement Medias. Dans la même région méridionale, à la frontière de la Numidie et de la Byzacène, se voit encore le grand village berbère de *Midas*, qui a succédé à un bourg romain.

GRATIEN. Il assista, en 411, parmi les évêques catholiques, à la conférence de Carthage, où, à l'appel de son nom, il répondit[1], qu'*il était présent*. Alors s'avança du côté opposé le donatiste Fortunatien qui dit : *Je le connais*. Puis il répondit parmi ceux de sa secte, lorsqu'il fut appelé à son tour[2] : *J'ai donné mandat et j'ai souscrit*.

FÉLICIEN. La *Notice* le cite le quarante-sixième sur la liste des évêques de Numidie, que le roi Hunéric, après l'assemblée de Carthage, en 484, fit exiler avec tous les autres évêques.

CVI. — MIDILA.

Midila, autrement Midla, était en Numidie, comme le montre la *Notice*. Dans la partie méridionale de cette

---

(1) *Cogn.*, I, n. 126.
(2) *Ibid.*, n. 187.

province, non loin de Ad. Majores, sur la rive droite de l'oued Helal, se voient les grandes ruines de *Mdila*. La plaine voisine porte le même nom et le peuple qui l'habite est appelé *Mdili*, au pluriel *Mdaïla*. *Meddila* est aussi le nom d'une montagne de la même région. Les ruines de la ville seraient plutôt berbères que romaines, mais ces berbères, nous le savons, étaient chrétiens au V° siècle.

IVLIEN. Lors de la convocation, en 411, de la conférence de Carthage, retenu chez lui par la maladie, il envoya à Carthage le prêtre Rufin pour souscrire à sa place, afin de ne pas diminuer d'un seul le nombre des Donatistes à la secte desquels il appartenait. Or, après la lecture de sa souscription, Fortunatien de Sicca, un des sept mandataires catholiques dit[1] : *Qu'ils expliquent si Rufin a souscrit pour son évêque présent.* Alors Adéodat, le septième des mandataires donatistes, répondit ainsi : *Julien est retenu par la maladie, mais afin de ne point paraître s'être absenté à dessein, il a envoyé un prêtre pour expliquer son absence et pour souscrire en son nom.* Le clarissime Marcellin accepta l'explication. Mais Fortunatien ajouta : *Nous voulons qu'il soit attesté qu'il a souscrit pour un absent.*

FLORENTIEN. Il figure le quarante-troisième sur la liste des évêques de Numidie qui se rendirent à la réunion de Carthage, en 484, et furent ensuite exilés avec les autres évêques, par ordre du roi Hunéric.

---

[1] *Cogn.*, I, n. 193.

CVII. — MILÈVE.

Mileum, qu'on appelait aussi *Milevum,* est une ville connue de Numidie, située entre Cirta et Idicra, à vingt-cinq milles de l'une et de l'autre, comme l'indique l'*Itinéraire* d'Antonin. C'est la moderne Mila, que la France a fait sortir de ses ruines, comme tant d'autres villes de l'Afrique du Nord. Ptolémée l'a nommée *Mireon* et Procope l'appelle *Mideos* quand il rapporte la fuite de Gélimer. C'est peut-être la *Miletine* de Diodore, dont Eumaque, lieutenant d'Agathocle, s'empara. Son nom, à l'époque romaine, était *Colonia Sarnensis Milevitana.* Il paraît dans une inscription de Tiddis ainsi conçue[1] :

```
        Q. SITTIO
       Q. FIL. QVIR
    FAVSTO. III. VIRO
   PRAEF. I. D. COL. VE
     NERIAE. RVSICADE
   ET. COL. SARN. MILEV
    ET COL. MINERVIAE
      CHLLV. AEDILI
      MVNICIPES. OB
       MERITA. EIVS
      AERE CONLATO
           D D
```

Le titre de colonie paraît dans les inscriptions de Milève. Ainsi[2] :

---

[1] *Corpus,* n. 6710. — Cf., n. 3266, 6711, 6950.
[2] *Ibid.,* n. 8202. — Cf., 8210. — *Ephem. epig.,* V, n. 913.

```
     GEN. COL. MIL.
     EX. TESTAMEN
    TO. P. SITTI. ADIV
    T oris. AVG. INTE
  gris HS II. M. N. CVRANTE
    SITTIA. VITALE. FI l
```

L'ethnique se lit sur une borne milliaire des environs [1] :

```
    EX AVCTORITATE
   IMP CAESTAELI HA
    DRIANI ANTONINI
   AVG PII PP VIA AMILE
   VITANIS MVNITA EX
   INDVLGENTIA EIVS DE
    VECTIGALI ROTARI
           II
```

Dans une dédicace de Lambæsis, que nous avons rapportée à l'article de Babra, il est question d'une irruption des *Bavares in regione Millevitana*. Mais le véritable ethnique est celui qui a été donné ci-dessus.

L'épithète de *Sarnensis* que portait la colonie de Milève est un souvenir du Sarnus, fleuve de la Campanie, et elle explique l'origine de la colonie de Milève.

Cette ville faisait partie de la confédération cirtésienne et celle-ci avait été formée par P. Sittius, qui était originaire de Nucérie, sur le Sarno.

Milève est surtout célèbre par les deux conciles qui s'y tinrent, l'un en 402, l'autre en 416. Nous avons encore la lettre de ce dernier, écrite au pape Innocent pour la répression de l'hérésie de Pélage [2].

Milève est encore illustre par les martyrs dont le sang

---

(1) *Corpus*, n. 10327.
(2) *Aug. epist.*, CLXXVI.

était vénéré à Mastara et qui appartiennent à la persécution de Dioclétien, sous l'administration de Florus, gouverneur de la Numidie. En 883, Milève, d'après la *Notice* de Léon le Sage, possédait encore un évêque.

POLLIANVS. Il assista au concile de Carthage, le troisième convoqué par saint Cyprien sur la question du Baptême, en 255, et il y fit connaître son sentiment le quatorzième. Deux ans après, il confessa glorieusement la foi [1].

OPTAT. C'est lui qui nous a laissé sur le schisme des Donatistes les sept livres contre Parménien, qui sont loués par saint Jérôme [2], saint Augustin, saint Fulgence et d'autres encore. L'Église romaine mentionne Optat dans son martyrologe la veille des nones de juin, comme s'étant illustré par sa sainteté et par sa science. C'est lui aussi probablement qui fut honoré, avec saint Cyprien, les papes Sixte et Corneille, dans les catacombes romaines. Optat écrivait avant l'année 375, selon le témoignage de saint Jérôme ; car, s'il nomme Siricius, qui succéda au pape Damase, en 384, on peut croire à bon droit que ce nom a été ajouté plus tard soit par lui-même, soit par d'autres. On ignore l'année de sa mort.

HONORIVS. Il vivait à la fin du IVe siècle, alors que Pétilien était évêque donatiste de Cirta. Il était catholique ; mais il n'avait point les qualités que saint Paul exige des évêques. Du moins, saint Augustin, écrivant contre

---

[1] Hard., I, p. 167.
[2] *De vir. illustr.*, CXXI.

Pétilien⁽¹⁾, le met au nombre des évêques qui avaient été condamnés et déposés ; car Pétilien ayant dit contre les catholiques : *Chez vous, personne n'est innocent, puisqu'on n'y condamne aucun coupable.* Saint Augustin répond, entre autres choses : *Il a pu voir de près Honorius de Milève,* voulant dire qu'il avait été déposé de son siège par un jugement des évêques.

SÉVÈRE. Il était originaire de Thagaste et compatriote de saint Augustin, comme on le voit par les lettres de ce dernier⁽²⁾. Il fut moine comme lui avant d'être évêque et il introduisit aussi à Milève la vie monastique⁽³⁾. Nous avons de lui une lettre qu'il adressa à saint Augustin et qui commence en ces termes⁽⁴⁾ : *Augustin, mon frère, rendons grâces à Dieu à qui nous sommes redevables de tout ce qui nous cause de vraies joies.* Elle paraît avoir été écrite vers l'année 409. Nous avons aussi quelques lettres de saint Augustin à Sévère⁽⁵⁾. La dernière d'entre elles se termine ainsi : *Que le seigneur Dieu remplisse votre cœur, qu'il a créé lui-même avec ses aspirations si grandes et si saintes, ô bienheureux seigneur.* On croit que Sévère se rendit à Carthage pour la conférence, mais que la maladie le força de retourner chez lui. Voici, du moins ce que dit Alype à la conférence⁽⁶⁾, lorsqu'on y terminait l'appel des évêques catholiques : *Sévère,* dit-il, *a attendu longtemps, mais il vient de se retirer pour cause de maladie.* Sévère vécut cependant jusqu'en 425,

---

(1) Lib. III, XXXVIII.
(2) *Epist.* XXXI, IX, *in ps.* LXXXXV, n. 1.
(3) *Ép.* XXXVIII, 3.
(4) *Ép.* CIX.
(5) *Ép.* LXII, LXIII et CX.
(6) *Cogn.*, I, n. 215.

comme nous l'apprend saint Augustin, qui, l'année suivante, le 6 des calendes d'octobre, jour où il entretint les fidèles d'Hippone du choix qu'il avait fait d'Héraclius pour son successeur, parla ainsi de la mort de cet évêque[1] : *Comme l'a su votre charité, je me suis trouvé dernièrement dans l'Église de Milève, où m'avaient prié de venir nos frères et surtout les serviteurs de Dieu qui y demeurent, parce qu'on y craignait quelques troubles à la suite de la mort de Sévère, mon frère, de bienheureuse mémoire, et mon collègue dans l'épiscopat.* Sévère eut pour compétiteur Adéodat qui, à la conférence de Carthage, *fut un des sept mandataires des Donatistes.* Il y prit souvent la parole en leur faveur, comme le montrent les *Actes*.

BENENATVS. Il figure le cent quatorzième sur la liste des évêques de Numidie que le roi Hunéric, après la réunion de Carthage, en 484, envoya en exil avec tous leurs autres collègues.

RESTITVT. Il assista au concile de Constantinople de 553 et il y souscrivit en ces termes[2] : *Restitut, par la grâce de Dieu, évêque de la sainte Église catholique de Milève, ville de la province de Numidie, également.*

Plus tard, Milève a eu des évêques titulaires dont voici les noms :

Jean, vers l'an 1400 ;
Gerlatus Lœnius, en 1413 ;
Jean-Antoine Camillo, 6 octobre 1669 ;

---

(1) *Ép.* CCXIII, 1.
(2) Hard., III, p. 205.

Emmanuel DE SAINT-LOUIS, en 1672 ;

Hiacynthe DE FALDANNA, en 1675 ;

Jean-Ignace BLAVHOUSKY, en 1679 ;

Antoine JUSTINIEN? août 1701. Mais celui-ci peut appartenir à l'Église du même nom qui se trouvait en Sicile.

Caius-Asterius TOPPI, en 1728 ;

Denys MODINO, en 1750 ;

Thomas ODIFFA, 20 août 1843 ;

Marcel SPINOLA et MÆSTRE, 18 décembre 1880 ;

Jean BUTT, 18 décembre 1884.

CVIII. — MILIDIA.

On ne connaît pas, selon Hardouin, la position de la ville de Milidia. Il est certain, d'ailleurs, qu'elle ne se trouve sous ce nom dans aucun écrivain ancien, et comme il n'est connu que par l'unique exemplaire de la conférence de Carthage, il est permis d'y soupçonner une erreur. On doit cependant la distinguer de Milida et de Midili, car l'une et l'autre sont mentionnées dans la conférence et on y voit qu'elles étaient distinctes de Milidia.

LIBERALIS. Il était de la secte des Donatistes, parmi lesquels il assista, en 411, à la conférence de Carthage où il répondit à l'appel de son nom : *J'ai donné mandat* *et j'ai souscrit*. Mais il n'est nulle part question d'un évêque catholique de Milidia.

CIX. — MOXORI.

La *Notice* nous apprend que Moxori se trouvait en Numidie, mais elle est, du reste, inconnue. La *Table* de Peutinger seule indique une station nommée *Mova* et située entre Théveste et Vasampus, qui correspond à la moderne Morsot. Une inscription bien fruste de Thagaste semble mentionner un *ordo pagi Mo...* [1].

DOMNIN. Il figure le soixante-seizième parmi les évêques de la Numidie qui, sur l'ordre du roi Hunéric, se rendirent, en 484, à la réunion de Carthage. On fit subir à Domnin un dur exil, car, comme l'indique une note jointe à son nom, il fut condamné aux mines. Les gisements de minerais d'argent, de plomb, de cuivre, les carrières de marbre, ne sont pas rares dans l'Afrique du Nord et nous savons qu'à cette époque, mourut à Tanaramusa, dans la Maurétanie Césarienne, un évêque catholique dont nous ne connaissons pas le nom.

---

[1] *Eph. epig.*, V, n. 819.

CX. — MVLIA.

La *Notice* indique que la ville de Mulia était en Numidie. On peut l'identifier avec la petite ville berbère qui porte encore le nom de *Milia* et qui se trouve entre Milève et Chullu. Cette petite ville est assurément très ancienne et nous lui attribuons l'évêque

PEREGRINVS qui figure le cent neuvième parmi les évêques de Numidie qui, en 484, après la réunion de Carthage, furent condamnés à l'exil avec leurs autres collègues par le roi Hunéric.

CXI. — MVNICIPIVM.

Il y avait plus d'un municipe en Numidie, comme le prouve l'*Itinéraire* d'Antonin. Mais il semble que ce nom ait été donné à l'un d'entre eux αυτονομαστικωσ pour une raison quelconque et qu'il était suffisamment connu sans avoir besoin de surnom. Il est toutefois plus vraisemblable qu'il en eut un au commencement. lequel fut négligé dans la suite, car ce nom subit les mêmes influences que les mots Castellum, Aquæ et autres dont nous avons parlé précédemment.

VICTOR. Il figure le cinquante-sixième sur la liste des évêques de Numidie qui furent convoqués à Carthage, en 484, par un édit du roi Hunéric et furent ensuite, avec tous leurs collègues, envoyés en exil.

CXII. — MVTVGENNA.

Mutugenna, autrement *Mutugena* ou *Mutigena*, était une petite ville de Numidie, comme l'indique l'auteur d'un sermon, attribué par Vigner à saint Augustin, mais que l'on ne peut regarder comme son œuvre[1]. Valère, prédécesseur de saint Augustin, y est représenté gourmandant ainsi un diacre de Mutugenna[2] : *Que faites-vous ici? Pourquoi abandonnez-vous votre poste? Pourquoi ne travaillez-vous pas avec votre prêtre? Pourquoi préférez-vous Hippone à Mutugenna, à laquelle vous êtes attaché?* Et plus bas : *Votre église est celle de Mutiga et non pas la nôtre; c'est là et non pas à Hippone que votre nom est inscrit.* Mais cette ville ne paraît pas avoir été très peuplée, de catholiques du moins, et c'est pour cela sans doute que Rusticien se rendait souvent à la colonie voisine d'Hippone afin d'y avoir une société plus nombreuse. On lui fait en effet répondre à Valère, *qu'il n'était point né pour la solitude, qu'il avait embrassé la cléricature et non pas la vie monastique et qu'à Mutugenna il n'avait per-*

---

[1] Préf. *du Bened. de Saint-Maur.*
[2] *Serm. de rustic. diac.*, n. 4.

sonne dont il pût faire sa société. Je croirais volontiers que, au temps de Valère, ce siège épiscopal était occupé par un évêque donatiste, puisqu'on ne mentionne à Mutugenna qu'un prêtre catholique chargé du ministère sacré. Saint Augustin lui-même l'appelle une *villa*[1], à laquelle un évêque ne semble avoir été donné par les catholiques que lorsque les Donatistes en eurent eux-mêmes établi un de leur secte. Il résulte de ce que nous venons de dire que Mutugenna était dans le voisinage d'Hippone et du côté qui regarde l'orient, puisque, dans une autre direction, le diacre Rusticien aurait trouvé des villes bien plus rapprochées qu'Hippone. Or, dans cette direction orientale, à Aïn-Tella, chez les Beni-Mazzen, entre La Calle et Aïn-Draham, à cinq kilomètres au nord-est de Roum-es-Souk, on a trouvé l'inscription suivante qui paraît contenir le nom de Mutugenna[2] :

```
         PRO SALVTE DD DD NN NN
     DIOCLETIANI ET MAXIMIANI PERPETVORVM
    AVGG ET CONSTANTI ET mAXIMIANI NOBILIS
      SIMORVM CAESS TEMPLVM DEI MERCVRI
       VETVSTATE DELAPSum cultu ampl ISSIMO
       VNIVERSI SENIORES MV tu gen NENSIVM
     SVMTIBVS SVIS RESTITVERVNt et deDICAVERVNT
         ANNO FORTVNATIANI MAG. CVRATORES
                 M ACIDIVS PRIMVS
```

Nous ferons observer que le seul évêque connu de Mutugenna s'appelle Antoine, qu'il se trouvait à la conférence de 411, et, d'autre part, que Fussala devait être voisine de Mutugenna, que son évêque, en 411, était probablement cet Antoine qui causa tant de tracas à saint Augustin, mais

---

(1) *Ép.* CLXXIV, n. 7.
(2) *Eph. epig.*, VII, n. 422.

qu'il ne paraît point à la conférence avec le titre de Fussala et que peut-être il est le même qu'Antoine de Mutugenna.

ANTOINE. Il assista, en 411, avec les évêques catholiques, à la conférence de Carthage, dans laquelle on donna lecture de sa souscription. Il déclara qu'il avait un compétiteur donatiste en disant[1] : *J'ai contre moi Splendonius,* lequel s'avança alors et dit : *Je le connais.* Puis, répondant lui-même à l'appel de son nom[2] : *J'ai donné mandat,* dit-il, *et j'ai souscrit.*

CXIII. — NARACCATA.

Naraccata, autrement Naratcata, était, comme l'indique la *Notice*, une ville de Numidie. Les géographes ne nous ont rien laissé sur cette ville, mais on peut soupçonner qu'il est resté quelque chose de son nom à la grande tribu des Haractas dont le parcours s'étend entre Cirta et Théveste.

FORTVNATIEN. Il est porté le centième parmi les évêques de Numidie qui, en 484, après l'assemblée de Carthage, furent exilés avec leurs autres collègues par le roi Hunéric.

(1) *Cogn.*, I, n. 133.
(2) *Ibid.*, n. 208.

COLVMBVS. Il souscrivit au concile de Carthage convoqué par Boniface, en 525[1].

CXIV. — NASAÏ.

Nasaï pouvait être une bourgade de Numidie, une localité obscure dont nous ne connaissons qu'un évêque donatiste. Mais si ce nom est altéré, il serait facile d'y retrouver *Vasaïvi*, station militaire, située au pied méridional des monts Aurès, sur la rive gauche d'un petit ruisseau. Ce lieu, qu'on nomme aujourd'hui Aïn-Zoui, était occupé par un détachement de la huitième cohorte des Lusitaniens, corps de troupes auxiliaires de la troisième légion. Plusieurs monuments portent son nom de **STATIONIS VAZAIVITANÆ**[2], et les vestiges du christianisme y sont importants.

Le nom de la *civitas Nattabutum* de Ptolémée et de Pline offre aussi quelque ressemblance avec celui de Nasaï. Elle a été retrouvée à Oum Guerriguech dans les montagnes voisines de Cirta et de Calama[3].

LIBERALIS. Dans la conférence de Carthage, en 411, il est appelé *episcopus loci Nasaitani*. A l'appel, il répondit[4] : *J'ai donné mandat et j'ai souscrit; je*

---

(1) Hard., II, p. 1082.
(2) *Corpus*, n. 10718. — *Eph. epig.*, V, n. 665, 666.
(3) *Corpus*, n. 4824 et seq.
(4) *Cogn.*, I, n. 187.

n'ai point de compétiteur, je n'en ai jamais eu et, s'il plaît à Dieu, je n'en aurai pas. Ces paroles montrent combien il était attaché à ses Donatistes, qui alors étaient très nombreux en Numidie.

CXV. — NEBBI.

Nebbi, autrement Niba ou Nippi, était le nom d'une localité que la *Notice* place en Numidie. Victor de Tonnona dit dans sa chronique, à l'année 479, que le roi Hunéric exila une foule de catholiques à Tubunnæ, Macri et Nippæ. Or, les villes de Tubunæ et de Macra sont connues et il est probable que Nebbi se trouvait dans leur voisinage, à l'entrée du désert et dans le bassin du Hodna.

QVODVVLTDEVS de Nebbi était du parti des Donatistes, et siégea dans leurs rangs à la conférence de Carthage, en 411. A l'appel de son nom, il répondit[1] : *J'ai donné mandat et j'ai souscrit.* On ne voit pas qu'il ait eu un compétiteur catholique.

PAVL. Cet évêque est le huitième sur la liste des évêques de Numidie qui, en 484, se rendirent à l'assemblée générale de Carthage et furent ensuite chassés en exil avec leurs collègues des autres provinces, pour satisfaire,

(1) *Cogn.*, I, n. 197.

par leurs fatigues et leurs souffrances, la haine impie du roi arien. La note ajoutée à son nom montre qu'il mourut pour sa foi en exil.

CXVI. — NICIBA.

Hardouin place Niciba dans la Numidie, mais il ne dit pas sur quelle autorité. Il est vraisemblable cependant que c'était quelque bourgade inconnue de cette province, car nous ne lui connaissons qu'un seul évêque et c'est un donatiste. Ptolémée signale en Numidie, avec les Nattabutes et les Musulames, le peuple des Nisibes et le même auteur place la ville de Ucibi entre Thubursicum et Lambæsis.

IVSTVS. Il assista, en 411, à la conférence de Carthage. Il répondit à l'appel[1] : *J'ai donné mandat et j'ai souscrit*, et il ne fit aucune mention d'un évêque catholique. Nous avons parlé plus haut d'un évêque donatiste de Forma, nommé aussi Justus, lequel était resté malade en route et qui donna lieu à des réclamations au cours de la conférence. Il est presque certain que c'est le même personnage qui souscrivit deux fois, ainsi qu'il sera dit à l'article de Tigisi.

[1] *Cogn.*, I, n. 201.

CXVII. — NIGRÆ MAIORES.

Nigra Major, ou Nigræ Majores, était une ville distincte des Casæ Nigræ, dont il a été fait mention plus haut. A cette occasion, nous avons fait observer que la *Table* de Peutinger place une station dite *Ad Majores* sur la voie de Théveste à Lambæsis par le sud de l'Aurès. Les ruines de cette station portent aujourd'hui le nom de Besseriani et elles s'étendent au pied d'une montagne nommée encore djebel Drari Madjour, nom qu'elle a emprunté à la ville voisine. L'enceinte de la cité antique forme un polygone de mille mètres de développement. La citadelle était puissante. Les inscriptions montrent que la construction de la forteresse de Ad Majores remonte à l'époque de Trajan. Les souvenirs de l'époque chrétienne n'y sont pas rares. D'autre part, c'est un peu au nord de Ad Majores que se voit l'oasis appelée Negrin. Il est dès lors difficile de ne pas voir les *Nigrenses Majores* dans cette partie de la Numidie méridionale. Ajoutons qu'une tuile ou brique africaine, conservée à Palerme, porte l'inscription suivante [1] :

```
    CEL. NIGR. MAIOr
    L. MINICI. NATALIs
    EVLALVS. ACTOREIus
```

Or, la dédicace gravée sur la porte de l'est du castrum de Majores porte ce qui suit [2] :

[1] *Corpus*, n. 10962.
[2] *Corpus*, n. 10962.

IMP. CAEsAR DIVI *Nervæ f. nerva tr*AIANVS
AVGVSTVS GERMA*nicus dacicu*S POntifex
MAXIMVS TRIB POT V *iii c* OS V. P. *p. dedicante*
L. MINICIO NATALE L*eg.* lEG III AV*g. pr. pr.*

Nous ne connaissons qu'un évêque des Nigræ Majores, c'est :

LVCRVS. Il assista, dans les rangs des catholiques, à la conférence de Carthage, en 411. Après la lecture de sa souscription, il dit [1] : *J'ai l'unité*. A quoi le diacre Habetdeum de Carthage répondit : *Il a un prêtre*, c'est-à-dire un prêtre donatiste, car les évêques donatistes des villes voisines avaient l'habitude d'envoyer des prêtres là où ils n'avaient pu établir d'évêques. Ils s'efforçaient de retenir ainsi dans l'erreur, si faible qu'en fût le nombre, ceux qu'ils avaient trompés une première fois.

CXVIII. — NOVA BARBARA.

Le nom de cette ville, Nova Barbara ou Barbarorum, paraît venir de ce que ce lieu avait été concédé aux barbares et muni de défenses, ou fortifié précisément pour arrêter les incursions des barbares. Elle était située en Numidie, comme le démontre la *Notice*. Dans cette appellation, on a sous-entendu le mot *colonia* ou *civitas*. Il est

[1] *Cogn.*, I, n. 138.

probable que le terme *Nova* a été appliqué à cette ville pour la distinguer d'une *Barbara* plus ancienne. Nous avons parlé plus haut de *Babra* qui peut être une abréviation de Barbara, et ce nom peut provenir aussi d'un personnage nommé Barbarus. Il y a, non loin d'Hippone, des mines de cuivre qui portent aujourd'hui le nom de Aïn-Barbar. Il y aussi dans l'Aurès tout un canton parsemé de ruines romaines et qui a le nom de Beni-Barbar.

ADEODAT. La *Notice* le compte le vingt-sixième parmi ceux de la Numidie qui, en 484, après l'assemblée de Carthage, furent exilés par le roi Hunéric avec leurs autres collègues. A Henchir Kemellel, qui est dans la partie méridionale de la Numidie et non loin de Beni-Barbar, on a trouvé sur le chapiteau d'une basilique ces mots gravés[1] :

ADEVDATVS EPISCOPVS FECIT

CXIX. — NOVA CÆSARIS.

Nova Cæsaris ou Nova Cæsarea, d'après la *Notice,* se trouvait en Numidie. Elle devait son nom à un Empereur, comme Nova Barbara ou Nova Barbari pouvait devoir son nom à un personnage nommé Barbarus. Nous avons parlé

(1) *Corpus*, n. 10714.

plus haut d'une Cæsarea de Numidie. Nova Cæsaris était une localité distincte. L'*Itinéraire* d'Antonin place une station appelée Turris Cæsaris sur la voie de Cirta à Sigus. Turris Cæsaris se trouvait à quinze milles de Sigus. Comme nous l'avons fait remarquer à l'article de Cæsariana et de Cæsarea et comme nous le ferons observer encore à l'article de Vicus Cæsaris, plusieurs villes de Numidie avaient emprunté le nom de César.

VICTORIN. La *Notice* le nomme le trente et unième parmi les évêques de Numidie qui furent appelés à Carthage, en 484, et ensuite exilés par le roi Hunéric. Il est nommé Victorin de Noba Cæsaris entre les évêques de Noba Germania, Rusicade, Vazari et Tigillaba.

CXX. — NOVA GERMANIA.

Nous avons attribué plus haut la ville de Germania à la Numidie. C'est sans doute la raison pour laquelle une seconde ville du même nom fondée dans la même province, comme le prouve la *Notice*, fut appelée Nova Germania, ou Nova Germani, comme porte un manuscrit grec. C'est sous cette forme qu'elle est citée dans le centième canon du *Codex* de l'Église africaine, où il est fait aussi mention des *seniores* de cette ville. Nous ferons observer que le titre de Noba ou Nova peut se rapporter à la restauration d'une ville ancienne qui aurait été ruinée. D'autre part, les églises ou communautés catholiques avaient, comme les agglomérations civiles, leurs *seniores* qui répondaient peut-être à nos modernes fabriciens. Ce qui se passa en 407 montre assez que Nova Germania se trouvait dans le voisinage immédiat de Thubursicum Numidarum, car les *seniores* de cette ville portaient plainte contre Maurentius, évêque de Thubursicum, en l'an 407, au concile de Carthage et une commission d'évêques se rendit dans la même ville de Thubursicum pour régler l'affaire sur place[1]. Or, c'est précisément entre Thubursicum et Thibilis que se voient les ruines assez importantes de Bou-Atfan dont le nom ancien peut avoir été *civitas Nova Germania*, car une inscription qu'on y a découverte porte ce qui suit[2] :

```
.............
FLAMINALI.....
SATVRI EQVI FL..
AMONIVM C. N. C.
ITEM PRINCIPAT
CIVITATIS SVAE DO
NVM MERENTIBVS
CIVIBVS FORTVNAE
SIGNVM MARMVR
EVM DEDIT S. P. FILIVS
DEDICAVIT
```

On a lu également *civitas Nattabutum* qui est le nom d'un groupe voisin de ruines, dont nous avons parlé à l'article de Nasaï.

FLORENTIVS. Il est le vingt-huitième sur la liste des évêques qui se rendirent de la Numidie à l'Assemblée de Carthage, en 484, et furent exilés par ordre du roi Hunéric, à cause de leur profession de foi catholique.

---

(1) Hard., I, p. 919.
(2) *Corpus*, n. 4836.

CXXI. — NOVA SINNA.

La *Notice* place Noba Sinna, autrement Nova Sinna ou Senna, dans la Numidie, mais les géographes n'en disent rien. Ce nom pourrait venir de la famille des Sinnii dont la mention paraît souvent sur les monuments africains. Nous avons parlé ailleurs du municipe de Sinna, qui se trouvait dans la province Proconsulaire. Nous ferons observer encore ici qu'il y a sur la limite des deux provinces, chez les Oulad-Bou-Ghanem, entre Théveste et Naraggara, une antique forteresse nommée Kalât-Sennan. C'est une petite ville munie d'un mur d'enceinte et habitée par une misérable population indigène. Ce lieu, d'accès difficile, a servi de refuge depuis l'époque carthaginoise jusqu'à nos jours. On écrit aussi Kalât-Senân.

RESTITVT. Il assista, dans les rangs des évêques catholiques, à la conférence de Carthage, en 411. Après la lecture de sa souscription, il répondit[1] : *Je suis présent.* L'évêque donatiste Félix était présent aussi et dit : *Je le connais.* A son propre appel, il ajouta[2] : *J'ai donné mandat et j'ai souscrit.* Et comme il avait souscrit aussi pour Marcien d'Eminentiana qui s'était arrêté en chemin, lorsqu'on en vint au nom de ce dernier, il s'en expliqua ainsi[3] : *Comme il me l'a demandé en chemin, j'ai aussi souscrit pour lui.*

(1) *Cogn.*, n. 121.
(2) *Ibid.*, I, n. 187.
(3) *Cogn.*, I, n. 215.

CANDIDVS. Il est le quarante-huitième parmi les évêques de Numidie qui, sur l'ordre du roi Hunéric, se rendirent à l'assemblée générale à Carthage et furent exilés avec leurs collègues. Candidus mourut pour la foi en exil, comme l'indique la note jointe à son nom.

CXXII. — NOVA PETRA.

L'*Itinéraire* d'Antonin mentionne Nova Petra sur la voie de Lambæsis à Sitifis entre Diana et Gemellæ, à quatorze milles de Diana et à vingt-deux milles de Gemellæ, ce qui semble répondre aux ruines dites Henchir Encedda. Elle se trouvait aux confins de la Numidie, vers le sud-ouest. Cette localité semble être la même que celle qui est appellée Castellum Novæ Petræ dans les *Actes* du pseudo-martyr donatiste Marculus, publiés pour la première fois par Mabillon[1]. On y donne pour raison de cette appellation *qu'il appartenait par le nom et par le voisinage à une montagne abrupte formant précipice.* Ce serait du haut de cette montagne que Marculus aurait été précipité par ordre de Macaire que l'empereur Constant avait délégué pour pacifier l'Afrique. Mais, comme les Donatistes avaient recueilli son corps et l'avaient transporté à Nova Petra, où ils l'ensevelirent comme celui d'un martyr, dans un superbe tombeau, cette ville fut, dès lors, regardée

---

(1) *Analect.*, IV, p. 105.

comme un sanctuaire des Donatistes. Les *Actes* dont il est question montrent que ce Marculus était évêque de la secte. Ils le représentent même comme pontife suprême et envoyé comme légat auprès de Macaire avec d'autres évêques. Mais on n'ajoute pas de quelle église il était évêque et les *Actes* n'en disent rien, sinon qu'elle était située en Numidie. Nous parlerons, du reste, plus longuement dans les annales de ce faux martyr et de tout ce récit.

Mais aussi les mêmes *Actes* semblent indiquer que le Castellum Novæ Petræ se trouvait dans la région de Vegesela et de l'Aurès, car Marculus fut pris à Vegesela. Ils disent que le rocher d'où il fut précipité était *celsior mundo* et que le tombeau de Marculus fut un lieu de pèlerinage très fréquenté. Or, dans cette même région de Vegesela, près de Vazaïvi, à Henchir-el-Hadjedje, qui signifie le lieu des pèlerins, on a trouvé une inscription chrétienne qui commence par ces mots[1] : *Celsior qui dedit* et la dédicace d'une basilique qui porte ce qui suit[2] :

Justitiæ sedes, fidei domus, aula pudoris,
Hæc est quam cernit pietas, quam possidet omnis
Quæ Patris et Filii virtutibus inclita gaudet
Auctoremque suum Genitoris laudibus equat.

DATIVVS. Il était donatiste et assista, en 411, à la conférence de Carthage. Il répondit, à l'appel[3] : *J'ai donné mandat et j'ai souscrit*, et parla avec jactance de

---

(1) Chez M. le Curé de Tebessa.
(2) *Corpus*, n. 10698.
(3) *Cogn.*, I, n. 187.

son église : *Je n'ai point de compétiteur chez moi, dit-il, parce que là est saint Marculus, dont Dieu vengera le sang au jour du jugement.*

CXXIII. — NOVA SPARSA.

L'*Itinéraire* d'Antonin mentionne Nova Sparsa sur la voie de Lambæsis à Sitifis et la place entre Tadutti et Gemellæ, à trente-deux milles de Tadutti et à vingt-sept milles de Gemellæ, c'est-à-dire dans la même région que Nova Petra dont nous venons de parler. On a cru la retrouver dans les grandes ruines nommées Henchir-el-Atech où se voient les restes d'une grande basilique partagée en trois nefs et terminée par une abside. La *Notice* place aussi Nova Sparsa dans la Numidie. Cette ville devait peut-être son nom à ce que ses maisons étaient d'abord éparses dans la campagne. Plus tard elles formèrent une ville.

FÉLIX. Il figure le quarante-sixième sur la liste des évêques de Numidie que le roi Hunéric convoqua à la réunion de Carthage, en 484, et qu'il condamna à l'exil avec tous leurs autres collègues. Félix ne revit plus son église, loin de laquelle il mourut pour sa foi, comme l'indique la note jointe à son nom.

CXXIV. — NOVA.

Il y avait une ville du nom de Nova, sans épithète, dont l'évêque assistait, en 411, à la conférence de Carthage. Faut-il attribuer cet évêque à quelqu'une des villes dont nous avons déjà parlé ou dont nous parlerons plus tard, ou bien devons-nous l'attribuer à la Numidie et distinguer cette Nova des précédentes? Quoi qu'il en soit, la *Table* de Peutinger place la *Novæ Fusciani* entre Milève et Cuicul. La même *Table* annonce, comme nous l'avons dit à l'article de Moxori, une ville nommée Mova entre Théveste et Vasampus. Mova pourrait être une mauvaise leçon de Nova.

FÉLIX de Nova assista, en 411, à la conférence de Carthage, mais il fut un des vingt évêques qui donnèrent une adhésion tardive au mandat, lorsque deux cent soixante-six évêques catholiques l'avaient déjà formellement accepté. Il se présenta enfin et dit[1] : *Je consens et donne mandat.*

(1) *Cogn.*, I, n. 215.

CXXV. — OCTAVA.

Cette ville peut devoir son nom à un personnage nommé Octavius, ou bien à une distance de huit milles qui la séparait d'une autre ville. Saint Optat la nomme, en parlant de la cruauté des circoncellions que les Donatistes avaient armés contre les catholiques dans toute la Numidie. *Dans le lieu, appelé Octava*, autrement Octavia, dit-il, *plusieurs catholiques furent massacrés, un grand nombre furent décapités*[1].

VICTOR. Il assista au troisième concile que saint Cyprien réunit à Carthage sur la question du Baptême, en 255. Il donna son avis le soixante-dix-huitième parmi les évêques de Numidie et il fit connaître en ces termes qu'il était évêque depuis peu[2] : *Comme vous le savez, je ne suis pas évêque depuis longtemps, et c'est pour cette raison que j'ai voulu d'abord entendre l'avis de mes aînés.*

PASCENTIVS. Il est le trente-sixième parmi les évêques de Numidie qui, en 484, après la réunion de Carthage, furent exilés par le roi Hunéric avec leurs autres collègues.

[1] *De schism.*, III, 4.
[2] Hard., I, p. 167.

CXXVI. — PAVZERA.

Personne n'a parlé de ce bourg ou de cette ville et on ne connaît pas dans quelle province elle se trouvait. On peut l'attribuer à la Numidie, parce qu'elle a eu un évêque donatiste, lequel intervint pour un évêque de Numidie. Une dédicace, du règne de Sévère Alexandre, trouvée à Mesâd, ancien poste romain de la Numidie méridionale, sur l'oued Djedi, paraît mentionner les *milites N(umeri) P. Sev(eriani)*[1].

FLAVIEN. Il assista, en 411, avec ses collègues donatistes, à la conférence de Carthage et à l'appel de son nom il dit[2] : *J'ai donné mandat et j'ai souscrit*. Et il ne fut fait aucune mention d'un évêque catholique de Pauzera. C'est sans doute de Flavien qu'il s'agit quand Pétilien de Cirta[3] assura que les évêques Flavien et Donat étaient malades à Carthage. Ce même Flavien intervint au sujet du même Donat qui était évêque donatiste de Tigillava en Numidie, en disant qu'*il était retourné en chemin pour cause de maladie*[4]. Mais on ne voit pas comment cette assertion se concilie avec le dire de Pétilien.

(1) *Corpus*, n. 8795.
(2) *Cogn.*, I, n. 187.
(3) *Ibid.*, n. 201.
(4) *Ibid.*, n. 133.

CXXVII. — PRÆSIDIVM.

Il n'est pas douteux que le nom de *Præsidium* ne vienne d'un poste militaire, comme il fut nécessaire d'en établir souvent contre les incursions des barbares surtout dans le sud et dont il est fait mention plus d'une fois dans la *Table* de Peutinger. Celle-ci met en effet un Præsidium Silvani, en Byzacène; un Præsidium Diolèle, sur la frontière de la Byzacène et de la Numidie; un *Præsidium* Swadurusi, entre Diana et Zaraï dans la Numidie. Elle indique aussi sans épithète un *Præsidium* situé à cinquante milles des *Salinæ Tubunenses*, c'est-à-dire dans la Numidie méridionale et nous pensons que cette ville put avoir pour évêque

LÉONCE, qui était de la secte des Donatistes et assista avec eux, en 411, à la conférence de Carthage. A l'appel de son nom, il dit[1] : *J'ai donné mandat et j'ai souscrit*, mais sans rien ajouter d'un évêque catholique qui aurait été son compétiteur.

CXXVIII. — PVDENTIANA.

Le nom de la ville paraît avoir été emprunté à un personnage nommé Pudentianus, plutôt que Pudens. Elle était

(1) *Cogn.*, I, n. 208.

en Numidie, ce qui est hors de doute, d'après le témoignage de la *Notice* et celui de saint Grégoire. Le nom de *M. Pompeius Pudentianus vir egregius*[1] se lit dans une inscription de Thamugade.

MEMMIANVS, premier du nom; il vivait à la fin du IV° siècle, comme le montre assez clairement Aurèle de Macomades dans la conférence de Carthage. Car, lorsque le donatiste Cresconius, qui assista, en 411, à cette conférence, eut répondu à l'appel[2] : *J'ai donné mandat et j'ai souscrit, mais je n'ai point de traditeurs dans mon peuple, ni dans tout mon diocèse.* Aurèle dit : *Nous avions là l'évêque Memmianus, homme très vénérable; puis nous y avons ordonné un second Memmianus. Tous deux sont morts; nous allons en ordonner un autre.* Pour qui, dit alors Adéodat de Milève, mandataire des Donatistes? Aurèle lui répondit : *Ce n'est pas pour vous que nous l'ordonnerons, car les vôtres ont détruit les basiliques, ont enlevé les ornements de l'église et celui qui vient de parler a renversé quatre basiliques dans une seule localité.* L'intervention des évêques de Macomades et de Milève laisse supposer que Pudentiana se trouvait au centre de la Numidie et peu éloignée de Macomades.

MEMMIANVS, deuxième du nom. Il semble être décédé l'année même de la conférence qui commença en 411, aux calendes de juin, car on s'occupait alors de lui désigner un successeur, comme l'indiquent les paroles d'Aurèle : *Nous*

---

(1) *Corpus*, n. 2372.
(2) *Cogn.*, I, n. 201.

allons en ordonner un autre. Mais nous ne savons pas qui les catholiques opposaient à Cresconius.

PEREGRINVS. La *Notice* le cite le quarante-quatrième parmi les évêques de Numidie qui furent envoyés en exil par le roi Hunéric, avec leurs autres collègues, après la réunion de Carthage, en 484. L'annotation ajoutée à son nom indique que Peregrinus mourut pour la foi loin de son siège.

MAXIMIEN. Il gouvernait l'église de Pudentiana en 591, année où il fut accusé par ses diacres auprès de saint Grégoire le Grand de s'être laissé corrompre par l'argent des Donatistes et de leur avoir permis, par un abus sans exemple, d'ordonner un évêque[1]. C'est pourquoi saint Grégoire ordonna à Columbus de faire réunir un concile pour instruire toute cette affaire et de déposer Maximien, si son crime était prouvé.

CXXIX. — PVTIA.

Il y eut en Numidie, comme en Byzacène, une ville nommée Putia, comme nous l'apprend la *Notice*. Ce nom vient évidemment de Puteus ou Putei, qui étaient nombreux dans les provinces africaines, et qui le sont encore.

---

(1) Lib. II, *Ep.* XLVIII.

Nombre de localités portent aujourd'hui le nom de Bir, ou au pluriel Biar, sans épithète. On a trouvé à Rusicade une inscription qui porte ce qui suit[1] :

GEN. COL. PVT. AVG. SAC.

Il s'agit d'une colonie, mais il n'est pas sûr qu'il soit question de Putia plutôt que de Putput ou d'une autre ville.

FÉLIX. Il assista, en 411, parmi les Donatistes, à la conférence de Carthage où, à l'appel de son nom, il dit[2] : *J'ai donné mandat et j'ai souscrit*, sans ajouter aucune mention d'un compétiteur catholique.

GAVDENCE. La *Notice* le nomme le dix-septième parmi les évêques de Numidie qui furent envoyés en exil avec les autres évêques par le roi Hunéric, après la réunion de Carthage, en 484.

CXXX. — PVTIZIA.

Putizia peut être considérée comme une bourgade de Numidie, puisqu'on ne connaît d'elle qu'un évêque donatiste. Il semble que les Donatistes y avaient établi un

---

(1) *Corpus,* n. 7959.
(2) *Cogn.,* I, n. 204.

évêque pour accroître leur secte, car on ne connaît aucun évêque catholique de ce lieu.

FLORIANVS. Il assista, en 411, à la conférence de Carthage, dans laquelle sa souscription fut lue parmi les premières de ceux qui avaient signé le mandat. Elle était ainsi conçue[1] : *Florianus, évêque de Putizia, j'ai souscrit ce mandat.*

CXXXI. — REGIANA.

La *Notice* nous apprend que Regiana était située en Numidie. Nous savons que cette province avait eu ses rois propres et l'*Itinéraire* d'Antonin nous dit que, sur la route de Cirta à Lambæsis, à vingt milles de Cirta, il y avait une station nommée Ad Lacum Regium. Ce lac ne saurait être que la Sebkha-Djendeli, sur les bords de laquelle on voit s'élever le Medracen qui serait une sépulture des anciens rois de Numidie. D'autre part, la station dont nous venons de parler ne serait autre que Henchir-Takoucht. Sur les bords du lac, non loin de Gibba, on a trouvé une inscription qui porte[2] :

```
      IMP C L SEPTIMIO
      SEVERO PERTINA
      CI AVG ARABICO
```

(1) *Cogn.*, I, n. 149.
(2) *Corpus*, n. 4365.

```
    ADIABENICO P m
   TR P III IMP. V COs
   II PP EX HS CN CV
   RANTE POMPONIO
   FAVSTO AVREL F
   DD SOCRATEN PRO
   AVGG NN III REG
```

Une autre inscription, trouvée à Tassadan, entre Milève et Igilgili, contient le mot REGIAN [1].

D'autres villes de Numidie avaient le titre de *Regius*. Ainsi : Hippo-Regius, Villa Regia, et il est possible que l'évêque Fortunius de Regiana, dont nous allons parler, ait appartenu à quelqu'une de ces villes. Nous avons déjà fait observer que les évêques ne souscrivaient pas toujours avec leur titre entier, quand celui-ci était composé. Nous trouvons aussi, dans la *Table* de Peutinger, mention d'une bourgade appelée Basilica Diadumene, laquelle correspond à Henchir-Fegousia, au sud de Batna. Regiana, n'est que la forme latine de Basilica, qui est d'origine grecque.

FORTVNIVS. Il figure le quatre-vingt-onzième parmi les évêques de Numidie que le roi Hunéric, après la réunion de Carthage, en 484, exila avec tous leurs collègues.

Fortunius mourut pour sa foi dans le lieu de son exil, comme l'indique l'annotation ajoutée à son nom.

---

(1) *Corpus*, n. 8380.

CXXXII. — RESPECTA.

La *Notice* montre que Respecta se trouvait en Numidie et on peut supposer que c'était une position élevée, un lieu fortifié, qui servait d'observatoire et de refuge contre les incursions des barbares. Les indigènes ont encore dans leur langue des noms équivalents qu'ils ont donnés dans la même intention à plusieurs localités.

QVODVVLTDEVS. La *Notice* le nomme le soixante-dix-neuvième parmi les évêques de Numidie qui, s'étant rendus à la réunion de Carthage, en 484, furent envoyés en exil par ordre du roi Hunéric, avec tous les autres évêques de cette assemblée.

CXXXIII. — RESSIANA.

Ressiana était une ville de Numidie. C'est ce que nous apprend la *Notice*. Elle était dans le voisinage de Tacarata, de Lega et des Casæ Calanæ et peut-être faut-il la chercher au sud de Théveste, sur le territoire des Oulad-Rechaïch, qui, en partie du moins, prétendent être les descendants des anciens chrétiens. Leur nom, mis au pluriel, rappelle quelque peu celui de Ressiana.

OCTAVIEN. Il assista, en 411, à la conférence de Carthage, où, à l'appel de son nom, après avoir répondu qu'*il était présent*, il ajouta[1] : *J'ai l'unité*. Il semble cependant avoir été le premier évêque de Ressiana, car un peu auparavant, le donatiste Verissimus de Tacarata, s'était plaint en ces termes des catholiques[2] : *Ils sont quatre au milieu de mon peuple, Dacien* (de Lega), *Aspidius* (de Tacarata), *Fortunat* (des Casæ Calanæ) et *Octavien* (de Ressiana). Un d'eux, Aspidius, était évêque des catholiques de Tacarata. Les autres avaient été opposés aux Donatistes après que ceux-ci eurent commencé à augmenter le nombre de leurs évêques.

VIGILE. Il figure le trente-quatrième parmi les évêques de Numidie, qui, après la réunion de Carthage, en 484, furent, avec les autres évêques, condamnés à l'exil par le roi Hunéric. La note ajoutée à son nom indique que Vigile mourut pour sa foi loin de son siège.

CXXXIV. — ROTARIA.

Cette ville est appelée *Rotarium* par saint Optat et *Rotaria* par saint Augustin. Elle se trouvait en Numidie d'où étaient tous les évêques qui prirent part au concile de

---

[1] *Cogn.*, I, n. 126.
[2] *Ibid.*, n. 121.

Cirta sous Secundus de Tigisi. L'*Itinéraire* d'Antonin, décrivant la roûte de Thamugade à Cirta, met la station *Ad Rotam* à trente milles de Thamugade et à vingt milles de *Ad Lacum Regium*, lequel était lui-même à vingt milles de Cirta. Quant au sens de Rotarium, il est déterminé par une borne milliaire des environs de Milève. On y lit[1] :

> EX AVCTORITATE
> IMP CAES T AELI HA
> DRIANI ANTONINI
> AVG PII PP VIA A MILE
> VITANIS MVNITA EX
> INDVLGENTIA EIVS DE
> VECTIGALI ROTARI
> II

Un débris d'une autre borne milliaire trouvée à Henchir-Loulou, entre Macomades et Thibili, porte[2] :

> ROTAR
> COS PP
> RR CR
> C M

Non loin de là, à Henchir-Temlouka, on aurait lu également le nom de Rotaria sur un monument[3].

FÉLIX. Saint Optat le met au nombre de ceux qui, lors de la persécution de Dioclétien contre les chrétiens, *livrèrent sacrilègement les livres de la loi divine*[4]. Il assista

---

(1) *Corpus*, n. 10327. — Cf., n. 10328.
(2) *Ann. Const.*, 1891, p. 365.
(3) *Corpus*, n. 10159. — Cf., n. 10293.
(4) *De schism.*, I, 14.

aussi, en 305, au concile de Cirta. Il y répondit à Secundus de Tigisi, qui lui demandait ainsi qu'à deux autres, après que les évêques présents eurent avoué leur crime : *Que vous en semble-t-il*[1]*? C'est à Dieu qu'ils en rendront compte*, répondirent-ils. Secundus adopta leur sentiment et les ayant tous absous, il leur dit : *Vous savez ce qui en est et Dieu aussi; asseyez-vous.*

VICTOR. Il était de la secte des Donatistes, parmi lesquels il assista, en 411, à la conférence de Carthage où, à l'appel de son nom, il dit[2] : *J'ai donné mandat et j'ai souscrit; je n'ai point de compétiteur*. Mais pourquoi n'en avait-il point? C'est ce qu'explique Aurèle de Macomades : *Nous avions là*, dit-il, *un évêque; vous l'avez tué, et vous avez pris sa place.* A quoi Adéodat, mandataire des Donatistes, répondit : *Il dit que cet évêque a été tué; qu'il accuse le coupable, qu'il le fasse connaître et poursuivre!* Aurèle alors lui objecta un autre crime : *Et ils ont rebaptisé*, dit-il, en montrant du doigt Simplicius de Thibilis, *cet évêque qui est un vieillard de 90 ans.* Puis Victor d'Ajura, autrement dit d'Azura, prit ainsi la parole : *Il dit n'avoir point de compétiteur; j'ai là une église, vous le savez bien.* De ceci, il résulte encore que Rotaria était dans la région de Macomades, de Thibilis et d'Ajura.

---

[1] Aug., *Contr. Cresc.*, III, 27.
[2] *Cogn.*, I, n. 187 et 188.

CXXXV. — RVSICADE.

Rusicade est une ville connue de la Numidie. Elle est appelée colonie dans la *Table* de Peutinger et les monuments épigraphiques lui confirment ce titre[1] :

```
      GENIO COLONIAE
     VENERIAE RVSICADIS
          AVG. SACR.
      M. AEMILIVS BALLATOR
    PRAETER. HS. X. M. N. QVAE IN
     OPVS CVLTVMVE THEATRI
     POSTVLANTE POPVLO DE
     DIT STATVAS DVAS GENI
      VM PATRIAE N ET ANNO
     NAE SACRAE VRBIS SVA
       PECVNIA POSVIT. AD.
       QVARVM DEDICATIO
       NEM DIEM LVDORVM
      CVM MISSILIBVS EDIDIT
             L D D D.
```

La colonie de Vénéria-Rusicade était le port de Cirta et on en exportait des grains pour l'alimentation de Rome. Elle faisait, en effet, partie de la confédération Cirtésienne, comme le prouve avec beaucoup d'autres textes, le milliaire suivant[2] :

```
        ex auctTORITATE.
     IMP. CAESARIS. TRAIANI.
     HADRIANI. AVGVSTI. VIAE.
        NOVAE. RVSICADENSIS.
       R. P. CIRTENSIVM. M.
             CONSTITVIT.
              P. M. VI
```

(1) *Corpus*, n. 7960. — Cf., n. 7969, 7975, 10484.
(2) *Ibid.*, n. 10296.

Les greniers publics de Rusicade existaient encore au temps de Valentinien, comme le montre la dédicace qui suit[1] :

```
    PRO. MAGNIFICENTIA. TEMPORVM
      PRINCIPVM MAXIMORVM. DOMI
     NORVM. ORBIS. VALENTINIANI. ET
    VALENTIs. SEMPER. AVGG. HORREA
     AD. SECVRITATEM. POPVLI. ROMANI
    PARITER. AC. PROVINCIALIVM. CON
       STRVCTA. OMNI. MATVRITATE
       DEDICAVIT. PVBLIVS. CAEIONVS.
       CAECINA. ALBINVS. V. C. CONS.
           SEXF. P. N. CONS
```

Pomponius Mela plaçait Rusicade près d'Hippone-Royale et de Thabraca. Pline et l'*Itinéraire* d'Antonin la citent après le municipe de Chullu, c'est-à-dire à l'est de cette ville. Rusicade avait conservé son nom ancien légèrement défiguré sous la forme de Ras Skikda. Elle était complètement ruinée jusqu'au moment où la France l'a fait sortir de ses ruines et lui a donné le nom de Philippeville. L'étendue et la magnificence de ces ruines attestaient le rôle qu'a dû jouer autrefois Rusicade. Aujourd'hui, il ne reste rien de son amphithéâtre, mais on reconnaît un théâtre, des citernes, une prise d'eau, le tracé de l'enceinte murale, les restes d'une basilique qui s'élevait sur la place actuelle de l'église et dont le pavement en mosaïque recouvrait la tombe d'un évêque qui avait fait construire le monument en l'honneur de la martyre Digna.

Les monuments retrouvés à Rusicade sont nombreux et importants. Un magnifique sarcophage en marbre offre la représentation du Bon Pasteur et des vases remplis de

---

(1) *Eph. epig.*, V, n. 907.

pains ou de fruits et de raisins, symbole de l'Eucharistie. L'épitaphe gravée sur le sarcophage dit[1] :

```
    VAN
    DIA
    PRO
    CVLA
    HSE
```

Une autre épitaphe contient ce qui suit[2] :

```
            B M
      HIC REQVIESCIT
      IN PACE CORPVS
      CLARISSIMA FEMI
      NA QVE VIXIT AN
      PLVS MINVS LXXV
      DEPOSITA DIE VIIII
      IVNIAS CONSECRAVIT
            DOMVS
            ETERNA
```

Une plaque de marbre porte l'invocation suivante[3] :

```
      BONO ISPIRI
      TO MARINIANI
      DEVS REFRIGE
            RET
```

Nous connaissons les évêques suivants de Rusicade :

VERVLVS. Il assista au troisième concile que saint Cyprien tint à Carthage, en 255, sur la question du Bap-

---

(1) *Corpus*, n. 8189.
(2) *Ibid.*, n. 8186.
(3) *Ibid.*, n. 8191.

tême et il y donna son sentiment le soixante-dixième. Il est appelé *Martyr de schismaticis*, de sorte qu'il pourrait être celui dont il est fait mémoire avec d'autres dans les martyrologes latins le 9 des calendes de mars, mais dans quelques-uns on lit qu'ils consommèrent leur martyre à Hadrumète, et dans d'autres simplement en Afrique. Quant à ce que dit le martyrologe romain que ces martyrs se rapportent aux temps des Vandales, cela est contraire à tous les anciens manuscrits, comme l'a montré Sollier[1].

VICTOR. Il appartient à l'année 305, époque où il assista au concile de Cirta et fut accusé d'avoir, par crainte des édits de Dioclétien, livré les saintes Écritures. Secundus de Tigisi qui présidait ce concile et s'était déshonoré par le même crime, interrogea Victor en ces termes[2] : *On dit que vous avez livré les quatre Évangiles.* A quoi Victor répondit : *C'est la faute de Valentinien le curateur; il m'a forcé lui-même de les jeter dans le feu. Je savais qu'ils étaient destinés à périr. Pardonnez-moi cette faute, et Dieu me la pardonnera aussi.* Secundus dit alors : *Passez de l'autre côté.* Ces détails sont confirmés par saint Optat[3], qui met Victor au nombre des premiers traditeurs.

NAVIGIVS. Il convient de le placer sur le siège de Rusicade au cours du IVe siècle; car ce fut lui qui érigea la basilique dont nous parlions plus haut en l'honneur de la martyre sainte Digna. Il fut enseveli dans cette basilique et ses restes y reposèrent jusqu'à ces derniers

---

(1) *In Usuard. ad diem*, 21 febr.
(2) Aug., *Contr. Cresc.*, III, XXVII.
(3) *De schism.*, I, 13.

temps sous la mosaïque. La tête de l'évêque était appuyée sur une tuile et une épitaphe métrique tracée en mosaïque disait de lui ce qui suit[1] :

```
MAGNA QVOD ADSVRGVNT SACRIS
         FASTIGIA TECTIS
QVAE DEDIT OFFICIIS SOLLICITVDO PIIS
   MARTYRIS ECCLESIAM VENERAN
         DO NOMINE DIGNAE
    NOBILIS ANTISTES PERPETVVS
            QVE PATER
     NAVIGIVS POSVIT CRISTI LE
          GISQVE MINISTER
  SVSPICIANT CVNCTI RELIGIONIS OPVS
```

FAVSTINIEN. Il se rendit à Carthage, en 411, pour la conférence. Mais le jour où elle commença, il était absent pour cause de maladie. C'est ce qu'Alype de Thagaste, un des sept mandataires des catholiques, attesta en ces termes[2] : *Faustinien, dit-il, évêque de Rusicade, est ici, dans la ville, mais il est malade.* Mais son compétiteur donatiste, nommé Junior, était présent et, à l'appel de son nom, il répondit[3] : *J'ai donné mandat et j'ai souscrit,* sans rien dire de Faustinien.

QVINTILIEN. Nous croyons devoir attribuer cet évêque à Rusicade pour la raison suivante. Saint Augustin écrit vers l'an 425, à un évêque de ce nom[4], pour lui recommander une noble veuve, nommée Galla, et sa fille, une sainte religieuse, appelée Simpliciola. Le saint évêque leur avait confié des reliques du glorieux martyr saint Étienne.

---

(1) *Bullet. corr. Afric.*, 1885, p. 529.
(2) *Cogn.*, I, n. 215.
(3) *Cogn.*, I, n. 198.
(4) *Ép.* CCXII, *Édit. Vivès.*

Or, parmi les monuments de Rusicade nous en trouvons qui signalent en cette ville l'existence de la famille dont il s'agit[1] et nous pouvons, sans trop de présomption, en conclure que Quintilien était évêque de Rusicade et même que cette ville posséda un sanctuaire de Saint-Étienne.

EVSÈBE. Il est le trentième parmi les évêques de Numidie, qui, en 484, se rendirent à l'assemblée de Carthage et furent ensuite exilés par le roi Hunéric. C'est par la faute des copistes que le manuscrit de la *Notice* l'appelle Eusèbe de Suzicazia.

CXXXVI. — RVSTICIANA.

Nous avons mentionné un diocèse de Macomades Rusticiana, mais la localité dont il s'agit ici, est appelée simplement Rusticiana et appartenait à la Numidie, comme cela est certain par la *Notice*. Cependant, si l'on excepte la *Table* de Peutinger, qui porte une ville du nom de Rusticus, dans la région de Madaure, comme nous l'avons dit à l'article de Macomades Rusticiana, les géographes ne disent rien qui la concerne.

LÉONCE. Il était de la secte des Donatistes et assista avec eux, en 411, à la conférence de Carthage, où il

---

(1) *Corpus*, n. 7986, 7987.

répondit à l'appel [1] : *J'ai donné mandat et j'ai souscrit; je n'ai point de compétiteur*. Mais un évêque catholique, Térence de Seleuciana, accusa Léonce en ces termes : *Il rebaptise ceux qui viennent du Donatisme; il a été rebaptisé lui-même et c'est ainsi qu'il a été ordonné*.

DONAT. La *Notice* le cite le soixante et unième sur la liste des évêques de la Numidie qui se rendirent à la réunion de Carthage, en 484, et exilés ensuite par le roi Hunéric durent quitter le pays avec tous leurs autres collègues.

CXXXVII. — SELEVCIANA.

Les géographes ne nous disent rien d'une *Seleucia* africaine. Son existence est cependant certaine et la *Notice* montre qu'elle était située en Numidie. Saint Augustin adressa une de ses lettres [2] à une servante de Dieu, nommée *Seleuciana*. Il faut remarquer cette forme Seleuciana si fréquente pour les autres noms de villes, tels que Rusticiana, Ressiana, Regiana, Pudentiana, etc. A cette même époque les noms propres d'hommes et de femmes ne sont souvent que des diminutifs.

TÉRENCE. Il assista parmi les évêques catholiques à la conférence de Carthage, en 411. Son compétiteur donatiste,

---

[1] *Cogn.*, I, n. 198.
[2] *Ép.* CCLXV.

Messianus, l'entendant nommer, se présenta et dit[1] : *Je le connais.* Et quand il fut lui-même appelé, il répondit[2] : *J'ai donné mandat et j'ai souscrit.*

PROFICIVS. Il figure le cent seizième sur la liste des évêques de Numidie que le roi Hunéric expulsa avec leurs autres collègues, après les avoir réunis à Carthage, en 484. L'annotation ajoutée à son nom indique que Proficius mourut pour sa foi en exil.

CXXXVIII. — SIGVS.

Sigus était une ville de Numidie, située entre Macomades et Cirta, à vingt-huit milles de Macomades, à vingt-cinq milles de Cirta, à trente-trois milles de Gadiaufala et à quinze milles de Turris Cæsaris, comme le marque l'*Itinéraire* d'Antonin. La synonymie de Sigus et de Bordj-Ben-Zekri est assurée par plusieurs documents épigraphiques dont nous citerons les deux suivants. Le premier nous donne l'ethnique[3] :

```
        HERCVLI
          SAC
        D D  P P
      SIGVITANORVM
```

(1) *Cogn.*, I, n. 121.
(2) *Ibid.*, n. 198.
(3) *Corpus*, n. 5694. — Cf., n. 5693, 5699 et 5701.

Le second nous offre le nom propre de la ville[1] :

VICTORIAE AVGVSTAE
SACRVM
CVLTORES. QVI.
SIGVS. CONSISTVNT

Un autre texte prouve qu'il y avait à Sigus des *cultores cararienses*[2]. Sigus était un centre agricole, un simple *pagus*[3], dépendant de la colonie de Cirta. Toutefois l'étendue de ses ruines atteste son importance. Elle eut, du reste, plus tard, le titre de municipe[4]. C'était en même temps un poste militaire que le nom actuel nous rappelle assez bien.

Il commande à un défilé et est la clef des routes de Théveste et de Mascula.

CRESCONIVS. Cet évêque était donatiste et il assista, avec ceux de son parti, à la conférence de Carthage, en 411. Après avoir déclaré, en répondant à l'appel, qu'*il avait donné mandat et souscrit,* il ajouta[5] : *Je n'ai pas de compétiteur et puissé-je n'en avoir jamais!* Il attesta ensuite qu'il avait signé aussi pour l'évêque de Tigisi, retenu par la maladie et absent[6]. Tigisi est, en vérité, voisine de Sigus.

VICTOR. Il est mentionné le dix-huitième sur la liste des évêques de Numidie, qui, convoqués à Carthage, en

---

(1) *Corpus*, n. 5695.
(2) *Ibid.*, n. 10857.
(3) *Ibid.*, n. 5693, 5705. 10860.
(4) *Ibid.*, n. 5704.
(5) *Cogn.*, I, n. 197.
(6) *Ibid.*, n. 209.

484, par le roi Hunéric, furent, après leur réunion, tous chassés en exil avec leurs autres collègues. Au reste, Victor est dit évêque de Suggus qui peut fort bien être distincte de Sigus.

CXXXIX. — SILA.

La *Notice* nous apprend que Sila était située en Numidie. On l'a retrouvée près du Fedj Sila. Les ruines de Sila s'étendent un peu au sud de la Zaouïa de Sidi-el-Abbassi, non loin du village appelé Kheroub, à trente-deux kilomètres au sud-sud-est de Cirta. Un dé d'autel qui y a été découvert porte ce qui suit[1] :

```
IOVI. OPTIMO. MAXIMO
RES. PVB. SILENSIVM.
DECRETO. DECVR. SVA. P. F.
IDEMQ. DEDICAVIT.
```

Une borne milliaire, encore en place, détermine, d'autre part, la vraie position de Sila. Elle porte au bas[2] :

```
R. P. SILENSIVM
XIII
```

(1) *Ann. Const.*, 1891, p. 317.
(2) *Corpus*, n. 10295.

Sila est à dix kilomètres de Sigus, sur une colline, entre deux ravins alimentés par deux sources abondantes. Là était, d'après une inscription, l'origine du fameux Amsaga, *Caput Amsagæ*. Un rempart entourait la ville de Sila et un fort byzantin la protégeait.

DONAT. Il est le quatre-vingt-douzième sur la liste des évêques de Numidie que le roi Hunéric exila, en 484, avec leurs autres collègues, après les avoir appelés à la réunion de Carthage.

CXL. — SILEM-SILA.

Silem-Sila ne devait pas être éloignée de Sila et de Macomades, si nous nous en rapportons aux *Actes* de la conférence et au nom que porte cette ville. L'*Itinéraire* d'Antonin mentionne une station dite *Ad Villam Selæ* entre Cirta et Rusicade, à trente-sept milles de Cirta et à trente milles de Rusicade.

CRESCONIVS. Il était de la secte des Donatistes et il assista dans leurs rangs à la conférence de Carthage, de 411. Après avoir répondu à l'appel[1] : *J'ai donné mandat et j'ai souscrit,* il ajouta : *Je n'ai pas de traditeurs dans*

---

(1) *Cogn.*, I, n. 201, 202.

mon peuple. Mais Aurèle de Macomades lui répondit : *Nous avons un prêtre qui s'y trouve*. Alors Adéodat de Milève, mandataire des Donatistes, répartit : *Vous dites qu'il s'y trouve ! En voulant ainsi disséminer partout vos prêtres, vous paraissez occuper avec nous tous les lieux où il y a des chrétiens*. Or, ces deux évêques étaient de la Numidie et ils paraissent surtout être intervenus dans la discussion parce qu'il s'agissait d'une ville de cette province.

CXLI. — SILLI.

Silli, ou Silili comme l'indique la *Notice*, appartient aussi à la Numidie, mais elle est restée inconnue.

FAVSTIN. Il assista comme catholique à la conférence de 411. Il répondit à l'appel de son nom[1] : *Je suis présent*. Son adversaire, Possidius, autrement Possidonius, dit alors : *Je le connais*. Appelé à son tour, il ajouta[2] : *J'ai donné mandat et j'ai souscrit*. Les variantes de noms pour les sièges et pour leurs titulaires ne sont pas rares dans les manuscrits.

MAXIME. La *Notice* l'inscrit le cinquante-quatrième parmi les évêques de Numidie qui se rendirent à la réunion

---

(1) *Cogn.*, I, n. 128.
(2) *Ibid.*, n. 197.

de Carthage, en 484, et furent ensuite exilés par ordre du roi Hunéric. L'annotation ajoutée au nom de Maxime prouve qu'il mourut pour la foi, loin de son siège.

CXLII. — SISTRONIANA.

Sistroniana était une ville de la Numidie, comme l'indique la *Notice,* mais son nom est inconnu. Les auteurs anciens n'en font aucune mention, à moins que Sistroniana ne soit dissimulée sous le nom de Numituriana, que la *Table* de Peutinger place sur la voie de Cirta à Milève.

ADÉODAT. Il est le soixante-quatrième sur la liste des évêques de Numidie que le roi Hunéric convoqua en assemblée à Carthage, en 484, et condamna ensuite à l'exil avec leurs autres collègues. Une note ajoutée au nom d'Adéodat montre qu'il mourut pour la foi, loin de son siège.

CLXIII. — SVAVA.

La *Notice* attribue Suava, autrement Suaba, à la Numidie. C'est d'ailleurs une ville restée jusqu'ici inconnue.

LITORIVS. Il fut du nombre des évêques catholiques présents, en 411, à la conférence de Carthage. Après la lecture de sa souscription, il dit de son église[1] : *L'unité y existe ; elle est tout entière catholique.* Habetdeum, le diacre donatiste, ne le nia pas et déclara nettement : *Nous n'y avons personne.*

FÉLIX. Il est porté le quatre-vingt-seizième sur la liste des évêques de Numidie qui se rendirent à Carthage, en 484, pour l'assemblée convoquée par le roi Hunéric, et furent ensuite exilés avec leurs autres collègues.

CLXIV. — SVLLI.

Les géographes ne parlent point de Sulli, que nous ne pouvons confondre avec la Sululi de la Proconsulaire ni avec la Suliana de la Byzacène. Nous l'attribuons à la Numidie.

HILARVS. On le trouve parmi les Donatistes, qui, en 411, assistèrent à la conférence de Carthage. A l'appel de son nom, il répondit[2] : *J'ai donné mandat et j'ai souscrit*, sans rien ajouter d'un évêque catholique.

---

[1] *Cogn.*, I, n. 133.
[2] *Ibid.*, I, n. 201.

CXLV. — SVMMA.

Summa, qu'on écrit aussi Zumma et Tuzumma, était une ville de la Numidie; mais les géographes n'en parlent pas. On a signalé sur un versant du Chettaba, non loin de Cirta, les restes d'un municipe et dans ce même parage le nom de Zemma. Du reste, le mot Soumâ, qui signifie tour et monument, se rencontre souvent en Numidie. Summa est connue par les lettres de saint Augustin, dans lesquelles il est fait fréquemment mention de l'évêque de Summa, Primat de Numidie[1].

SILVAIN. On lit souvent le nom de cet évêque en tête des lettres écrites à partir de 411, par les évêques catholiques, après la conférence de Carthage. Son nom suit immédiatement celui d'Aurèle de Carthage, après lequel il signe en ces termes[2] : *Silvain,* SENEX *de l'Église de Summa,* ou encore[3] : *Silvain, primat de la province de Numidie, j'ai souscrit.* Il assista à la conférence dans laquelle, à l'appel de son nom, il répondit *être présent*[4]. Il avait pour compétiteur un donatiste, nommé Félix, et, comme on s'enquérait de lui, Adéodat de Milève, mandataire des Donatistes, dit[5] : *Félix, évêque de Zemma, de notre communion, qui est l'adversaire*

---

(1) *Ép.* CXXVIII, CXXIX, CXLI.
(2) Aug., *Ép.* CXXVIII, n. 4.
(3) Aug., *Ép.* CXXIX, n. 7.
(4) *Cogn.*, I, n. 99.
(5) *Ibid.*, n. 114.

de Silvain, est malade. Puis, lorsqu'on fit l'appel des évêques donatistes, à l'appel de *Félix, évêque de Zumma*, quelqu'un s'avança et dit[1] : *J'ai donné mandat et j'ai souscrit*. Alors Fortunatien de Sicca répartit : *Il faudrait nous dire comment Félix, quoique absent, a pu souscrire*. D'où naquit une vive discussion dans laquelle intervinrent Adéodat de Milève, Alype de Thagaste, Possidius de Calama, et Pétilien de Cirta. On découvrit la fraude des Donatistes que ceux-ci prétendirent être une erreur et non une tromperie.

CXLVI. — TABVDA.

La *Notice* place Tabuda dans la Numidio. La *Table* de Peutinger met Thabudæos, qui est la moderne Thouda, près Sidi-Okba, à vingt-trois milles de Badias et à vingt-quatre milles de Gemellæ. C'est peut-être la Thubutis de Ptolémée. Thouda est située à douze milles à l'est de Vescera. C'était un poste militaire, bien placé au débouché de l'oued Abiodh, et les ruines qui restent de cette ville témoignent de son importance.

VICTORIN. Il assista, en 411, parmi les catholiques, à la conférence de Carthage, et, après la lecture de sa

---

(1) *Cogn.*, I, n. 198, 199, 200, 201.

souscription, il ajouta [1] : *J'ai pour adversaire Argutus.* Et ce dernier dit : *Je le connais*. Puis, à son appel parmi les Donatistes, il répondit [2] : *J'ai donné mandat et j'ai souscrit*. Gorgonius de Liberalia étant malade le jour où les évêques catholiques avaient signé le mandat, il avait chargé Victorin dont nous parlons maintenant, de souscrire pour lui [3].

FLVMINIVS. La *Notice* le nomme le quarante-deuxième sur la liste des évêques de Numidie que le roi Hunéric exila avec tous leurs autres collègues après la réunion de Carthage, en 484.

Nous avons placé Liberalia dans la Numidie, et dès lors il convenait d'attribuer l'évêque Victorin à la Tabuda de la même province, quoique nous ayons lieu de croire qu'il y avait aussi une Tabuda dans la province Proconsulaire. En effet, une inscription conservée à la Goulette, porte ce qui suit [4] :

```
        IMP. CAES.
     P. LICINIO. VALERI
      ANO. PIO. FELICI
      INVICTO. AVG. P.
    MAX. TRIB. POT. V. COS
   III. P. P. PROCOS. ORDO
      DECVRIONVM TABu
     DENSIVM. FECERVNT
```

Mais si Liberalia se trouvait dans la Proconsulaire, ce qui est possible, c'est à cette Tabuda qu'il faut attribuer l'évêque Victorin.

[1] *Cogn.*, I, n. 133.
[2] *Ibid.*, n. 201.
[3] *Ibid.*, n. 133.
[4] *Corpus*, n. 1124.

CXLVII. — TACARATA.

La *Notice* place Tacarata dans la province de Numidie. Elle était voisine de Lega, des Casæ Calanæ, de Ressiana, probablement au sud-ouest de Théveste, au pied des monts Aurès et peut-être dans la plaine de *Cart* ou *Guert* qui est parsemée de ruines romaines.

ASPIDIVS. Il assista, en 411, à la conférence de Carthage, et, à l'appel de son nom, il répondit[1] *qu'il était présent.* Mais son adversaire, le donatiste Verissimus, était présent aussi et dit : *Je le connais.* Puis, il ajouta : *Ils sont quatre au milieu de mon peuple : Dacien* (de Lega), *Aspidus* (de Tacarata), *Fortunat* (des Casæ Calanæ), et *Octavien* (de Ressiana). Ils avaient été établis pour s'opposer à la licence des Donatistes, par les évêques catholiques dans les bourgs dépendant de Tacarata, c'est-à-dire que, avec Aspidius qui était évêque de cette ville, il y avait les évêques dont nous venons de donner les noms.

CRESCENTIVS. La *Notice* le cite le cent treizième parmi les évêques de Numidie qui, après la réunion de Carthage, en 484, furent exilés par le roi Hunéric, avec le reste des évêques.

[1] *Cogn.*, I, n. 121 et 198.

CXLVIII. — TANVDAÏA.

Tanudaïa est peut-être la ville que Ptolémée appelle Tanontada. Nous l'attribuons à la Numidie parce qu'elle n'a qu'un évêque donatiste.

DONAT. Il assista, en 411, parmi les Donatistes, à la secte desquels il appartenait, à la conférence de Carthage où, à l'appel de son nom, il dit [1] : *J'ai donné mandat et j'ai souscrit.*

CXLIX. — TARASA.

Tarasa, autrement Tharasa, était en Numidie, comme nous l'apprend la *Notice*. Une inscription, découverte à Aïn Soltan, au sud de Bou Saada, dans la Numidie méridionale, et dédiée à l'empereur Marc-Aurèle, montre que la ville antique qui existait en cet endroit portait le nom de Col(onia) Th(arasa)?[2] Il y avait, comme nous avons dit, un autre diocèse de Numidie qui s'appelait Giru Tarasi.

---

[1] *Cogn.*, I, n. 197.
[2] *Corpus*, n. 8781.

ZOSIME. Il donna son avis le cinquante-sixième au concile de Carthage, en 255, le troisième de ceux que tint saint Cyprien sur la question du baptême [1].

CRESCONIVS. La *Notice* le cite le cinquante-troisième sur la liste des évêques de Numidie qui, après la réunion de Carthage, en 484, furent avec leurs collègues, envoyés en exil par le roi Hunéric.

CL. — THABRACA.

Pline mentionne Thabraca comme une ville de citoyens romains; Ptolémée l'appelle colonie, titres qui ne sont pas incompatibles, car, dans beaucoup de municipes, on avait amené pour colons des soldats qui, à l'expiration de leur service, avaient obtenu des Empereurs un congé honorable. Thabraca était située près de la mer, entre l'Armua et la Tusca, rivières de Numidie, et elle n'était point des dernières de cette province. Du moins, Pomponius Mela la cite-t-il à côté de Rusicade et d'Hippone-Royale. Victor de Vite nous apprend qu'au temps où Genséric persécutait si cruellement les catholiques, cette ville avait deux monastères, l'un d'hommes, l'autre de femmes, et il appelle le supérieur des moines le *noble pasteur André*,

---

[1] Hard., I, p. 167.

qui reçut chez lui les saints confesseurs[1]. Il est fort probable qu'André était évêque de Thabraca.

Thabraca a conservé son ancien nom, qui est resté gravé sur les milliaires de la voie qui reliait la ville à Simitthus[2] :

VIAM A SIMIT*tu*
VSQ. THABRACAM
I

Elle possède encore les belles forêts dont parle Juvénal :

Quales umbriferos ubi pandit Thabraca saltus.

C'est à Thabraca que Gildon, le frère de Firmus, se donna la mort, selon ce vers de Claudien[3] :

Suscepit merito fatalis Thabracu portu.

C'est là aussi que la Kahena, cette autre Jeanne d'Arc, fut prise et décapitée, d'après des auteurs arabes. La Tusca, nommée aujourd'hui Oued-el-Kebir, qui séparait la Numidie de l'Afrique propre, coule à l'est de Thabraca. Devant la ville et son port, se dresse une île du même nom, où se voient les restes d'une forteresse et d'une église bâtie par Charles-Quint et perdues en 1741, lorsque le bey de Tunis s'en empara. Dans les ruines de la ville elle-même, on remarque les restes de plusieurs églises et monastères, beaucoup de sépultures chrétiennes, de tombes en mosaïque et de monuments de toutes sortes.

(1) *Pers. Vand.*, I, x.
(2) *Corpus*, n. 10960 et seq.
(3) *De Cons. Stilic.*, I, v. 359.

Un texte, malheureusement mutilé, mentionne le culte et les reliques des saints martyrs Anastasie et ses compagnons. Les tombes en mosaïque offrent l'image des défunts sous forme d'orantes accompagnées de divers symboles. Une de ces tombes porte l'épitaphe suivante [1] :

```
CASTVLA P
VELLA. ANN
XL. VIII. REDD
VI. IDVS. MAR
TIAS PROPER
ANS. KASTITA
TIS SVME
RE. PREMI
A. DIGNA
MERVIT.
IN MARCIB
ILE CORONA
PERSEVERA
NTIBVS. TRIB
VET. DEVS. GR
ATIA. IN PACE
```

C'est la tombe d'une vierge sacrée qui a pu appartenir au monastère dont parle Victor de Vite. Son tombeau est près de la basilique que l'on appelle encore l'*Église*. Au sud-ouest de la ville est une autre basilique ruinée qui était entourée de dépendances.

Les évêques de Thabraca se rencontrent avec ceux de la province Proconsulaire. Ce sont :

VICTORIC. Il donna son sentiment le vingt-cinquième au concile de Carthage de 255, le troisième de ceux que tint saint Cyprien sur la question du baptême.

---

(1) *Eph. epig.*, V, n. 824. — *Bull. des Ant. afric.*, 1884, p. 127.

RVSTICIEN. Il assista, en 411, à la conférence de Carthage où il répondit à l'appel qu'*il était présent*[1]. Là aussi était présent son compétiteur, le donatiste Charentius qui dit : *Je le connais;* et qui ensuite, à l'appel de son nom, ajouta[2] : *J'ai donné mandat et j'ai souscrit.* Rusticien vécut au delà de l'année 416, comme l'indique la lettre du concile de la Proconsulaire au pape Innocent, qu'il signa le troisième, car le seul évêque d'Afrique qui ait porté ce nom est celui de Thabraca[3].

CLARISSIME. Il signa la lettre du concile de la Proconsulaire, adressée, en 646, à Paul, patriarche de Constantinople contre les Monothélites[4].

Thabraca a eu plus tard des évêques titulaires :

Pierre Brigot, prêtre d'Orléans, vicaire apostolique du Siam, janvier 1755;
Taurin Dufresse, vicaire apostolique du Su-Tchuen, juillet 1798;
Édouard Kernan, 27 janvier 1818;
Jean Mundok, mars 1833;
Remi Gaulius, mai 1833;
Bernardin de Milia, de l'ordre des Capucins, délégué apostolique à Saint-Domingue, 27 mars 1884.

---

[1] *Cogn.*, I, n. 126.
[2] *Ibid.*, n. 187.
[3] Hard., I, p. 2013.
[4] Hard., III, p. 751.

CLI. — THAGASTE.

Thagaste était une ville assez importante de la Numidie. Elle fut la patrie du grand Augustin, qui l'appelle plus d'une fois municipe [1]. Ce titre a été lu, en effet, dans une dédicace qui se termine ainsi [2] :

SPLENDI*dissimus*
ORDO MV*nicipii*
TAGAST*ensium*
PATR*ono*

Un autre monument porte, en toutes lettres, l'ethnique de la ville [3] :

M. AMVLLIO M
FIL PAP OPTATO
CREMENTIANO
EQR SINGVLA
RIS FIDEI BONI
TATIS MVNIFI
CENTIAE VIRO
ORDO SPLENDI
DISSIMVS THA
GASTENSIVM
CONLATA CER
TATIM PECVNIA
IN CVIVS DEDICATIONE
SS CMILN AD OPVS MV
NIFICENTIAE SVAE PATRI
AE DONAVIT ET CVRIIS
PRAETER EPVLAS VINI E*t*
LVDVM ✶ QVINGENO*s*

[1] *Confess. passim.*
[2] *Corpus*, n. 5145.
[3] *Ibid.*, n. 5146.

Dans l'*Itinéraire* d'Antonin, Thagaste est placée entre Hippone-Royale et Naraggara, non loin de Madaure. C'est bien la moderne Souk-Ahras, c'est-à-dire le marché de Thagaste, car nous croyons qu'elle a conservé son nom, comme Gabès et autres villes ont conservé le leur. Les ruines de Thagaste couvraient un plateau ondulé, de dix hectares de superficie. On y a retrouvé les restes d'une basilique et divers monuments chrétiens, entre autres une inscription chrétienne conçue en ces termes [1] :

BEATAM ECCLESI
AM CATOLI
CAM EX OFICI
NA FORTVNATIAN

Saint Augustin [2] parle d'un monastère de Thagaste, où il a vécu lui-même avec Sévère de Milève qui était aussi originaire de Thagaste. Cette ville peut donc revendiquer comme saints protecteurs : Augustin, Monique, Firmus, Alype, Janvier et d'autres encore dont les noms ne nous sont pas connus.

FIRMVS. Il vivait avant l'empereur Constantin, comme nous l'apprend saint Augustin, qui, pour montrer comment on doit garder sa foi à Dieu et aux hommes raconte de lui le fait suivant [3] : *Voilà,* dit-il, *ce que fit autrefois un évêque de Thagaste, Firmus de nom, plus ferme encore de volonté; car les appariteurs lui ayant porté l'ordre de l'Empereur d'avoir à livrer un homme qu'ils cher-*

---

(1) *Corpus*, n. 5176. — Cf. Aug., *Ép.* LXXX, n. 1.
(2) *Confess.*
(3) *De mendacio*, XIII. XXIII.

chaient et qu'il cachait dans sa maison, où il s'était réfugié ; avec tout le soin dont il était capable, il répondit à ceux qui demandaient cet homme, qu'il ne pouvait ni mentir ni le leur livrer, et quelque torture qu'on lui fît subir (car les Empereurs n'étaient pas encore chrétiens), il persista dans sa résolution. Conduit ensuite devant l'Empereur, il lui parut si digne d'admiration qu'il en obtint sans peine la grâce de celui qu'il avait recueilli. Il est fort probable que l'Empereur dont il s'agit est Maximien-Hercule, qui dut repasser par la Numidie et par Carthage, après avoir vaincu les tribus de la Kabylie vers l'an 298. Le martyrologe fait mémoire de Firmus, la veille des calendes d'août.

ALYPE. C'est avec lui, quoiqu'il fût plus jeune, que saint Augustin, comme il en témoigne lui-même, s'était lié de la plus étroite amitié, dès le temps de son adolescence. *Alype,* dit-il[1], *était né dans le même municipe que moi, et de l'une des premières familles. Il avait aussi suivi mes leçons, lorsque je commençais à enseigner dans notre ville et plus tard à Carthage. Il me chérissait parce que je lui paraissais bon et savant, et moi je l'aimais aussi à cause de sa rare disposition à la vertu qui brillait déjà en lui malgré sa jeunesse.* Alype assista, en 403, au concile de Carthage, le huitième de ceux d'Aurèle[2]. En 411, à la conférence de Carthage, les évêques catholiques l'élurent comme l'un de leurs mandataires, le premier après Aurèle, et il soutint leurs droits avec beaucoup d'énergie et de courage[3]. Enfin, en 419,

---

(1) *Confess.*, VI, VII, IV.
(2) Hard., I, p. 914.
(3) *Cogn.*, I, n. 228, 229, 274.

il fut délégué par les évêques de Numidie pour assister au concile de Carthage, celui qu'on appelle le sixième des grands conciles d'Afrique et qui fut aussi tenu sous Aurèle[1]. Il vécut longtemps encore et devint primat de Numidie, comme le prouve la lettre que saint Augustin lui écrivit[2], vers l'an 428, sous ce titre *Alypio seni*. On célèbre chaque année sa mémoire, le dix-huit des calendes de septembre, dans le martyrologe de l'Église romaine qui, elle aussi, sous le pontificat de Boniface, l'avait reçu avec honneur comme député de l'Afrique, ainsi qu'en témoigne saint Augustin dans ses livres à Boniface.

IANVIER. La *Notice* le nomme le cent dix-huitième parmi les évêques de Numidie, qui, après la réunion de Carthage, en 484, furent condamnés à l'exil par le roi Hunéric avec les autres évêques. Il y mourut pour la foi, comme le prouve l'annotation ajoutée à son nom.

Thagaste eut longtemps après des évêques titulaires :

Jean DE ÉNITRA, en 1451 ;
FRANÇOIS, sous Sixte IV ;
FRANÇOIS, sous Jules II ;
Armand DE BEDOREA, sous Jules II ;
Philippe VARAZI, en 1514 ;
Christophore DE BERRIONICERIO, en 1515 ;
Jean DE PORTO, en 1517 ;
Bernard ANDUGATI, en 1525 ;
JEAN, en 1534 ;
Melchior GRIVELLI, en 1540 ;

---

(1) Hard., I, p. 914.
(2) *Ibid.*, p. 1242. — *Aug. epist.*, CCXXVII.

Grégoire Silvius, en 1552;

André Stregnarti, en 1578;

Ange Rocca, en 1605;

Jean-Baptiste de Aste, en 1620;

Vincent Spinula, en 1620;

Étienne de Brito, en 1620;

Fulgence Galluti, en 1623;

Antoine Marinari, en 1667;

Emmanuel de Silva, en 1708;

Alexandre Caputus, en 1728;

Blaise-Antoine de Olorizio, en 1733;

Joseph-Marie Marini, des Ermites de Saint-Augustin de Lombardie, 22 juillet 1754;

François Aguriano-Pomez, 15 avril 1776;

François Bugliari, du rite grec, 26 mars 1792;

Eugène, coadjuteur du vicaire apostolique du Su-Tchuen Oriental, 12 septembre 1882;

Anatole-Joseph Toulotte, des Missionnaires d'Alger, sacré le 12 juillet 1892 pour le vicariat apostolique du Sahara.

CLII. — THAGVRA.

Après Naraggara, l'*Itinéraire* d'Antonin place Thagura et, après Thagura, Tipasa de Numidie. Cette ville, dont les ruines portent encore le nom de Thaoura, était donc située dans l'intérieur des terres. Elle paraît avoir donné le jour à sainte Crispine martyre, dont Ruinart a publié les *Actes*[1] et que saint Augustin a célébrée. Elle est appelée, en effet, Crispine de Thagura et elle consomma son martyre dans la colonie de Théveste qui se trouvait aussi en Numidie et assez près de Thagura. On croit aussi que Thagura était la patrie des douze martyrs dont l'Église romaine célèbre la mémoire dans son martyrologe aux nones de décembre, en ces termes : A Thagura, en Afrique, les saints martyrs Jules, Potamia, Crispin, Félix, Gratus et sept autres. Crispin appartenait sans doute à la famille de Crispina. Une inscription bilingue nous offre le nom de Thagura[2] :

...... εποιησεν η πο]λις αυτη ταγουρα επι των [ευσε] 66. βασιλλεων...
...... Ιουστινιανο]υ και θεοδ[ω]ρας[προν]οια του εν[δ]οξ[οτατου.....

*pro salute dd. nn.... se*MPER AVGVSTI ET IV*stiniani.....
.....decreto Thagur*ENSIS ORDINIS LIB................

Les ruines de Thagura sont considérables ; on y remarque les restes d'une forte citadelle byzantine et d'une conduite qui amenait à la ville les eaux d'Aïn Guettar.

Sur le roc voisin d'Aïn Guettar, on lit ce mot *Numini* entre deux monogrammes du Christ accostés de l'alpha et de l'oméga[3].

XANTHIPPE. C'est au sujet de la primatie de cet évêque que saint Augustin écrivit, en 401, à un autre évêque nommé Victorin qui revendiquait pour lui cet honneur dans la même province[4].

---

(1) *Act. MM. sinc.*, p. 494.
(2) *Corpus*, n. 4646, 4648. — Cf. n. 10767.
(3) *Corpus*, n. 4671.
(4) *Ep.* LIX.

RESTITVT. A la conférence de Carthage, en 411, il fut préposé à la garde des registres. C'est ce que déclara, après la lecture de sa souscription, Fortunatien de Sicca, un des sept mandataires auxquels les évêques catholiques avaient confié la défense de leur cause[1]. L'Église de Thagura n'avait point de donatiste, comme l'avoue Valentinien, diacre du donatiste Primien, en disant : *Nous n'y avons personne.*

TIMOTHÉE. Il figure le vingtième sur la liste des évêques de Numidie que le roi Hunéric, après la réunion de Carthage, en 484, exila comme tous les autres.

CLIII. — THAMVGADE.

Thamugade est une ville célèbre de la Numidie. L'*Itinéraire* d'Antonin la cite après Lambæsis et les *Actes* de saint Mammaire, publiés par Mabillon[2], montrent qu'elle était proche de Bagaï, de Lambæsis et de Tigisi. Cette ville fut pendant quelque temps comme la capitale des Donatistes, et c'est à cela que se rapporte ce que dit saint Augustin de leur vanité, lorsqu'ils demandaient[3] : *Et Bagaï et Thamugade, que vous en semble?* Mais les Donatistes de Thamugade furent avertis par deux édits du

---

(1) *Cogn.*, I, n. 143.
(2) *Anal.*, IV.
(3) *In ps.*, XXI, II, 26.

tribun et notaire Dulcitius, d'avoir à se corriger, comme le fait connaître saint Augustin dans la lettre qu'il adressa à ce dernier[1]. Il est fait mention de Thamugade dans le code théodosien[2]. *Là, y est-il dit, fut reçue la seconde loi de l'empereur Constance de Honorariis codicillis.* Cette loi fut gravée sous l'empereur Julien et elle a été récemment retrouvée sur un marbre de Thamugade[3]. Procope rapporte que cette ville fut détruite et rasée par les Maures de l'Aurès, au temps où Salomon, préfet du prétoire en Afrique, faisait la guerre à Jabdas, chef des Maures qui habitaient le mont Aurès[4]. Elle fut certainement relevée plus tard, comme le prouve la dédidace suivante, gravée en 646 sur le front de l'une des six ou sept basiliques de Thamugade[5] :

✝ IN TEMPORIBVS COSTANTINI IMPERATORIS FL
GREGORIO PATRICIO
IOANNES DVX DE TIGISI OFFERET DOMVM DEI ✝ ARMENVS

Thamugade est peut-être la même que les manuscrits de Ptolémée appellent Thanutada ; elle fut plus tard florissante et eut le titre de colonie, comme l'attestent plusieurs dédicaces[6]. Son nom, Thimgad, lui est resté et on l'a fait sortir du manteau de ruines qui la couvrait comme la lave du Vésuve couvrait Pompéï. On y remarque le forum, un arc de triomphe, un théâtre et plusieurs basiliques. La forteresse byzantine, rectangle de cent dix mètres sur quatre-

---

(1) *Ép.* CCIV, 3.
(2) VI, XXII, 2.
(3) *Eph. epig.*, V, n. 697.
(4) *Bell. Vand.*, II, 13.
(5) *Corpus*, n. 2389.
(6) *Ibid.*, n. 2380 et seq.

vingt-dix, est encore debout. Une épitaphe chrétienne, trouvée près Macomades, est relative à une fidèle de Thamugade[1] :

```
☧ HIC QVIESCIT IN PACE
DOMINI P. FESTIA. H. M. QVAE
VIXIT PLVS MINVS XXXII ANNIS
FELIX FECIT TAMOGADI ☧
```

Ce texte nous montre la vraie prononciation locale du nom de Thamugade, telle que nous la retrouvons aussi dans quelques souscriptions épiscopales. Mais, en vérité, elle s'appelait *Colonia Ulpia Thamugade*, comme l'atteste une inscription de Rome que nous reproduisons ici[2] :

```
D M
L. AELI PERPETVI
LEGATIONE FVNCTI
PATRIAE. SVAE COLONI
AE. VLPIAE. THAMVGA
DIS. EX. NVMIDIA.
FECERVNT
AELII. TERTIVS. ET. COMA
FILII. LEVCADIO
```

Une dédicace de Thamugade l'appelle *Colonia (Ulpia) Marciana Trajana Thamugade*[3] :

```
IMP. CAESAR. divi
NERVAE. F. NERVA. TRAIANus
aug. GERMANIcVS. PONt
max. TRiB. POt. iiii co S. III. PpCOl
marCiANAM. TRaiANAM. THa
mugaDI PER LEG III AVg
condidit l. mVNATIus GALLVS. LEG
AVG. PRO. pr
D         d
```

(1) *Eph. epig.*, V, n. 804.
(2) *Corpus*, VI, n. 18036.
(3) *Ibid.*, n. 2355.

Nous y trouvons que la ville fut fondée comme colonie en l'an 100. Un autre texte nous fournira le nom entier de Thamugade[1] :

P. IVLIO IVNIANO MARTIALIANO C. V. COS. LEG. *aug*
PR PR PROVINC*iae*
NVMIDIAE PROCOS PROVINCIAE MACEDONIAE PRAEF
AERARI MI
LITARIS CVRATORI VIAE CLODIAE PRAETORIAE.
TRIBVNO PLEBEI
QVAESTORI PROVINCIAE ASIAE PATRONO COLONIAE
ET MVNI
CIPI RESPVBLICA COLONIAE THAMVGADENSIVM DE
CRETO DECVRIONVM

Énumérons maintenant les évêques connus de Thamugade :

NOVAT. Il assista au concile de Carthage de l'année 255, le troisième de ceux que tint saint Cyprien sur la question du baptême, et il y donna son sentiment le quatrième.

SEXTVS. Il appartient à l'année 320, comme le montrent les *Actes* de la justification de Cécilien, c'est-à-dire l'information judiciaire faite par Zénophile, consulaire de Numidie, contre le traditeur Silvain de Cirta. Celui-ci avait ordonné à Carthage Majorin contre Cécilien. Or, Sextus assista à ce jugement, sur la demande de Zénophile. Les *Actes* commencent, en effet, ainsi[2] : *Constantin le Grand, Auguste et Constantin le Jeune, noble César, étant consuls, aux ides de décembre, Sextus de Thamugade ayant été introduit, et le grammairien Victor lui étant*

---

(1) *Corpus*, n. 2392.
(2) *Baluz. Miscell.*, II.

adjoint, en présence du diacre Nundinarius, le clarissime consulaire Zénophile a dit, etc.

OPTAT. C'est lui qui est quelquefois appelé Gildonien, du nom du tyran Gildo qui s'empara de l'Afrique à la mort de Théodose le Grand. Il en fut, pour ainsi dire, le satellite. C'est à la faveur de ce tyran qu'il exerça des cruautés sans nombre contre les catholiques et qu'il régna presque parmi ses collègues donatistes. Saint Augustin parle souvent de lui et dit que, sous ce seul Optat, l'Afrique fut, durant dix années, dans les gémissements[1]. Il rapporte[2] que cet évêque, après la défaite de Gildo, fut tué en prison comme ayant fait partie de ses satellites, ce qui eut lieu en 398. Depuis lors, cependant, les Donatistes, au rapport de saint Augustin[3], se mirent à célébrer son jour natal, et ils l'appelaient aussi martyr[4].

FAVSTINIEN. Il assista, en 411, parmi les évêques catholiques à la conférence de Carthage où, à l'appel de son nom, il répondit[5] *qu'il était présent*. Mais il avait pour compétiteur le donatiste Gaudence, qui dit : *Je le connais*. Celui-ci était un des sept mandataires que les Donatistes avaient choisis[6] pour soutenir la discussion contre les catholiques. On a encore de lui deux lettres qu'il adressa au tribun et notaire Dulcitius[7] et que saint Augustin a réfutées dans deux livres rédigés vers l'an 420.

---

(1) *Cont. Petil.*, I, XXIV, 26.
(2) *Ibid.*, II, LXXXXIX, 209.
(3) *Ép.* CVIII, 5.
(4) *Ép.* LXXVI, 3.
(5) *Cogn.*, I, n. 128.
(6) *Ibid.*, n. 148.
(7) Aug., *De retract.*, II, LIX.

SECVNDVS. La *Notice* le nomme le soixante-dix-septième parmi les évêques de Numidie qui, sur la convocation du roi Hunéric, se rendirent à la réunion de Carthage, en 484, et furent exilés avec tous leurs collègues. La note qui accompagne le nom de Secundus montre qu'il mourut pour la foi en exil.

CLIV. — THÉVESTE.

La colonie de Théveste, que l'*Itinéraire* d'Antonin place entre Ammædara de la Byzacène et Altava de Numidie, était une ville considérable de cette province. De cette ville partait la voie qui conduisait à Carthage et que l'empereur Adrien avait fait construire en 122, par les soins de son légat, Metilius Secundus, comme le montrent un grand nombre de bornes milliaires, dont nous reproduisons la suivante[1] :

```
        IMP. CAESAR
      DIVI NERVAE NEPOS
    DIVI TRAIANI PARTHICI F.
       TRAIANVS HADRIANVS
      AVG. PONT. MAX. TRIB
        POT. VII. COS. III
        VIAM A KARTHAGINE
       THEVESTEM STRAVIT
         PER LEG. III. AVG.
        P. METILIO SECVNDO
        LEG. AVG. PR. PR
              LXXXV
```

(1) *Corpus*, n. 10048.

Il y eut là des domaines appartenant au patrimoine de l'empereur Trajan, comme l'indiquent une ancienne épitaphe dans laquelle *M. Vlpius Augg. lib.* est dit *Proc. Africæ reg. Tevest.*[1] et une dédicace africaine[2] ainsi conçue :

```
        L. IVLIO VICTORi
        MODIANO V. E. PROC
        AVGGG. NNN. PER NV
        MIDIAM V. A. PROC. TRAC
           TVS THEVESTINI
        FORTVNATVS VINDEX
        ET DIOTIMVS AVGGG.
          LIB. ADIVT. TABVL
         FVSAE AMORE EIVS
         SEMPER ET DIGNA
          TIONE PROTECTI
```

Une autre dédicace est adressée à *Titus Flavius procurator Augusti prædiorum Saltuum Hipponiensis et Thevestini*[3]. Le code théodosien nous apprend[4] que les lois de l'empereur Constantin *de appellationibus*, adressées à Petronius Probianus, furent promulguées à Théveste. Un concile des Donatistes, mentionné par saint Optat[5], y a été tenu. Il est hors de doute que c'est à Théveste que Crispina, née à Thagura, fut martyrisée en 304. Mabillon a publié les *Actes* de son martyre[6] et le martyrologe romain célèbre sa mémoire aux nones de décembre. Il n'est pas moins certain que le jeune Maximilien obtint dans la même ville la palme du martyre sous le proconsul Dion, en 295, comme le prouvent ses *Actes* qui ont eu des éditions nom-

---

(1) *Mur. Thes.*, p. 2008.
(2) *Corpus*, n. 7053.
(3) *Corpus*, n. 5351.
(4) XI, xxx, 5 et 6.
(5) *De Schism.*, II, 18.
(6) *Ruin. Act. sinc.*, p. 494.

breuses. Néanmoins, Baronius, dans le martyrologe, au quatre des ides de mars, jour où il consomma son martyre, écrit Mamilien pour Maximilien et le compte parmi les martyrs de Rome. Il faut entendre parmi les martyrs honorés à Rome, ce qui est arrivé à beaucoup d'autres saints d'Afrique vénérés par l'Église de Rome, comme saint Cyprien de Carthage, saint Optat de Milève, etc., de même que les Églises africaines vénéraient de nombreux martyrs de Rome, tels que les saints Laurent, Agnès, etc.; sans oublier les apôtres Pierre et Paul.

Théveste est la moderne Tebessa, qui possède encore les fortifications byzantines dont il est parlé dans la dédicace suivante[1] :

† NVTV. DIVINO. FELICISS. TEMPORIB. PIISSIMOR. DOM
INOR. NOSTROR. IVSTINIANI. ET. THEODORAE
AVGG. POST. ABSCISOS. EX. AFRICA. VANDALOS
EXTINCTAMQVE. PER. SOLOMONEM. GLORIOSISS.
ET EXCELL. MAGISTRO. MILITVM. EX. CONSVL. PRAEFECT.
LIBVAE AC PATRICIO VNIVERSAM MAVRVSIAM GENTEM
PROVIdentia ejusDEM AEMINENTISSIMI VIRI THE
VESTE civitas A /VNDAMENT. AEDIFICATA. EST

Outre la grande voie de Carthage, il y en avait plusieurs autres qui partaient de Théveste et la reliaient aux villes et aux provinces voisines. Sa porte triomphale de Caracalla, son temple de Minerve devenu momentanément une chapelle chrétienne, sont encore debout. Les restes de son forum, de son amphithéâtre et de monuments de toutes sortes ont été reconnus. Théveste, placée sur les hauts plateaux qui commandent le Sahara et le Tell, était une position stratégique de premier ordre. Là étaient les *castra*

---

(1) *Corpus*, n. 1863.

hiberna, le premier quartier des troupes qui rayonnaient jusqu'à Capsa et au delà, du côté de l'est, jusqu'à Carthage, jusqu'à Cirta, jusqu'à Sitifis et au delà, jusqu'à Ad Majores, Vescera et plus loin à l'ouest. C'est de Théveste que les troupes furent transférées à Lambæsis. Le nom de Théveste apparaît pour la première fois dans Ptolémée.

Les auteurs grecs Diodore et Polybe avaient parlé d'une Thèbes africaine. Saint Jérôme, sur l'épître aux Galates[1], dit : *Prætermitto Thebas Liberi, quas in Africa condidit, quæ civitas nunc Thebestis dicitur.* Théveste ne devint un municipe que sous le règne de Vespasien, ou peu avant ce prince. On vénérait à Théveste le saint martyr Miggin de Madaure, ainsi que l'atteste une inscription qui porte ces deux mots[2] :

SANTISSIME. MEGGENI

Près de la ville, à la vieille Théveste, selon les indigènes, il y avait un couvent et on l'appelle encore *Henchir-er-Rohban*. Mais la gloire chrétienne de Théveste est sa basilique, dite El Kenisia, et située à six cents mètres hors de la cité, au nord-est. Elle mesure soixante-six mètres de longueur sur vingt-deux de largeur et elle est comprise dans une enceinte de cent quatre-vingts mètres de longueur sur cent de largeur. Il faudrait décrire ses nefs, ses absides, son trichorum, son baptistère, ses mosaïques, ses dépendances, les sépultures qui y avaient trouvé place. Des évêques, des prêtres, des chrétiens de tout rang, de tout sexe, avaient désiré reposer auprès des reliques des mar-

---

(1) C., III.
(2) Chez M. Delapard.

tyrs honorés en ce lieu. Une tombe en mosaïque porte cette parole de l'Écriture [1] :

> ERIT
> IN PACE
> SEPVLTV
> RA EIVS

L'épitaphe du prêtre Quodvultdeus mérite d'être aussi signalée [2] :

> HIC REQVIE
> VIT BONE ME
> MORIE QVOD
> VVLTDEVS
> PRESB. IN PACE
> FIDELIS VI
> XIT ANNOS
> XXXII RECES
> SIT XVII KA.
> IVLIAS

Voici l'épitaphe d'un primicier [3] :

> BONE MEMORIE
> DONATVS PRIMI
> CERIVS IN PA
> CE VIXIT ANNIS LX
> DEPOSITVS IIII ID
> OCTOBRES IND
> XV

A signaler encore l'épitaphe d'un soldat de la troisième légion avec ces paroles qui l'accompagnent [4] :

---

(1) Chez M. Delapard.
(2) *Corpus*, n. 2012.
(3) *Ibid.*, n. 10637.
(4) *Ibid.*, n. 10626.

MANENT ANATHEM. OS SINT INSEPVLTA SCTIS
EVANGELIS

On y voit également l'épitaphe d'une religieuse[1] :

IN DEO V*ivas*
CASTIMO*nia*
LIS VICT*oria*

Enfin, c'est l'épitaphe d'un enfant de cinq ans, représenté en guerrier dans l'attitude de la prière et qui mourut sous le règne de Gontamond ou de Trasamond[2].

LVCIVS. Il assista, en 255, au troisième concile que saint Grégoire tint à Carthage sur la question du baptême, et il y donna son sentiment le trente et unième. Deux ans après, il confessa glorieusement la foi[3].

ROMVLVS. On le trouve parmi les Pères du concile de Carthage tenu sous Gratus, en 349; son nom est cité dans la préface[4].

VRBICVS. Il assista, en 411, à la conférence de Carthage, parmi les catholiques, et, après sa réponse, à l'appel de son nom, *qu'il était présent*[5], son compétiteur, le donatiste Perseverantius, dit : *Je le connais*. Puis, à son appel parmi ses collègues, ce dernier dit[6] : *J'ai donné mandat et j'ai souscrit*. Ce même Perseverantius avait

---

(1) Chez M. Delapard.
(2) *Corpus*, n. 2013.
(3) *Cypr. ep.*, LXXVII.
(4) Hard., I, p. 685.
(5) *Cogn.*, I, n. 121.
(6) *Ibid.*, n. 180.

déjà assisté, en 393, au concile de Cabarsussi, avec ses collègues du parti de Maximien, et, après la condamnation de Primien, il avait signé un des derniers la lettre que les Maximianistes avaient adressée à tous les évêques d'Afrique[1].

FÉLIX. Il figure le soixante-quinzième sur la liste des évêques de Numidie que le roi Hunéric avait appelés à la réunion générale de Carthage, en 484, et qu'il exila ensuite avec les autres évêques.

PALLADE. Il ne nous est connu que par son épitaphe retrouvée dans la grande basilique de Théveste et qui est ainsi conçue[2] :

```
      HIC IN PA
      CE REQVI
      ESCIT SAN
      CTE MEMO
      RIE PALLADI
      VS EPISC VI
      XIT ANNIS LII
      EX QVIBVS
      VIXIT IN EPIS
      ANNIS XII
```

Nous ignorons l'époque précise à laquelle il occupa le siège épiscopal de Théveste.

D'après la *Notice* de Léon le Sage, Théveste avait encore un évêque en 883.

Depuis, cette ville a eu des évêques titulaires :

François-Bernardin VERBECK, 19 septembre 1746 ;

---

(1) *Aug. in ps.*, XXXVI, II, n. 20.
(2) *Corpus*, n. 2009.

Gabriel Vodzinski, 4 avril 1759;

Gaspar-Columna Cieciszeroski, le 29 mai 1775;

Guillaume Hagno, 29 janvier 1787;

Roch Capena, mars 1801;

Dominique Cocchia, 2 août 1884;

Jean-Joseph Hirth, des Missionnaires d'Alger, vicaire apostolique du Nyanza, en 1888.

CLV. — THIAVA.

Saint Augustin mentionne l'Église de Thiava dans la lettre écrite, vers l'an 405, à Alype de Thagaste[1] et il lui recommande d'en avoir le plus grand soin, attendu qu'elle venait de faire retour à l'unité catholique. Il prie son ancien ami de permettre que les biens du prêtre Honorat, auparavant religieux du monastère de Thagaste, soient cédés à l'Église de Thiava : ce qui suffit pour montrer que Thiava devait être en Numidie et peut-être entre Thagaste et Hippone-Royale, dans la région de la Cheffia, où se trouve encore la tribu des Chiebna. Mais nous avons, en outre, dans le même sens, le témoignage de Possidius, qui écrit que, à l'approche des Vandales, l'évêque de Thiava adressa deux lettres à Augustin pour lui demander[2] si, *lorsque ces barbares arriveraient, les évêques et les*

---

(1) *Ép.* LXXXIII, 1.
(2) *Vit. Aug.*, XXX.

clercs devaient, ou non, s'éloigner de leurs Églises, ce qui fait rejeter complètement l'opinion de Ruinart qui pense que l'Église de Thiava est celle que la *Notice* appelle Tigavi dans la Maurétanie Césarienne : car les Vandales, selon le récit du même Possidius[1], occupèrent d'abord, à l'improviste, les Maurétanies, et puis, pénétrant dans les autres provinces, en Numidie principalement, ils assiégèrent Hippone-Royale elle-même. Les évêques de Maurétanie n'eurent donc probablement pas le temps de consulter saint Augustin. Il n'en fut pas de même de ceux de Numidie que ce fléau n'atteignit que plus tard.

HONORAT. Il vivait vers l'an 428, époque à laquelle il demanda à saint Augustin le conseil dont nous parlions tout à l'heure. Saint Augustin lui répondit par cette belle lettre dont voici le résumé[2] : On ne doit pas empêcher de chercher un refuge dans les postes fortifiés les fidèles qui ont le désir et la possibilité de le faire ; mais les évêques ne peuvent rompre les liens sacrés de leur ministère qu'a formés la charité du Christ et qui doivent les empêcher d'abandonner leurs Églises. Par conséquent, tant que leur présence est nécessaire au peuple, il ne leur reste plus qu'à se remettre entièrement à la volonté divine et de placer leur espérance dans le secours d'en haut. Honorat est appelé par Possidius *un homme saint*[3] et c'est aussi le titre que saint Augustin lui donne dans sa lettre : *Augustin, à notre saint frère et collègue dans l'épiscopat, Honorat.*

---

(1) *Vit. Aug.*, XXVIII.
(2) *Ép.* CCXXVIII.
(3) *Vit. Aug.*, VIII, VIII, 7.

CLVI. — THIBILIS.

Thibilis, ville de Numidie, voisine des Aquæ de Thibilis, comme le montre la *Table* de Peutinger, se trouvait entre Cirta et Hippone-Royale. Elle répond aux ruines d'Announa, où l'on a, du reste, retrouvé la dédicace suivante [1] :

```
        FAVSTINAE AVg
        IMP. CAEL. ANTo
         NINI. AVG. AR
        MENIACI PAR
         THICI MAXI
          MI. MEDICI
         THIBILITA
         NI     PP
             DD
```

Les magistrats de Thibilis sont mentionnés un grand nombre de fois dans les inscriptions rupestres du Djebel Thaya, qui est voisin de Thibilis. Ainsi [2] :

```
       BACACI AVG SAC
      GENTIANO ET BASS
      OCOS VII ID. MAIAS         a. 211.
       CIVLIVS FRONTO
      NIANVS ET MODES
        TINVS PRVDES
        MAGG THIBIL
```

---

[1] *Corpus*, n. 5525.
[2] *Ibid.*, n. 5504 et seq.

Thibilis eut le titre de municipe, comme l'indique la borne suivante[1] :

```
     NOBILISSIMIS
      CAESARIBVS
    FLAVIO. VALERIO
      CONSTANTIO
   et gaLERIO. VALE
    rio MAXIMIANO
         AVGG
       R. P. M. T.
```

On remarque, hors la ville de Thibilis, au sud-ouest, une basilique assez bien conservée : elle est à trois nefs séparées par deux rangs de colonnes et se termine par une abside. Au-dessus de la porte d'entrée est gravée une belle croix grecque accostée de l'alpha et de l'oméga. Saint Augustin parle de Thibilis comme d'une ville voisine de sa colonie[2].

SIMPLICIVS, donatiste. Il assista, en 411, à la conférence de Carthage et, à son appel parmi les évêques de sa secte, il dit[3] : *J'ai donné mandat et j'ai souscrit; je n'ai point de compétiteur.*

SIMPLICIVS, catholique. Il figure le soixante-sixième sur la liste des évêques de Numidie que le roi Hunéric, après la réunion de Carthage, en 484, condamna à l'exil avec tous leurs autres collègues.

---

(1) *Corpus,* n. 10158.
(2) *Ép.* CXII, 1.
(3) *Cogn.,* I, n. 187.

CLVII. — THVBVRSICVM-DES-NVMIDES.

Saint Augustin parle plusieurs fois de la cité de Thubursicum et indique qu'elle était près de Thagaste[1]. Elle est mentionnée aussi dans le recueil des Canons de l'Église d'Afrique[2]. Cette ville est distincte de Thubursicum-Bure ville de la Proconsulaire; ses ruines portent aujourd'hui le nom de Khemissa. Elle était située sur le plateau qui sépare le bassin du Bagrada (Medjerda) de celui de l'Ubus (Seybouse), selon ce que dit Honorius : *Fluvius Vagrada nascitur in Tubursicu Numidarum*. Ce fut de bonne heure une cité florissante, témoin une inscription de l'an 99 qui y a été retrouvée[3] :

IMP *Nervae*
TRAIANO
AVG GER PONT MAX
TRIB POT. P. P. COS III
CIVITAS THVBVRSI
CITANA P. P.

A la fin du IIIe siècle, elle avait le titre de colonie[4] :

IMP. CAES. M. AVRELIO. CLAVDIO
PIO. FELICI. AVG. P. M. GOTHICO. M.
PARTHICO. M. TRIB. P. III. COS. II. P. P.
PROCOS. RESPVB. COLONIAE.
THVBVRS. NVMIDARVM

(1) *Ep.* XLIV, 1 et 14.
(2) Can. 100.
(3) *Corpus*, n. 4875.
(4) *Ibid.*, n. 4876. — Cf. n. 4877.

Le grammairien Nonius Marcellus était né à Thubursicum et une inscription paraît donner son nom [1].

> BEATISSIMO SA*eculo d. n.*
> *c*ONSTANTINI MA*ximi*
> SEMPER AVG ET C*rispi*
> ET CONSTANTIN*i nobb. Caess.*
> PLATEAM V*e*TEREM *omni*
> LAPID*e* SPOLIATAM
> NONIVS MARCELL*us*
> HERCVLIVS SO*lide*
> CONSTRAVIT *et ther*
> MAS ET CE*tera rui*
> NA DILAP*sa aedificia.*

Ces ruines, les mieux conservées après celles de Lambæsis, couvrent plusieurs mamelons sur le flanc occidental d'une colline peu élevée. On y remarque un théâtre, une porte monumentale, le forum, et surtout une grande et belle basilique. Une inscription de Thubursicum est venue confirmer une assertion de Tertullien [2] et de saint Cyprien [3]. Ces deux docteurs affirment que les Maures adoraient leurs rois.

> REGI *nostro* HIEMP*sali*
> GAVDAE REG*is fi*LIO *colo*
> *ni et* INCOLAE THV*burs. ae*
> DIFIC*avere* GLOR*iae* OPT*imi*
> *regum* IVLIVS PROCV*lus*
> .... HON*oravit* [4]

Du reste, une dédicace de Tupusuctu en Maurétanie ne

---

(1) *Corpus,* n. 4878.
(2) *Apol.,* XXIV.
(3) *Quod idola non sint,* II.
(4) *Corpus,* n. 7.

laisse aucun doute à ce sujet. Elle porte[1] : *Jemsali L. Per-cenius L. f. Stel. Rogatus v. (s. l. a.).* Le qualificatif qui distinguait la ville est expliqué par le texte suivant[2] :

```
       FLORVS
       CHANARIS
       F. PRINCEPS
       GENTIS. NVMI
       DARVM. P. V
       ANN. LXXV
       H. S. E
```

L'historien Zarkechi, cité par Ibn Chemaa, rapporte qu'en 796-797 de l'hégire, c'est-à-dire au XIVe siècle, une bataille fut livrée à Thubursicum, du pays des Hanenchas, aux sources de l'oued Medjerda. La ville gardait encore son nom à cette époque.

FORTVNIVS. Il était évêque de Thubursicum vers la fin du IVe siècle, partisan, il est vrai, des Donatistes, mais dans des conditions qui faisaient espérer son retour. Saint Augustin rapporte[3] qu'il discuta avec lui, sans doute lorsqu'il passa à Thubursicum en se rendant à Cirta, et l'ayant vu ainsi de près, il écrivit en ces termes à quelques fidèles de Thubursicum[4] : *Vous trouverez difficilement chez vos évêques un esprit aussi bon et une aussi bonne volonté que nous avons constaté chez ce vieillard.*

MAVRENCE. On le trouve d'abord au concile de Carthage de 407, où il prit la parole et demanda des juges pour

---

(1) *Corpus*, n. 8834.
(2) *Ibid.*, n. 4884. — Cf. n. 4885.
(3) *Ép.* XLIV.
(4) *Ibid.*, n. 13.

trancher le différend qu'il avait avec les anciens de Nova Germania[1]. Il assista ensuite à la conférence de Carthage où, après la lecture de sa souscription, il dit[2] : *J'ai pour compétiteur Januarianus*, lequel se présentant dit : *Je le connais*. Puis, il répondit à l'appel de son nom[3] : *J'ai donné mandat et j'ai souscrit.*

FRVMENCE. Il figure le vingt-deuxième parmi les évêques de Numidie qui se rendirent à la réunion de Carthage, en 484, et furent condamnés à l'exil avec tous leurs collègues par le roi Hunéric.

CLVIII. — THVCCA.

Ptolémée reconnaît en Numidie une ville de Tucca, entre les rivières de l'Amsaga et du Rubricatus, distincte par conséquent de la Tucca de la Sitifienne et peu éloignée de Milève. Il mentionne, en outre, la peuplade des Duccas aux sources du même Amsaga. Thucca, ou Tucca, devait en réalité se trouver près l'embouchure de l'Amsaga, aujourd'hui Oued-el-Kebir et sur la rive droite de cette rivière, si c'est la ville dont parle Pline et qu'il dit être placée au-dessus de la mer et de l'Amsaga. Cette ville, toutefois, est plutôt la Thucca de la Sitifienne. Celle de

---

(1) Hard., I, p. 922.
(2) *Cogn.*, I, n. 143.
(3) *Ibid.*, n. 201.

Numidie aurait été retrouvée aux ruines de la Zaouïa de Sidi-Barkat, sur la rive gauche de l'oued El Endja et près du confluent de cette rivière et de l'Oued-el-Kebir. Elle serait ainsi plus rapprochée de Milève, et nous savons précisément qu'Adéodat de Milève réclamait Thucca pour son diocèse. Les ruines en question s'appellent Henchir el Abiodh; elles sont à cheval sur l'Amsaga. On y a trouvé ce texte [1] :

```
        APOLL
        NI AVG
       G. M. T.
```

Plus au sud et près de saint Donat, a été découverte une autre inscription qui mentionne [2] la *respublica gentis Suburbur* et celle de la *Col(oniæ) Tutcensium* :

```
           D M S
        M AVR HONO
       RATIANO CON
     CESSI FILIO SVBVR
      BVRI COLDEC COL
    TVTCENSIVM DEFEN
     SORI GENTIS VIRO
     FORTI AC FIDELISSI
     MO AVR MAXIMVS
       FRATRI INCOM
         PARABILI
          V A LIII
```

On peut croire qu'il s'agit de Thucca de Numidie et que c'est la ville de Tucca, que la *Table* de Peutinger dit être *fines Affrice et Mauritanie*, à la limite de la province d'Afrique et de la Maurétanie et qu'il place dans l'intérieur

---

(1) *Ann. Const.*, 1880, p. 47.
(2) *Corpus*, n. 8270. — Cf. n. 10335.

des terres à quarante-six milles d'Igilgili et à soixante milles de Cuicul.

SABIN. Il assista, en 411, parmi les catholiques à la conférence de Carthage, et, à l'appel de son nom, il répondit[1] qu'*il était présent.* Mais Adéodat de Milève, mandataire des Donatistes, porta plainte contre lui : *Il a été ordonné dans mon diocèse, c'est un de mes prêtres.* Sabin lui répondit : *Comme mes fidèles me sollicitaient souvent de les faire entrer dans la communion de l'Église catholique, ils demandèrent à celle-ci de leur donner un évêque ; ils me choisirent et je fus ordonné pour eux.* Adéodat répliqua, en disant : *Quel prédécesseur a-t-il eu ? Qu'il dise le nom de celui à qui il a succédé ?* Les habitants de Thucca s'étaient, en effet, depuis longtemps séparés des catholiques et le clarissime Marcellin demanda à ce sujet : *Est-il certain qu'il n'y a jamais eu là d'église catholique ?* Et Adéodat lui répondit : *Non.* Pétilien de Cirta était déjà intervenu au sujet du même Sabin[2] : *Dans le diocèse de mon très saint collègue et frère Adéodat,* avait-il dit, *c'est-à-dire dans la cité de Milève, le même fait s'est produit, de sorte qu'il y a là un compétiteur et qu'il en a un autre dans la ville de Tucca qui appartient de longue date au diocèse d'Adéodat et il paraît y avoir été institué depuis deux années seulement.*

(1) *Cogn.*, I, n. 130.
(2) *Ibid.*, I, n. 65.

CLIX. — TIDDI.

Tiddi, autrement Tididi, a été retrouvée en Numidie, dans les ruines d'El Kheneg, à vingt-quatre kilomètres environ au nord de Cirta. Elle couvrait un plateau rocheux qui domine la rive droite de l'oued Remel. Elle porte aussi le nom de *Ksantina Kedima*, la vieille Constantine. Une dédicace de l'an 197 nous apprend le vrai nom de Tiddi[1] :

```
     IVLIAE. AVG. MATRI
     CASTROR. CONIVGI
   IMP. CAES. DIVI. M. ANTO
   NINI. PII. GERM. SAR. FIL
    DIVI. COMMODI. FRATRIS
   DIVI. ANTONINI. PII. NEP. DIVI
   HADR. PRON. DIVI. TRAI. PART
   ABNEP. DIVI. NERVAE. ADNEP
   L. SEPTIMI. SEVERI. PII. PERTIN
   AVG. PART. ARAB. PART. ADIAB
  PROPAG. IMP. PONT. MAX. TRIB
  P. V. IMP. VIIII. COS. II. P. P. PROCOS
          RES. PVB
         TIDDITANOR
      D            D
```

Sur un autre monument[2] sont mentionnés les *municipes* de Tiddi. Des poteries trouvées à Cirta portent la marque TIDITANI[3]. Les ruines de Tiddi sont assez considérables ; un mur d'enceinte protégeait la ville. La plupart

---

(1) *Corpus*, n. 6702. — Cf. n. 6703.
(2) *Ibid.*, n. 6710.
(3) *Ibid.*, n. 10476.

des maisons sont encore debout, mais colonnes, chapiteaux, pierres sculptées, tout est confondu.

ABVNDIVS. La *Notice* le nomme le vingt-quatrième parmi les évêques de Numidie qui, appelés par le roi Hunéric à la réuion de Carthage, en 484, furent ensuite envoyés en exil avec les autres évêques. L'annotation ajoutée à son nom montre qu'Abundius mourut pour la foi loin de son siège.

CLX. — TIGILLAVA.

La *Notice* place en Numidie la ville de Tigillava, autrement dite Tigillaba, mais elle n'est pas connue des géographes.

REGINVS. Il était à Carthage en 411 et assista à la conférence parmi les évêques catholiques. Après la lecture de sa souscription, il dit[1] au sujet de son compétiteur : *J'ai Donat contre moi*. Mais celui-ci était absent pour raison de santé. C'est pourquoi Flavien de Pauzera, sans doute voisin de Tigillava, dit : *Donat était en chemin quand la maladie l'a forcé à s'en retourner*. Mais Reginus, ayant quitté sans doute un peu trop tard sa résidence, n'avait point encore en réalité souscrit au mandat,

---

(1). *Cogn.*, I, n. 133.

contrairement à ce qui avait été lu dans sa souscription. Il s'avança donc parmi les vingt derniers et dit[1] : *J'ai donné mandat et j'approuve.* On pourrait soupçonner que cela ne s'était point fait sans fraude, afin de le compter une seconde fois, car le notaire Rufinien avait, peu auparavant, déclaré que les évêques donatistes étaient au nombre de deux cent soixante-dix-neuf et que les catholiques étaient seulement deux cent soixante-six, *sans compter ceux que l'on dit n'avoir point encore signé.* Alype de Thagaste reprit que ces derniers étaient au nombre de vingt et parmi eux se présenta Reginus. En les ajoutant aux autres, les catholiques dépassèrent ainsi de sept le nombre des Donatistes. D'ailleurs, Alype voulut faire constater qu'il y avait un grand nombre d'autres évêques catholiques en Afrique, qui n'étaient point venus à la conférence : *Que l'on écrive,* dit-il[2], *qu'il y en a cent vingt d'absents qui sont retenus par les infirmités, par l'âge ou par quelque autre nécessité.* Le donatiste Pétilien lui répliqua : *Que l'on écrive aussi que le nombre de nos absents est beaucoup plus grand encore et que nous avons en outre des sièges vacants pour lesquels nous devons ordonner des évêques.* A quoi Fortunatien de Sicca, évêque catholique, répondit : *Que si le très saint Pétilien parle des sièges vacants, nous voulons qu'on inscrive dans ces Actes que nous en avons soixante-quatre.* Si ces chiffres sont exacts, il y avait donc alors en Afrique quatre cent cinquante évêchés catholiques.

IVNIOR. Il figure le trente-troisième sur la liste des

---

(1) *Cogn.*, n. 215.
(2) *Ibid.*, I, n. 217.

évêques de Numidie que le roi Hunéric convoqua à l'assemblée de Carthage, en 484, et qu'il condamna à l'exil avec les autres évêques convoqués par lui.

CLXI. — TIGISI.

Procope parle[1] longuement de Tigisi de Numidie. Il dit que c'était une colonie phénicienne et qu'elle possédait une belle source et une forteresse. C'est de là qu'elle a pris le nom qu'elle porte aujourd'hui, Aïn el Bordj. Iabda, chef Maure de l'Aurès, dévastait la Numidie. Althia, officier de Salomon, attendit le Maure à Tigisi et lui enleva tout son butin. Nous voyons dans les *Actes* de saint Mammaire et de ses compagnons, publiés par-Mabillon, que Tigisi était dans la même région que Bagaï, Thamugade et Lambæsis, c'est-à-dire sur les hauts plateaux de la Numidie[2]. La *Table* de Peutinger place Thigisi entre Sigus et Gadiaufala. Nous avons mentionné une dédicace de Tamugade qui donne le nom de Jean, duc de Tigisi, ce qui montre l'importance de cette ville à la fin de l'occupation byzantine. Au XIII° siècle, l'auteur arabe El Becri nous dit que l'ancienne ville de Tigisi possède de nombreux monuments et un puissant mur d'enceinte. Elle est encore citée par Ibn Khaldoun comme le chef-lieu d'une province.

(1) *Bell. Vand.*, II, 18.
(2) *Anal.*, IV.

Tigisi, d'après la *Notice* de Léon le Sage, avait encore un évêque en 883. C'est aujourd'hui un amas de ruines où l'on a retrouvé la dédicace suivante [1] :

```
FLAVIO VALERIO
CONSTANTIO
NOBILISSIMO
CAESARI
ORDO TIGISITANVS
dEVOTVS NVMINI
mAIESTATIQVE EIVS
EX SVA CONLATIONE
POSVIT IDEMQVE
DEDICAVIT
```

Les évêques connus de Tigisi sont les suivants :

SECVNDVS. C'est celui qui, en 305, étant primat de Numidie, cita en jugement les évêques qui, sous l'empereur Dioclétien, avaient sacrilègement livré les saintes Écritures, crime dont lui-même s'était aussi rendu coupable. On trouve de longs détails sur ce concile, non seulement dans saint Optat [2], mais encore dans saint Augustin [3]. Cet évêque ourdit plus tard à Carthage de nombreuses machinations contre Cécilien et tous les catholiques dans *un concile téméraire,* comme l'appelle saint Augustin [4], *bien que très nombreux.*

GAVDENCE. Il était de la secte des Donatistes avec lesquels il ne put cependant se trouver, en 411, à la confé-

---

[1] *Corpus,* n. 10820.
[2] *De schism.,* I, 14.
[3] *Contra Cresc.,* III, 27.
[4] *Ep.* XLIII, 6.

rence de Carthage, parce qu'il était tombé malade en chemin. Aussi, à l'appel de son nom, l'évêque de Sigus, de la même province, répondit pour lui en ces termes[1] : *Notre collègue Gaudence, évêque de la localité de Tigisi, est resté en route pour cause de maladie; J'ai souscrit pour lui*. A quoi le catholique Fortunatien de Sicca, s'adressant à Marcellin, dit : *Qu'il soit constaté dans les Actes de votre sublimité qu'ils agissent ainsi pour augmenter le nombre de leurs évêques bien que, même en l'augmentant comme ils le font, ils ne puissent égaler celui des évêques catholiques*. Et de fait, Gaudence avait déjà répondu à l'appel de son nom[2] : *J'ai donné mandat et j'ai souscrit*, sans faire mention d'un évêque catholique. C'est sans doute au sujet de cet évêque et de quelques autres qui étaient dans le même cas que, après la mention de Justus de Forma, le clarissime Marcellin fit cette remarque : *Ce nom paraît aussi semblable à celui qui a été donné plus haut*. Et en vérité Justus de Forma avait déjà répondu sous le nom de Justus de Niciba, tandis que Gaudence avait paru sous le nom de Niguzubi.

DOMNICOSVS. Il figure le quatre-vingt-neuvième parmi les évêques de Numidie que le roi Hunéric, après la réunion de Carthage, en 484, exila avec leurs autres collègues.

PAVLIN. Nous connaissons cet évêque par deux lettres de saint Grégoire que l'on croit avoir été écrites en 602[3]. Il est accusé de violences contre le clergé et du crime de

---

(1) *Cogn.*, I. n. 209.
(2) *Cogn.*, I, n. 202.
(3) Lib. XII, *Ép.* XXVIII et XXIX.

simonie. Les évêques Victor et Columbus y reçoivent l'ordre de connaître complètement de sa cause.

CLXII. — TIPASA.

Tipasa est une ville de Numidie que l'*Itinéraire* d'Antonin place à trente-quatre milles de Thagura et à trente-cinq milles de Gadiaufala. La *Table* de Peutinger la met à douze milles de Ad Molas et à douze milles de Capraria, entre Thagura et Thibilis. L'anonyme de Ravenne fournit la même indication sans les distances. Tipasa porte encore le nom de Tifech, mais elle n'est qu'une ruine. Assise sur les dernières pentes d'un massif montagneux, elle dominait vers le sud une plaine immense. La citadelle a conservé une partie de ses remparts. C'était un hexagone irrégulier, percé de trois portes et flanqué de dix tours carrées.

RVSTIQVE. Il figure le soixante-cinquième parmi les évêques de Numidie qui se rendirent, en 484, à la réunion de Carthage et furent condamnés à l'exil avec les autres évêques par le roi Hunéric.

FIRMVS. Les évêques de Numidie le déléguèrent en 525, avec cinq de ses collègues, au concile de Carthage convoqué par Boniface et il y souscrivit le quatrième[1]. On

---

(1) Hard., II, p. 1081. — Cf. p. 1073.

croit aussi que ce fut le même qui, déjà très âgé, se rendit au concile de Constantinople de l'année 553, car il est dit que la première séance de ce concile eut lieu en présence de *Firmus*[1], *très religieux évêque de Tipasa de la province d'Afrique*, siégeant avec les autres évêques. On admettrait certainement avec plus de peine qu'il s'agit ici d'un successeur qui se serait aussi appelé Firmus.

CLXIII. — TISANIANA.

Tisania ou Tisaniana est une ville inconnue. Les géographes n'en parlent point, mais on peut croire qu'elle appartenait à la Numidie, parce qu'on ne voit qu'un seul évêque qui lui soit attribué et qu'il est Donatiste. Dans cette province, en effet, cette secte comptait de nombreux évêques, établis jusque dans les lieux où il n'y en avait jamais eu auparavant. Saint Augustin parle[2] d'une *villa Titiana*, voisine de Thubursicum des Numides.

LIBERANTIVS. Il assista, en 411, à la conférence de Carthage et, à son appel parmi les Donatistes, il dit[3] : *J'ai donné mandat et j'ai souscrit*, sans faire aucune mention d'un compétiteur catholique.

(1) Hard., III, p. 51.
(2) *Ép.* XLIV, n. 14.
(3) *Cogn.*, I, n. 206.

CLXIV. — TISEDI.

Salluste mentionne *Tisidium* dans la Numidie Proconsulaire[1] mais il faut probablement chercher cette ville entre Vaga et Zama, qui est la province de Carthage. Quant à Tisedi de Numidie, elle se trouvait sans doute dans la région de Milève et d'Idicra, si nous nous en rapportons à ce que dit saint Optat.

DONAT. Il vivait au temps de l'empereur Julien et, en 362, il était âgé de soixante-dix ans, comme le témoigne saint Optat[2], selon lequel Donat eut beaucoup à souffrir de la part des Donatistes et fut à la fin chassé de son Église. Il est dit que ce fut Félix d'Idicra qui dépouilla Donat de son siège. Le même auteur appelle Tysedi la ville où siégeait Donat, mais les manuscrits, comme à l'ordinaire pour les noms propres, offrent des variantes telles qu'on ne peut savoir ce qu'Optat a réellement écrit. Dans tous les cas, il la place en Numidie.

LAMPADIVS. Il assista, en 411, à la conférence de Carthage, et, après la lecture de sa souscription, il dit[3] : *Donat est mon compétiteur.* Celui-ci s'avança et dit : *Je le connais.* Puis à l'appel de son nom parmi les siens il répondit[4] : *J'ai donné mandat et j'ai souscrit.*

(1) *Bell. Jug.*, LXII.
(2) *De schism.*, II, 19.
(3) *Cogn.*, I, n. 135.
(4) *Ibid.*, n. 198.

CLXV. — TVBVNÆ.

Tubunæ, ville de Numidie, située dans l'intérieur, aux portes du Sahara, a été un jour honorée de la présence d'Alype et d'Augustin, qui s'y réunirent pour examiner, avec le comte Boniface, le nouveau genre de vie que celui-ci devait embrasser. Écrivant au comte, Augustin lui dit[1] : *Nous étions seuls avec vous, mon frère Alype et moi.* Et encore[2] : *Si vous n'aviez point d'épouse, je vous dirais ce que nous vous avons dit à Tubunæ, de vivre dans la sainte continence.* Des troupes, aux ordres du spectable comte d'Afrique, occupaient le poste frontière de Tubunæ, car la *Notice* de l'empire d'Occident mentionne un *Præpositus limitis Tubuniensis*. Elle était voisine des *Salinæ Tubunenses*, le Chott-el-Hodna actuel, et elle conserve encore son nom de Tobna. Victor de Tonnona nous apprend que le roi Hunéric, en 479, y relégua un grand nombre de catholiques. Le périmètre des ruines de Tobna est très étendu, car il y eut trois villes successives occupant des emplacements différents, sous les Romains, les Byzantins et les Arabes. Le monument le plus remarquable de Tobna est une basilique convertie en mosquée. De son *castellum*, décrit par la *Notice* de l'empire, il ne reste rien, mais nous savons que, sous les Arabes, Tubunæ fut longtemps le boulevard de cette partie de la Numidie. La *Table* de Peutinger écrit *Tubunæ* et ce nom offre

---

(1) *Ép.* CCXX, n. 3.
(2) *Ibid.*, n. 12.

beaucoup de variantes, mais une inscription de Tobna le fixe comme il suit[1] :

        m. VALERIVS M. FIL
          a VITIVS SCRI
        BONIVS OB *hon*
        OREM IIVIRATVS
          .... RVFI
          NVS SCRIBO
           NIANVS AE
        DILICIVS *ilViRal*
          TVB. SVA PEC
        *posuit et dedic*AVIT

Une autre dédicace porte ce qui suit[2] :

          DIVO *co*N
          STANTIO
          ORDO *tu*
          *bun*EN*sium*

On voit par un autre texte que Tubunæ avait le titre de municipe[3].

NEMESIEN. Il donna son sentiment le cinquième, au concile de Carthage, le troisième de ceux que tint saint Cyprien sur la question du baptême, en 255[4]. Il est certain que c'est de lui que saint Cyprien fait souvent mention dans ses lettres[5] parmi les évêques de Numidie. Nous avons aussi une lettre de lui qu'il écrivit à saint Cyprien

---

(1) *Corpus*, n. 4485.
(2) *Ibid.*, n. 4484.
(3) *Ibid.*, n. 4486.
(4) *Ép.* LX, LXX, LXXVII.
(5) *Inter Cypr.*, *Ép.* LXXVIII.

en son nom et au nom de ceux qui étaient condamnés aux mines avec lui. Plus tard, son nom fut inscrit au mois de décembre dans le calendrier de Carthage. L'Église romaine l'honore avec d'autres martyrs d'Afrique, le 10 septembre. A Tixter, qui est dans la Maurétanie Sitifienne et non loin de Tubunæ, on vénérait aussi jadis saint Némésien avec saint Cyprien et autres saints de Rome et d'Afrique. C'est ce que montre l'inscription suivante [1] :

```
        MEMORIA
         SACTA
       VICTORINVS
         MIGGIN
       SEPTIMV. ID
       VS. SEPTMR
          BDVE
  ET DABVLAIL     DELIGNV CRVCIS
 DE TER PROMISONIS VBE NATVS EST CRISTVS
   APOSTOLI PETRI ET PAVLI NOMI
    NA MARTVRV DATIANI DONA
    TIANI CIPRIANI NEMESANI
      CITINI ET VICTOriAS
         AS ANO PROVI
       IRECINTI VICESI
         POSVIT BENE
       NATVS ET PEQVARLA
```

Le monument est de l'an 360 de notre ère.

CRESCONIVS. Il avait usurpé le siège de Tubunæ, après avoir quitté celui de Villa-Regia, malgré les mesures prises contre lui en plein concile. Il assista, en 411, parmi les catholiques à la conférence de Carthage, où, lorsqu'il eut répondu *qu'il était présent*[2], son compétiteur Protasius

---

(1) Musée du Louvre.
(2) *Cogn.*, I, n. 121.

s'avança, et dit : *Je le connais*. Ce Protasius était un des sept mandataires que les Donatistes s'étaient choisis [1].

REPARATVS. Il figure le soixante-douzième sur la liste des évêques de Numidie que le roi Hunéric envoya en exil, avec les autres évêques d'Afrique, après leur réunion de Carthage, en 484.

CLXVI. — TVLLIA.

Tullia est une ville de Numidie qui avait le titre de municipe comme on le voit dans les *Actes* du concile de l'an 525 et dans l'écrit de saint Augustin adressé à Paulin de Nole [2] où il est dit qu'il n'était pas éloigné d'Hippone-Royale. Nous avons peine à croire que ce soit la même ville que Mulia dont nous avons parlé plus haut.

MARIEN. Il remplit à Carthage, au concile de 525, les fonctions de député de la province de Numidie. Sa souscription est conçue en ces termes [3] : *Marien, évêque du municipe de Tullia, député de la province de Numidie.* Il signa le cinquième, après Boniface et le troisième parmi les quatre députés envoyés alors par la province de Numidie.

[1] *Cogn.*, I, n. 148.
[2] *De cultu mort.*, c. XII.
[3] Hard., II, p. 1081.

CLXVII. — TVRRES.

On peut croire que Turres n'était pas très éloignée d'Hippone, car saint Augustin, écrivant à Sévère de Milève, lui rapporte ce qui arriva à un de ses lecteurs, élevé par lui à Hippone, envoyé ensuite à Subsana, puis à Turres, à Cizan et à Verbalis, toutes localités de la région d'Hippone[1]. Du reste, il ne manquait pas, en Numidie, de localités portant ce nom. Une inscription d'Aïn-Tin, à douze kilomètres de Milève, signale en ce lieu les Turres de Cælia Maxima, dont nous avons parlé à l'article de Cæliana. L'*Itinéraire* d'Antonin place une Turris Cæsaris entre Cirta et Sigus et à quinze milles de cette dernière ville. Les particuliers, les villes, l'armée, pouvaient élever des tours pour les besoins de la défense générale et privée, et ces tours donnaient leurs noms aux villes et aux bourgades.

VITAL. Il se rendit, en 314, au concile d'Arles, avec Cécilien de Carthage, et confirma, comme les autres, par sa signature, les canons qui y furent décrétés. Il y est appelé, parmi ses collègues de Numidie, *Episcopus de civitate Turensium*, autrement *Verensium* peut-être pour *Ucrensium*[2].

SAMSVCIVS. Saint Augustin le cite deux fois[3] et dit que ce n'était pas un homme de grande littérature, mais

(1) *Ép.* XXXIV, LXIII, LXXXIII.
(2) Hard., I, p. 268.
(3) *Ép.* XXXIV et LXXXIII.

qu'il était cependant capable de discuter avec les Donatistes : *Nous avons ici*, dit-il[1], *mon frère et collègue Samsucius, évêque de l'Église de Turres, qui ne s'est pas formé aux belles lettres, dans la mesure que cet évêque,* c'était le Donatiste Proculéïen, *paraît redouter. Que Proculéïen vienne,* poursuit saint Augustin, *qu'il discute avec lui. Je prierai Samsucius, au nom du Christ, et j'espère qu'il consentira facilement à me remplacer et, comme il combattra pour la vérité, le Seigneur lui viendra en aide, nous en avons la confiance. Car, bien qu'il n'ait pas une parole éloquente, il est cependant très instruit de la vraie foi.* Saint Augustin écrivait ces lignes en 396 et, en 405, il dit dans une autre lettre, qu'il a conféré lui-même avec Samsucius[2] et il fait entendre, du reste, que Turres n'était pas éloignée de Thiava.

CLXVIII. — TVRRIS ALBA.

Que Turris Alba fut un bourg de Numidie, on peut le conclure de ce fait qu'un évêque donatiste y remplissait seul les fonctions épiscopales en 411. Une inscription funéraire de Cirta, celle de P. Sittius Optatus, dit ce qui suit[3] :

(1) *Ép.* XXXIV, n. 6.
(2) *Ép.* LXXXIII, n. 4.
(3) *Corpus*, n. 7759.

sVM SATVS AETHNAVIROS VB*i*
CINGVNT ANSPAGAE MOLES
COGNITVS EST LOCVS AMOENIS
SIMVS ALBA. IN QVA FRONDICOMA
ODORATVR AD MARE PINVS *etc.*

La localité dont il s'agit ici était donc sur les bords de l'Amsaga, l'oued Er Remel actuel, au point où il est profondément encaissé, c'est-à-dire, probablement en aval de Cirta.

VERIANVS. Il assista, en 411, parmi les Donatistes, à la conférence de Carthage et, à l'appel de son nom, il dit[1] : *J'ai donné mandat et j'ai souscrit*, sans faire aucune mention d'un évêque catholique qui fût son compétiteur.

CLXIX. — TVRRES AMMENIÆ.

La *Notice* place cette ville dans la Numidie. Victor de Vite parle[2] d'un *Vicus Ammoniæ* qui devait être voisin de Thunusuda, ville de la Numidie Proconsulaire. Les Vandales y avaient commis des horreurs. Il y a aussi, entre Cirta et Milève, une bourgade antique qui porte aujourd'hui le nom d'*Atménia*.

VICTOR. Il figure le cent cinquième sur la liste des

---

(1) *Cogn.*, I, n. 198.
(2) *Pers. Vand.*, I, 13.

évêques de Numidie que le roi Hunéric, après la réunion de Carthage, en 484, condamna à l'exil avec tous leurs autres collègues.

CLXX. — TVRRES CONCORDIÆ.

Il est possible que cette ville ait pris son nom d'un temple de la Concorde, ou d'un personnage nommé Concordius. La *Notice* la place en Numidie. Nous lisons dans le martyrologe hiéronymien de Florentini, au 13 des calendes de mars : *En Afrique, dans la cité de Concordia, passion des saints, Donat, Secundien, Pamphyle.* La colonie d'Hadrumète, dans la Byzacène, portait le nom de *Concordia Vlpia Trajana*. Les dédicaces à la Concorde ne sont pas inconnues en Numidie ; ainsi celles de Verecunda[1], de Cirta, de Thamugade, etc. Au Hamma, près Cirta, était la sépulture d'une noble dame, nommée *Concordia*[2]. C'était un *Concordius* qui, en 295, gouvernait la province de Numidie comme le montre une loi du code Justinien[3].

QVODVVLTDEVS. La *Notice* le mentionne le quatre-vingt-sixième parmi les évêques de Numidie qui se rendirent, en 484, à la réunion de Carthage et furent, par l'ordre du roi Hunéric, condamnés à l'exil avec tous leurs autres collègues.

---
(1) *Corpus*, n. 4197, 2342, 6942.
(2) *Ibid.*, n. 7718.
(3) 28, 9. 9.

CLXXI. — TVRRIS ROTVNDA.

Ce bourg, selon Hardouin, était aussi dans la Numidie, et cela pour les raisons données ci-dessus. Les colons romains avaient besoin d'ouvrages de défenses contre les Numides barbares, qui se répandaient souvent sur les terres romaines pour les piller.

DONAT. Il assista, en 411, parmi ses collègues donatistes, à la conférence de Carthage et, à l'appel de son nom, il dit[1] : *J'ai donné mandat et j'ai souscrit*. Mais il ne se présenta point d'évêque catholique contre lui. Il est fort possible que ce soit le même que Donat de Turris, adversaire de Victorien de Musti et dont nous avons mis le siège dans la Proconsulaire. Il y a à faire pour lui la même remarque que pour Justus de Forma et Gaudence de Tigisi. Donat de Turris ne paraît point avec les autres Donatistes dans les *Actes* de la conférence.

CLXXII. — VADA I.

S'il n'y a pas d'erreur dans la *Notice,* il faut reconnaître deux Vada en Numidie. Elle mentionne, en effet, deux

---

(1) *Cogn.*, I, n. 208.

évêques de Vada, l'une et l'autre en Numidie. Vada pourrait être la Ovata de Strabon, ruinée par la guerre de Juba. Mais ce peut être aussi la même ville que Bades ou Badias, dont nous avons parlé, ville importante que la *Notice* ne mentionne pas, non plus que Bagaï.

RVFINIEN. Il figure le septième parmi les évêques de Numidie qui se rendirent, en 484, à la réunion générale de Carthage et furent ensuite, par l'ordre du roi Hunéric, exilés avec leurs autres collègues.

CLXXIII. — VADA II.

La seconde Vada n'est pas plus connue que la première.

PROFICIVS. La *Notice* le porte le cent dix-septième sur la liste des évêques de Numidie que le roi Hunéric, après la réunion de Carthage, en 484, condamna à l'exil avec leurs autres collègues. L'annotation ajoutée à son nom indique qu'il mourut pour la foi, loin de son siège.

CLXXIV. — VADESI.

La *Notice* place Vadesi, autrement Bajesi et Undesi, dans la Numidie. Elle est, du reste, inconnue.

FORTVNAT de Undesi. On le trouve à la conférence de Carthage, en 411, parmi les évêques catholiques. Aussi, lorsqu'il répondit à l'appel[1] : *Je suis présent*, son compétiteur, le donatiste Cresconius, se présenta et dit : *Je le connais.* Lorsque ce Cresconius fut appelé ensuite, il répondit[2] : *J'ai donné mandat et j'ai souscrit.* Il est appelé Cresconius de Bajesi et il y a évidemment erreur dans l'un ou l'autre de ces noms, probablement dans tous les deux.

ANNIBONIVS de Vadesi. On lit son nom le quatre-vingt-dix-huitième dans la liste des évêques de Numidie qui, en 484, se réunirent à Carthage, avec les autres évêques d'Afrique, sur la convocation du roi, et de là furent jetés en exil par Hunéric, qui les avait convoqués.

CLXXV. — VAGADA.

Vagada, selon la *Notice,* est une ville de Numidie, mais elle est inconnue, à moins qu'elle ne soit le *Vaganensis sallus* dont parle Symmaque, écrivant à son frère Titianus, vicaire d'Afrique, pour lui recommander un certain Rufus[3]. On peut rapprocher aussi Vagana de Bajana.

FVLGENCE. La *Notice* le compte le cent onzième dans

---

(1) *Cogn.*, I, n. 126.
(2) *Ibid.*, n. 201.
(3) *Ép.* I, 68. — *Ann. Const.*, 1891, p. 105.

la liste des évêques de Numidie que le roi Hunéric, après la réunion de Carthage, en l'an 484, bannit avec les autres évêques catholiques. Mais l'annotation jointe à son nom montre que Fulgence mourut en exil pour la foi.

CLXXVI. — VAGEATA.

Il est fort probable que Vageata était une *villa* ou un *fundus* de la région de Thagaste, mais il nous est, du reste, inconnu.

DONAT. Il était de la secte dont il portait le nom et était seul à la tête de ses Donatistes. Il se rendit à Carthage, en 411, pour la conférence, et, à l'appel de son nom, il dit[1] : *J'ai donné mandat et j'ai souscrit.* Après lui, l'évêque catholique, Alype de Thagaste, prit la parole et dit : *Qu'on écrive que tous ces évêques ont été ordonnés dans des villas ou des fundi et non dans des villes.* Nous ferons remarquer que les *villas* et les *fundi* africains étaient parfois, à cette époque, des bourgades importantes.

(1) *Cogn.*, I, n. 180.

CLXXVII. — VAGRAVTA.

Cette ville semble avoir pris son nom du fleuve Bagrada, dont la source était en Numidie, non loin de Thubursicum des Numides. Julius Honorius dit, en effet, que le Vagrada a sa source à Thubursicum des Numides. L'*Anonyme* de Ravenne cite une ville nommée Bagradas avec Cirta et Gadiaufala. La *Notice* met aussi Vagrauta en Numidie.

MARCELLIN. Il figure le quatre-vingt-huitième sur la liste des évêques de Numidie que le roi Hunéric, après la réunion de Carthage, en 484, condamna à l'exil avec leurs autres collègues.

CLXXVIII. — VATARBA.

On ne sait absolument rien de Vatarba, et comme elle n'a qu'un évêque donatiste, nous l'attribuons à la Numidie. Mais on connaît Vatari, aujourd'hui Fedj-es-Syoud, au sud de Gadiaufala.

MARTIAL. Il assista, en 411, avec les Donatistes, à la conférence de Carthage, où, à l'appel de son nom, il répondit ⁽¹⁾ qu'il *avait donné mandat et souscrit*. Puis, il ajouta aussitôt : *Je n'ai point d'adversaire*. Nous connaissons déjà le donatiste Martial d'Idicra, qui souscrivit pour ses collègues de Forma et de Garba, et nous savons aussi la manœuvre de Justus de Forma. Martial d'Idicra a pu faire de même.

CLXXIX. — VEGESELA.

Dans les *Actes* du pseudo-martyr Marculus ⁽²⁾, on mentionne Vegesela, où les délégués des Donatistes, Marculus lui-même et neuf autres, vinrent trouver Macaire, envoyé par l'empereur Constant pour pacifier l'Afrique. Du reste, on donne à Vegesela le nom de *possession*, ce qui montre un bourg peu considérable. Saint Augustin, écrivant à Quintien, laisse entendre qu'elle avait pourtant de l'importance. *Le peuple de Vegesela*, dit-il⁽³⁾, *nous est cher comme à vous dans les entrailles de Jésus-Christ. Il agira sagement en refusant de recevoir un évêque dégradé dans un concile plénier d'Afrique; on ne peut ni on ne doit le forcer*. Saint Augustin ne donne pas le nom de cet évêque. L'*Itinéraire* d'Antonin met Vegesela sur la voie de Théveste à Lambæsis, entre Tinfadi et Mascula, à dix-huit milles de cette dernière. Ces diverses indications

---

(1) *Cogn.*, I, n. 198.
(2) *Mabil. anal.*, IV, p. 105.
(3) *Ép.* LXIV, n. 4.

ont permis de fixer approximativement la position de Vegesela et de la reconnaître, soit à Henchir-Bou-Saïd, soit à Ksar-el-Kelb, où se voient les restes d'une basilique. Saint Augustin nous apprend aussi qu'Aurèle de Carthage se rendit à Vegesela[1].

REGINVS. On peut croire qu'il remplaça celui que le concile avait déposé de l'épiscopat. Saint Augustin fait allusion, en effet, au concile de Carthage de l'année 401. Cependant il est question de Reginus au concile de Carthage de l'an 397[2].

Or, Reginus se rendit à Carthage, en 411, pour la conférence, bien qu'il n'ait pu assister à cette réunion, comme le montre la souscription de l'évêque de Bajana, ainsi formulée[3] : *Moi, Valentin, évêque de Bajana, en présence du clarissime tribun et notaire Marcellin, j'ai souscrit pour mon collègue Reginus, de l'église de Vegesela, qui est retenu ici à Carthage par la maladie.* Alype, évêque de Thagaste, confirma cette déclaration en disant : *Il est malade.* Alors Habetdeum, diacre du donatiste Primien, fit connaître l'adversaire de Reginus, en ajoutant : *Gabinius est ici présent.* Et ce dernier ensuite, à l'appel parmi les siens, dit[4] : *J'ai donné mandat et j'ai souscrit.* Saint Augustin, écrivant contre Gaudence de Thamugade, dit de ce même Gabinius[5] : *Quant à Gabinius, qui maintenant enfin est des nôtres, et qui naguère marchait dans vos rangs, ainsi que beaucoup d'autres, qui sont revenus*

---

(1) *Ép.* LXIV, n. 4.
(2) Hard., I, p. 882.
(3) *Cogn.*, I, n. 135.
(4) *Ibid.*, I, n. 187.
(5) 1, 12, 13.

à nous après avoir étudié la vérité catholique, n'allez pas croire qu'ils n'ont pas été purifiés des souillures de votre contact, parce qu'ils n'ont point été rebaptisés chez nous.

IANVIER. Il souscrivit le premier, après Boniface, au concile de Carthage de l'année 525[1], soit qu'il eût le premier rang après son primat, soit parce qu'il devait signer tout d'abord pour l'évêque de Mascula, un des légats de Numidie, que la vieillesse rendait incapable d'écrire et qui lui avait délégué ses pouvoirs. Sa souscription fut ainsi formulée : *Moi, Janvier, évêque du peuple de Vegesela, de la province de Numidie, pour moi et pour le vénérable Janvier de Mascula, de ladite province, qui ne peut signer à cause de sa vieillesse, j'ai souscrit aux décisions prises par le concile et que nous devons tous observer.*

CLXXX. — VELEFI.

Velefi, autrement Velesi, est aussi une ville de Numidie, comme l'indique la *Notice*. La *Table* de Peutinger met Velefi entre Vatari et Ad Piscinas, à trois milles de Vatari, aujourd'hui Fedj-es-Soyoud, et à six milles de Piscinas, qui doit être représentée par Aïn-Gourmat. Velefi se trou-

[1] Hard., II, p. 1081.

vait donc probablement sur le versant septentrional du Djebel Terguelt. Saint Augustin parlant à quelques Donatistes des *Actes* de leur ancien schisme, dit[1] : *Tandis que* (de Thubursicum Bure) *nous courions à l'église de Gelizi,* autrement Gelitzi, *pour revenir ensuite à votre ville, tous ces Actes arrivèrent en moins de deux jours, et, vous le savez, on vous les lut en un jour, comme le temps le permit.* Gelizi est probablement une localité distincte de Velefi.

IANVIER. Il figure le quatre-vingtième parmi les évêques de Numidie qui se rendirent à Carthage, en 484, pour la réunion convoquée par le roi Hunéric et furent ensuite envoyés en exil avec leurs autres collègues par l'ordre de ce prince.

CLXXXI. — VENSANA.

Hardouin place Vensana en Numidie et il est vraisemblable, en effet, que c'était un bourg de cette province, car on ne lui connaît qu'un évêque donatiste, qui est nommé à la conférence parmi les évêques de sa secte.

FORTUNAT. Il assista, en 411, parmi les Donatistes, à la conférence de Carthage, où, à l'appel de son nom, il

---

(1) *Ép.* XLIII, n. 5.

dit[1] : *J'ai donné mandat et j'ai souscrit*, sans faire aucune mention d'un adversaire catholique.

CLXXXII. — VERRONA.

On ne trouve qu'un évêque donatiste de Verrona, ce qui peut suffire pour l'attribuer à la province de Numidie. Nous connaissons, il est vrai, la ville de Verecunda, qui était voisine de Lambæsis et qui porte aujourd'hui le nom de Marcouna. Nous savons, de plus, qu'à Henchir-el-Hatba, non loin de Mutia, sur la frontière de la Numidie, de la Proconsulaire et de la Byzacène, il y avait un bourg dont les habitants s'appelaient les COLON*i* FVNd*i* VER*ronensis?* [2] Mais nous ne pouvons affirmer que l'une ou l'autre de ces localités représente Verrona.

ÉMILIEN. Il assista, en 411, à la conférence de Carthage, parmi les Donatistes. Il répondit à l'appel[3] : *J'ai donné mandat et j'ai souscrit*. On ne mentionne pas d'adversaire catholique contre lui.

(1) *Cogn.*, I, n. 202.
(2) *Cogn.*, *Explor.*, IIIe fasc., p. 142.
(3) *Cogn.*, I, n. 198.

CLXXXIII. — VESCERA.

Ptolémée place, au delà et au sud de Sitifis, la ville de Ουεσκεθηρ. On peut supposer que c'est celle que les documents ecclésiastiques appellent Vescera, autrement Bescera, et qui est la ville actuelle de Biskra. C'est la capitale des Zibans et la station romaine qui existait là, selon la *Table* de Peutinger, portait le nom d'Ad Piscinam. Elle le devait à des eaux thermales très fréquentées que les indigènes appellent Hammam-es-Salehin. Vescera s'élevait sur la rive gauche de l'oued Biskra et l'on y remarque encore les traces d'une grande ville, avec thermes, pont, etc. Les eaux thermales avec les vestiges de la piscine antique sont situées à six kilomètres de la ville. La moderne Biskra, reliée à Constantine par une voie ferrée, possède une magnifique oasis et prend une réelle importance. La *Notice* de Léon le Sage dit que le *Castrum Bedera*, qui est le même peut-être que Bescera, avait encore un évêque en 883.

OPTAT. Il assista, en 411, parmi les catholiques, à la conférence de Carthage. Lorsqu'il eut répondu[1] *qu'il était présent*, son adversaire, le donatiste Fortunat, s'avança et dit : *Je le connais*. Puis, lui-même, à son appel parmi les siens, il répondit[2] : *J'ai donné mandat et j'ai souscrit.*

(1) *Cogn.*, I, n. 120.
(2) *Ibid.*, n. 187.

Cet Optat paraît être celui à qui saint Augustin adressa son traité *sur l'origine de l'âme*[1]. Il ne se trouve, en effet, parmi tous les évêques de la conférence, qu'un seul Optat catholique. La lettre de saint Augustin fut écrite en 418. D'autre part, on a trouvé, à la catacombe de saint Callixte, à Rome, un fragment de marbre qui porte ceci[2] :

EPISCOPVS VESce RITANVs
REC NVMIDIAE ☧ PRv ID

Saint Optat de Biskra serait le saint évêque que l'Église honore le 27 novembre, et, selon M. de Rossi, ce serait à lui et non à saint Optat de Milève qu'il faudrait rapporter la peinture en mosaïque du cimetière de saint Callixte où l'on voit représenté un évêque accompagné de cette inscription :

SCS OPTATVS EPISCOPVS

Au même lieu sont représentés les saints Corneille et Sixte papes, et saint Cyprien de Carthage.

FÉLIX. Il figure en tête des évêques de Numidie que le roi Hunéric appela à Carthage, en 484, pour une réunion générale et qu'il condamna ensuite tous à l'exil avec leurs collègues. Il paraît donc vraisemblable qu'il était primat de Numidie, car l'auteur de la *Notice* a certainement tenu compte de la dignité dans la liste des évêques de la province Proconsulaire et y a inscrit le premier, Eugène, évêque de Carthage.

---

[1] *Ép.* CLXXXX.
[2] *Rom. Sotter.*, I, p. 278 et 303 ; II, p. 48 et 222.

CLXXXIV. — VESELI.

Veseli peut être une abréviation de Vegesela ou Vegeseli, et aussi une altération de Velefi. Toutefois, la *Notice* distingue Veseli de Velefi. D'autre part, El Bekri, auteur arabe du XIe siècle, parle d'un bourg nommé *Baseli* et qui se trouvait dans la région de Thabraca. Veseli pourrait être la même que Uzelis, retrouvée à Oudjel, près Lamphua selon le texte suivant[1] :

```
    IMP. CAES. DIVI. SEPTIMI. SEVERI. PII. ARABICI
  ADIABENICI. PARTHICI. MAXIMI. BRITANNICI. MAXIMI. FI
  LIO. DIVI. M. ANTONINI. PII. GERMANICI. SARMATICI. NEPO
  TI. DIVI. ANTONINI. PII. PRONEPOTI. DIVI. HADRIANI. AB
  NEPOTI. DIVI. TRAIANI. PARTHICI. ADNEPOTI. M    a. 212.
       AVRELIO. SEVERO. ANTONINO. PIO. FELICI. AVG
         PARTHICO. MAXIMO. BRITANICO._MAXIMO
         PONTIFICI. MAXIMO. TRIBVNICIAE. POTES
            XV. IMP. II. COS. III.        P. P
              RES. PVB. VZELITANORVM
```

Des briques, trouvées à Cirta, portent les ethniques suivants[2] :

```
               AVZVRENSES.
               GEMELLENSES
                MILEVITANI
                 TIDITANI
                 VZELITAN
```

---

(1) *Corpus*, n. 6341.
(2) *Ibid.*, n. 10476.

Uzeli ou Uzelis avait des magistrats, des décurions, un capitole.

DONATIEN. Il figure le cinquante-neuvième sur la liste des évêques de Numidie, que le roi Hunéric avait appelés à la réunion générale de Carthage, en 484, et qu'il exila ensuite avec leurs autres collègues. Le manuscrit de Haller l'appelle Donatien de Vegesela.

CLXXXV. — VICVS CÆSARIS.

C'est en Numidie que les auteurs placent une *Turris Cæsaris* et les *Aquæ Cæsaris*. Nous en avons déjà parlé aux articles des Aquæ, Cæsaria et Turres. D'après la *Table* de Peutinger, la station de Ad Aquas Cæsaris se trouvait à sept milles de Théveste, sur la voie de Mascula et selon l'*Itinéraire* d'Antonin, une voie reliait Turris Cæsaris à Cirta, en passant par Sigus, qui se trouvait à quinze milles de Turris Cæsaris. D'autre part, il y avait un Vicus Augusti dans la Proconsulaire, un autre dans la Byzacène et l'on peut regarder Vicus Augusti comme l'équivalent de Vicus Cæsaris.

IANVIER. Il donna son avis le vingt-huitième au concile de Carthage de 255, le troisième de ceux que tint saint Cyprien sur la question du baptême. Les manuscrits l'appellent Janvier de Vicus Cæsaris, autrement de Vicus ou de Vibicus.

CLXXXVI. — VICVS PACATI.

La *Notice* met en Numidie le Vicus Pacis, autrement Pacati qui peut venir d'un personnage nommé Pacatus, de la même sorte que Vicus Augusti et Vicus Cæsaris doivent leur nom à un personnage impérial. Précisément, en Numidie, à seize kilomètres au sud du village de Châteaudun, à Aïn-Mechira, reste d'un vaste latifundium, se trouvait la famille des Pacati et l'épouse de l'un d'eux, Arrius Pacatus, dota le chef-lieu de son domaine d'un marché, comme l'indique l'inscription suivante[1] :

```
ANTONIA LF SATVRNINA VICV
ET NVNDINA VKAL ET VIDVS SVI
CVIVSQVE MENSIS CONSTITVIT
```

Il y avait donc un Vicus appartenant aux Pacati et l'on y remarque encore les restes d'un fort byzantin. Arrius Pacatus était un personnage considérable, car on retrouve son nom sur les monuments de Cirta et de Kef-Tazrout, bourgade voisine d'Aïn-Mechira [2].

FLAVIEN. Il figure le cent vingt-troisième et ferme la liste des évêques de Numidie que le roi Hunéric, après la réunion de Carthage, en 484, condamna à l'exil avec les autres évêques.

---

(1) *Corpus*, n. 8280.
(2) *Ibid.*, n. 7032 et 8241.

FLORENTIEN. Il assista, comme député de sa province, au concile de Carthage, tenu par Boniface, en 525. Il y souscrivit en cette qualité le troisième après Boniface[1]. Il prit aussi la parole au sujet des lettres de son primat, Messor de Forma, son voisin sans doute, dont il était porteur, et excusa son absence en disant que la faiblesse de l'âge l'avait empêché de venir au concile[2]. Nous avons dit plus haut que les deux Forma, ou tout au moins l'une de ces villes, devrait se trouver dans la région d'Aïn-Mechira.

CLXXXVII. — VILLA REGIS.

La *Notice* nous apprend que Villa-Regis, autrement Villa-Regia, se trouvait en Numidie et nous pouvons, sans être téméraires, affirmer qu'elle se trouvait peu éloignée de Tubunæ. Or, c'est entre Tubunæ et Milève que se voit le bourg de Redjas, qui est d'origine antique et dont le nom rappelle celui de la villa dont nous nous occupons.

CRESCONIVS. Au concile de Carthage de 397, on porta contre lui une plainte, en ces termes[3] : *Cresconius, évêque de Villa-Regis, a abandonné son peuple pour*

---

[1] Hard., II, p. 1081.
[2] *Ibid.*, p. 1075.
[3] Hard., I, p. 964.

envahir l'église de Tubunæ, et, bien qu'il ait été sommé, selon ce qui avait été décidé, de quitter l'église qu'il avait usurpée, il a, jusqu'à ce jour, méprisé cet ordre en ne retournant pas à son peuple. Nous avons su, il est vrai, que la décision portée contre lui avait été maintenue, mais nous demandons conformément à notre mandat, que vous vouliez bien nous autoriser, puisque cela est nécessaire, à recourir contre lui au gouverneur de la province, conformément aux édits des glorieux empereurs. Puisqu'il a refusé de se rendre à l'admonition pleine de douceur de votre sainteté et de réparer son injustice, qu'il soit chassé, sans délai, par l'autorité judiciaire. Cette autorisation ayant été accordée, car la réponse fut : *cela est juste et convenable*, il y a lieu de s'étonner, en voyant, quatorze ans plus tard, Cresconius assister à la conférence de Carthage comme évêque de Tubunæ, d'autant plus que le quatrième des canons de Carthage porte ce qui suit[1] : *Cresconius, évêque de Villa-Regis, qui a occupé le siège de l'église de Tubunæ, devra se contenter de son peuple, c'est-à-dire de l'église de Villa-Regis.*

CANDIDVS. Saint Augustin en parle avec éloge dans ses traités contre Cresconius[2] : *Tu as cru, dit-il, avancer quelque chose d'extraordinaire, en rappelant que Candidus de Villa-Regis et Donat de Macomades, qui ayant été évêques de votre secte, sont restés ensuite évêques chez nous et par une conduite irréprochable ont mérité de voir leur vieillesse honorée, comme si les*

---

(1) *Cod. afric.*, can. 48. — Cf., can. 71.
(2) 2, 10, 12.

sacrements et l'invocation de Dieu, tels qu'ils existent chez vous, pouvaient nous être nuisibles, et que, même pour ceux qui sont hors de l'Église, il y eut là quelque chose qui ne soit pas de l'Église. Saint Augustin écrivait ceci vers 406. On peut donc croire que Candidus vivait à côté de Cresconius et peut-être celui-ci ne rechercha-t-il l'église de Tubunæ que pour laisser à Candidus celle de Villa-Regis.

FÉLIX. Il assista, en 411, à la conférence de Carthage, où, à l'appel de son nom, il répondit[1] qu'*il était présent*, et il ajouta, au sujet de son église : *Je n'ai point d'évêque contre moi, il est mort récemment.* Alors le donatiste Victor s'avança, et dit : *On sait que j'ai été récemment ordonné.* Puis, quand on l'appela à son tour, parmi les siens, il dit[2] : *J'ai donné mandat et j'ai souscrit.* L'occupation du siège de Villa-Regis par Félix explique que Cresconius pouvait occuper celui de Tubunæ, mais ne dit pas comment Cresconius régularisa sa situation.

DONAT. Il est le soixante-deuxième dans la *Notice* sur le tableau des évêques de Numidie que le roi Hunéric bannit avec les autres, en 484, après la réunion de Carthage.

CLXXXVIII. — VISA.

Il se peut que Visa soit une altération de Vicus, et, en

---

(1) *Cogn.* I, n. 128.
(2) *Ibid.*, n. 208.

effet, dans le livre de Pline qui parle des villes de la Byzacène, on a pris *Oppidum Vicense* pour *Visense*[1]. Quoi qu'il en soit, nous attribuons cet évêché à la Numidie pour la raison déjà plusieurs fois invoquée, que son unique évêque connu était donatiste.

DATIVVS. Il assista, en 411, parmi les Donatistes, ses collègues, à la conférence de Carthage, où, ayant été appelé à son tour, il dit[2] : *J'ai donné mandat et j'ai souscrit*, sans rien ajouter sur un évêque catholique.

CLXXXIX. — VTINISA.

L'*Itinéraire* d'Antonin, selon le manuscrit de l'Escurial, place Tunisa entre Thabraca et Ad Dianam, à vingt-quatre milles de Thabraca. La *Table* de Peutinger et l'*Anonyme* de Ravenne la signalent également. Tunisa répond donc à la moderne ville de La Calle et il est permis de conjecturer que c'est la ville que les *Actes* de la conférence de Carthage appellent Utinisa. Une épitaphe de Thabraca semble contenir ce nom. Elle est ainsi conçue[3] :

```
        M. ANT
        ONIS. D
        ABARIS F
        VTINES V
        A LV
```

(1) H. N., 5, 4.
(2) *Cogn.*, I, n. 197.
(3) *Cogn., Explor.*, IIe fasc., p. 139.

On pourrait lire *Utines(ensis)*.

VALÈRE. Il assista, en 411, parmi les catholiques, et, ajoutons-le, parmi ceux de la Proconsulaire, à la conférence de Carthage, où, à l'appel de son nom, il dit[1] : *Je suis présent, je n'ai point de compétiteur*. Mais Habetdeum, diacre du donatiste Primien, lui répliqua : *Il y en avait un, il est mort*. Cependant, il ne donna point le nom de cet évêque donatiste.

En examinant les *Actes* de la conférence, nous pouvons constater que deux diacres donatistes de Carthage interviennent fréquemment pour fournir des indications, lesquelles montrent qu'ils connaissaient parfaitement l'état des diocèses, au moins quant au personnel. Ces deux diacres sont Habetdeum et Valentinien.

Habetdeum intervient au sujet des évêques de Nummuli, Vina, Zure, Rusuca, Sinnuar, Musti, Simingi, Matara, Giufi Salaria, Simidicca, Culusi et Hippo-Diarrhyte que nous avons attribués à la Proconsulaire, d'Utinisa, Nigræ Majores, Suava, Ceramussa, Vegesela, que nous attribuons à la Numidie, d'Uzittara, Turuzi, Taparura, qui sont de la Byzacène, enfin de Sufasar et Bartimisia, qui sont de la Maurétanie.

De son côté, Valentinien intervient au sujet des évêques de Cefala, Pisi, Caniope, Serra, Sululi, Valli, qui appartiennent à la Proconsulaire, de Lamphua et Thagura qui appartiennent à la Numidie, de Bennefa, Hierpiniana, Creperula, Feradi Minus, Medefessa, qui appartiennent à la Byzacène, avec Trofimiana, de Cæsarée, qui est de la

---

[1] *Cogn.*, I, n. 126.

Maurétanie, et enfin de Tacapæ et Gigthi, qui sont des villes de la Tripolitaine.

Nous ne voyons pas, du reste, qu'on puisse tirer beaucoup de lumière de cette constatation.

CXC. — VVAZA.

La *Table* de Peutinger place *Ubaza castellum* entre Théveste et Ad Majores, à cinquante-neuf milles de Théveste et à quarante-deux milles de Ad Majores. Ailleurs, elle le met à vingt milles de Thélepte, ville de la Byzacène. Il est probable que c'est le chef-lieu où résidait le *præpositus limitis Bazensis,* comme l'indique la *Notice* de l'Empire. Cette localité porte aujourd'hui le nom de Terrebaza, qui paraît être une altération de *Turris Ubaza.* Les ruines de ce poste militaire se dressent encore sur un mamelon rocheux et escarpé qui se termine par un plateau de cent cinquante mètres de longueur sur soixante mètres de largeur, à quatre-vingts mètres au-dessus du lit d'un torrent. Là s'élevait la forteresse défendue par des tours carrées. Une vaste citerne de cent cinquante mètres carrés alimentait ses défenseurs. Au pied du mamelon étaient groupées les habitations constituant la bourgade, qui se formait habituellement, comme il arrive aujourd'hui, près des postes militaires.

VICTOR. Il assista, en 411, parmi les catholiques, à la

conférence de Carthage, où se présenta aussi son compétiteur, Secundinus; qui, à l'appel du nom de Victor, dit[1] : *Je le connais*. Puis, à l'appel de son nom, parmi les siens, il répondit[2] : *J'ai donné mandat et j'ai souscrit.*

CXCI. — ZABA.

La Numidie avait une Zaba, comme la Maurétanie de Sitifis; c'est ce qu'indique la *Notice*. Mais les géographes n'en parlent point. Il n'est pas douteux, pourtant, qu'elle ne se soit trouvée dans la région appelée aujourd'hui encore le Zab, au pluriel les Zibans, et très probablement dans le Zab occidental. Il y a dans cette région un certain nombre d'oasis et de bourgades, dont une, entre autres, appelée Tolga et qui conserve les restes d'un *castrum* et d'autres monuments de l'époque romaine.

LVCIVS. Il appartenait à la secte des Donatistes, parmi lesquels il assista, en 411, à la conférence de Carthage. Il répondit à l'appel comme les autres[3] : *J'ai donné mandat et j'ai souscrit*, sans faire mention d'un évêque catholique, ce qui est fréquent pour la Numidie, où les Donatistes étaient alors tout-puissants et surtout dans la Numidie méridionale. Lucius peut être attribué à la province de Sitifis.

---

(1) *Cogn.*, I, n. 126.
(2) *Ibid.*, n. 198.
(3) *Ibid.*, I, n. 198.

CRESCONIVS. La *Notice* le place le soixante-dixième sur la liste des évêques de Numidie exilés, en 484, par le roi Hunéric avec leurs autres collègues, après l'assemblée de Carthage.

CXCII. — ZARAÏ.

D'après l'*Itinéraire* d'Antonin, Zaraï était située à vingt-cinq milles de Lamasba et à douze milles de Perdices. La *Table* de Peutinger la place à douze milles de Swadurusi Præsidium et à seize milles de Ad Capsum Juliani. Les ruines de Zaraï portent encore le nom de Zaraïa. C'est sans doute la Zaratta que Ptolémée met en Numidie, comme le fait aussi la *Notice*. On trouve dans Apulée, la ville de Zarath, qu'il cite spirituellement dans son *Apologie*, comme l'indique Émilien : *Pourquoi ai-je parlé ainsi? Pour que tu ne t'enflammes pas contre moi, Émilien, ou plutôt que tu me pardonnes, si par négligence peut-être je n'ai pas choisi pour y naître ta cité de Zarath avec son atticisme.* Mais il s'agit peut-être en ce passage de Zattara qui était plus rapprochée de Madaure, la patrie d'Apulée. La ville de Zaraï s'étendait sur la rive gauche de l'oued Taourlalent, que Ibn Khaldoun appelle encore oued Zaraoua, sur une pente que domine une citadelle. On y remarque les ruines de plusieurs basiliques chrétiennes, dont la principale mesure trente-cinq mètres de longueur sur dix mètres de largeur. Elle était remplie de sépultures et accostée de dépendances qui pouvaient former un monastère. C'est à Zaraï qu'on a trouvé un tarif d'octroi, établi sous Septime-Sévère, en 202, sans doute pour les provenances de la Maurétanie [1]. Le nom de la ville, qui paraît avoir eu le titre de colonie, paraît sur plusieurs de ses monuments ainsi [2] :

```
        IO. M. conservatori
     IMP CAES m. Aureli Severi
       ALEXANDRi pii fel. aug. et
   IVLIAE MA meae aug. mat. aug. et
   CASTrOR. Et senat. et pat. ordo
           ZARAITANorum
         DEVOTVS. Numini maj.
     . . . . . . .  . . . . . . . . . . . . . .
       DEC. SPLENDIDiss coloniae?
     . . . . . . . . . . . . . . . . . . . . . . .
```

Un monument de Lambæsis, de l'époque de l'empereur Hadrien, porte [3] :

```
     .....nON. IVL. ZARAI. COH... ...
```

Nous ne connaissons que deux évêques de Zaraï.

CRESCONIVS. Cet évêque se rendit, en 411, à la conférence de Carthage où, lorsqu'il répondit à l'appel, son compétiteur, le donatiste Rogat, dit [4] : *Je le connais.* Et quand celui-ci eut répondu à son tour à l'appel parmi ceux de sa secte [5] : *J'ai donné mandat et j'ai souscrit,* Cresconius ajouta à son sujet : *Il était diacre catholique;*

---

(1) *Corpus*, n. 4508.
(2) *Ibid.*, n. 4511.
(3) *Ibid.*, n. 2582.
(4) *Cogn.*, I, n. 128.
(5) *Ibid.*, n. 203.

il s'est fait rebaptiser. Ces paroles irritèrent Adéodat de Milève, mandataire des Donatistes, qui lui dit : *Laissez à chacun ce qui le regarde*.

ADÉODAT. Il est le cent vingtième parmi les évêques de Numidie qui se rendirent à l'assemblée de Carthage, en 484, et furent ensuite exilés par ordre du roi Hunéric avec leurs autres collègues. Adéodat fut du nombre des évêques qui ne revirent pas leur Église, car l'annotation ajoutée à son nom prouve qu'il mourut pour la foi en exil.

CXCIII. — ZATTARA.

C'est le nom d'une ville de Numidie qui a été retrouvée à Kef Bou Zioun, grandes ruines situées entre Thagaste et Calama. Son nom est écrit diversement dans les auteurs, mais une inscription de Bou Zioun la fixe comme il suit[1] :

BEATISSIMI SAE*culi* DD. NN. CONSTANTI. ET
CONs*t*ANTIS. MA*ximorum*
SEMPER AVGG OPVS FO*ri*
flamen per PETVVS CVRAT*or reipub*LICAE. MVNICIPII. ZATᵴ...
PORTICV... ET ROSTRIS ᵴ...

Zattara avait donc le titre de municipe, comme le montrent les documents ecclésiastiques, et ce n'était pas une ville sans importance.

(1) *Corpus*, n. 5178.

LICENTIVS. Il assista, en 411, parmi les catholiques, à la conférence de Carthage, où, à l'appel de son nom, ayant répondu [1], *qu'il était présent*, il ajouta, au sujet de son Église : *Elle est catholique*. Licentius était le nom d'un citoyen de Thagaste, disciple de saint Augustin et dont celui-ci parle souvent dans ses écrits.

IANVIER. Victor de Vite le cite le premier des quatre évêques qui présentèrent au roi Hunéric un écrit contenant *la profession de foi des évêques catholiques* [2], en 484. Cette même année, après la réunion de Carthage, il fut exilé avec tous les autres. La *Notice* le nomme le cinquantième parmi les évêques de Numidie.

FÉLIX. En 525, il assista et souscrivit, comme député de la province de Numidie, au concile de Carthage, tenu par Boniface [3]. Il se rendit de nouveau à Carthage, en 535, et y prit part, sous Reparatus, au concile où fut traitée la question de la liberté des monastères, que lui-même défendit avec ardeur [4].

CRESCONIVS. Il assista au concile œcuménique de Constantinople, en 553, et il y souscrivit en ces termes [5] : *Cresconius, par la grâce de Dieu, évêque de la sainte Église catholique du municipe de Zattara, dans la province de Numidie, pareillement.*

---

(1) *Cogn.*, I, n. 128.
(2) *Pers. Vand.*, III, XXIII.
(3) Hard., II, p. 1081.
(4) *Ibid.*, p. 1177.
(5) *Ibid.*, IV, p. 205.

CXCIV. — ZERTA I.

Outre Cirta, il faut admettre, en Numidie, très probablement, deux évêchés du nom de Zerta, car tous trois avaient un évêque donatiste, Pétilien, Gaudence et Salluste. Il y eut alors, en 412, un concile de Zerta, dont les Pères, parmi lesquels était saint Augustin, adressèrent aux Donatistes une lettre célèbre [1]. Hardouin pense [2] que les Donatistes se réunirent plus tard dans le même lieu et que saint Augustin parle de cette assemblée dans ce qu'il écrit contre Gaudence, lorsqu'il dit [3] : *Vous avez décidé, dans ce concile même, que ceux des évêques et des prêtres qui auraient communiqué avec nous contre leur gré, obtiendraient leur pardon et seraient rétablis dans leurs charges, pourvu qu'ils n'aient pas offert le sacrifice ou administré une paroisse.*

GAVDENCE. Il assista, en 411, à la conférence de Carthage parmi les Donatistes. Il y répondit à l'appel [4] : *J'ai donné mandat et j'ai souscrit, et n'ai point d'adversaire.* Mais Aurèle, évêque catholique de Macomades, ajouta : *Il y a là un prêtre catholique.* A quoi Gaudence

---

(1) *Inter Aug. ep.*, CXLI.
(2) *In synop. Concil. an.* 414.
(3) 1, 37, 48.
(4) *Cogn.*, I, n. 187.

répartit : *Je n'ai point dans mon diocèse d'adversaire, c'est-à-dire d'évêque catholique.*

CXCV. — ZERTA II.

Si on peut présumer de ce qui est ci-dessus que la première Zerta se trouvait dans la région de Macomades, on ne sait rien de la seconde, et comme elle n'a qu'un évêque donatiste, nous l'attribuerons aussi à la Numidie.

SALLVSTE. Il était du parti des Donatistes, parmi lesquels il assista, en 411, à la conférence de Carthage. Quand il fut appelé, il répondit [1] : *J'ai donné mandat et j'ai souscrit.*

(1) *Cogn.*, I, n. 201.

LISTE

Des Évêques de la Numidie qui ont assisté, en 411, à la Conférence de Carthage.

SILVAIN, de Summa ;
VALENTIN, de Baïana ;
AURÈLE, de Macomades ;
OPTAT, de Vescera ;
INNOCENT, de Germania ;
HONORAT, de Mastara ;
DONAT, d'Anbura ;
CRESCONIUS, de Tubunæ ;
RESTITUT, de Nova-Sinna ;
CRESCONIUS, de Cuicul ;
LUCIEN, de Guira ;
DACIEN, de Lega ;
URBICUS, de Théveste ;
ASPIDIUS, de Tacarata ;
TÉRENCE, de Seleuciana ;
SECUNDUS, de Magarmel ;
PLACENTIN, de Madaure ;
RUSTICIEN, de Thabraca ;
OCTAVIEN, de Ressiana ;
ADÉODAT, de Belali ;
GRATIEN, de Meta ;
QUODVULTDEUS, de Centuria ;

Montan, d'Augurus;
Victor, de Chullu;
Victor, d'Ubaza;
Fortunat, de Vadesi;
Valère, d'Utinisa;
Faustin, de Silli;
Licentius, de Zattara;
Malchus, de Mascula;
Cassien, de Bamaccora;
Cresconius, de Zaraï;
Félix, de Villa-Regis;
Faustinien, de Thamugade;
Avit, de Lamasba;
Marcien, d'Idicra;
Sabin, de Thucca;
Innocent, de Lamiggiga;
Lucrus, des Nigræ-Majores;
Antoine, de Mutugenna;
Litorius, de Suava;
Benenatus, d'Hospita;
Posthumien, de Thagura;
Victorin, de Tabuda;
Reginus, de Tigillaba;
Cresconius, de Centenaria;
Félix, d'Iziriana;
Safargius, de Lamphua;
Gorgonius, de Liberalia;
Fortunat, des Casæ-Calanæ;
Sévérien, de Ceramussa;
Reginus, de Vegesela;
Janvier, des Casæ-Medianæ;
Lampadius, de Tisedi;

Alype, de Thagaste ;
Augustin, d'Hippone-Royale ;
Fortunat, de Constantine ;
Possidius, de Calame ;
Maurence, de Thubursicum des Numides ;
Boniface, de Cathaquas ;
Restitut, de Thagura ;
Sévère, de Milève ;
Januarien, des Casæ-Nigræ ;
Primien, de Carthage ;
Antonien, de Lamsorta ;
Fortis, de Cedias ;
Donatien, de Bagaï ;
Donat, de Celerina ;
Persévérance, de Théveste ;
Pancrace, de Badias ;
Secundin, de Jucundiana ;
Donat, de Vageata ;
Rogatien, d'Idassa ;
Quintase, de Baïana ;
Janvier, de Lamasba ;
Félix, de Nova-Sinna ;
Martial, d'Idicra ;
Libéral, de Nasaï ;
Fortunat, de Vescera ;
Gabin, de Vegesela ;
Quintien, de Lacus-Dulcis ;
Fortunatien, de Meta ;
Datif, de Nova-Petra ;
Cresconius, de Lega ;
Gaudence, de Zerta ;
Donat, de Bamaccora ;

Flavien, de Pauzera;
Clarence, de Thabraca;
Recargentius, de Lamiggiga;
Victor, de Rotaria;
Benenatus, des Casæ-Bastalæ;
Cresconius, de Cæsariana;
Julien, de Midila;
Donat, de Tanudaïa;
Possidius, de Silli;
Proficentius, de Macomades;
Cresconius, de Sigus;
Datif, de Visa;
Quodvultdeus, de Nebbi;
Simplice, de Thibilis;
Verien, de Turris-Alba;
Verissime, de Tacarata;
Servat, d'Anbura;
Martial, de Vatarba;
Junior, de Rusicade;
Fidence, de Diana;
Donat, de Bucconia;
Félix, de Magarmel;
Benenatus, des Casæ-Silvanæ;
Benenatus, de Mesarfelta;
Junien, de Lamiggiga;
Félicien, des Aquæ-Novæ;
Émilien, de Verrona;
Secundin, d'Ubaza;
Luce, de Zaba;
Bebien, de Dusa;
Cresconius, d'Aquæ;
Sature, d'Iziriana;

ÉMILIEN, des Casæ-Medianæ ;
LUCULLUS, d'Hospita ;
DONAT, de Tisedi ;
INNOCENT, de Guzabeta ;
FÉLIX, de Summa ;
LÉONCE, de Rusticiana ;
FÉLIX, de Lambia ;
JANVIER, de Thubursicum des Numides ;
MONTAN, de Cemeriniana ;
JUSTE, de Niciba ;
CRESCONIUS, de Pudentiana ;
FIDENCE, de Chullu ;
SATURNIN, de Gasabiana ;
VITAL, de Mascula ;
CRESCONIUS, de Baïesi ;
LUCIEN, de Burugiata ;
VICTOR, de Gibba ;
CRESCONIUS, d'Ausugraba ;
SALLUSTE, de Zerta ;
HILAIRE, de Sulli ;
ARGUTUS, de Tabuda ;
MACROBE, d'Hippone ;
CRESCONIUS, de Silemsila ;
GAUDENCE, de Tigisi ;
CRESCONIUS, de Castellum-Simitthu ;
SPERAT, de Cathaquas ;
FORTUNATIEN, de Vensana ;
JANVIER, de Centuriones ;
CRESCONIUS, de Banzara ;
ROGAT, de Zaraï ;
SERVAND, des Casæ-Fabenses ;
FÉLIX, de Putia ;

Messien, de Seleuciana ;
Libérance, de Tisaniana ;
Crescentilien, de Lambiridi ;
Burcaton, de Gemellæ ;
Janvier, de Betagbara ;
Donatien, de Lamzella ;
Donat, de Turris-Rotunda ;
Liberal, de Milidia ;
Victor, de Villa-Regis ;
Donat, de Buza ;
Splendonius, de Mutugenna ;
Léonce, de Præsidium ;
Félix, de Garba ;
Juste, de Forma ;
Apronien, de Mazaca ;
Victor, d'Ajura ;
Reginus, de Tigillava ;
Delphin, de Cirta ;
Faustinien, de Rusicade ;
Donatien, de Capsus.

NOMS

De tous les Évêques qui sont mentionnés dans les Actes de la Conférence de Carthage, en 411, et qui appartiennent à toutes les Provinces africaines, c'est-à-dire à la Province Proconsulaire, à la Province Byzacène, à la Numidie, aux Maurétanies, de Sitifis et de Cæsarea et à la Province Tripolitaine.

Aurèle, de Carthage, a. Cartage, Chartage ;
Alype, de Thagaste, a. Tagaste ;
Augustin, d'Hippone-Royale, a. Ippo Regius ;
Vincent, de Culusi, a. Colusi ;
Fortunat, de Constantinia ;
Fortunatien, de Sicca, a. Siccia ;
Possidius, de Calama ;
Novat, de Sitifis ;
Florence, de Hippone-Diarrhyte ;
Maurence, de Thubursicum des Numides ;
Boniface, de Cathaquas ;
Priscus, de Quiza ;
Sérénien, de Mididi, a. Medita ;
Scyllacius, de Scillium ;
Deuterius, de Cæsarea ;
Léon, de Mopta ;

Asterius, de Vicus;
Restitutus, de Thagura, a. Tagora;
Silvain, de Summa;
Aurèle, de Carthage;
Alype, de Thagaste;
Augustin, d'Hippone-Royale;
Vincent, de Culusi;
Fortunat, de Constantinia;
Fortunatien, de Sicca;
Possidius, de Calama;
Novat, de Sitifis;
Florence, d'Hippone-Diarrhyte;
Maurence, de Thubursicum des Numides;
Priscus, de Quiza;
Sérénien, de Mididi;
Boniface, de Cathaquas;
Scillatius, de Scillium;
Deuterius, de Cæsarea;
Léon, de Mopta;
Asterius, de Vicus,
Restitut, de Thagura;
Aurèle, de Carthage;
Silvain, de Summa;
Valentin, de Vaïana, a. Valence de Bajana, Vajena;
Aurèle, de Carthage;
Fortunat, de Constantina;
Dauphin, de Constantina;
Adéodat, de Milève;
Sabin, de Tucca, a. Tunca;
Sévérien, de Ceramussa;
Sévère, de Milève;

Fortunatien, de Sicca;
Augustin, d'Hippone-Royale;
Emérite, de Césarée;
Adéodat, de Milève;
Alype, de Thagaste;
Aurèle, de Carthage;
Silvain, de Summa;
Valentin, de Vaïana;
Primien, de Carthage;
Numidius, de Maxulas;
Félix, de Maxulas;
Alype, de Thagaste, a. Alipe;
Adéodat, de Milève;
Félix, de Zumma, a. Zuma;
Silvain, de Summa;
Marin, de Tabora;
Victor, de Tabora;
Aurèle, de Macomazia;
Saluste, de Macomades;
Victor, de Libertina;
Janvier, de Libertina;
Pétilien, de Constantinia;
Alype, de Thagaste;
Optat, de Vescera;
Fortunat, de Vescera;
Janvier, de Tunusuda, a. Tunuda;
Victorien, de Tunusuda;
Evangelus, d'Assuras;
Pétilien, de Constantinia;
Latonius, de Tenæ;
Securus, de Tenæ;
Aptus, de Tigia;

Primien, de Carthage;
Assellicus, de Tusurus;
Innocent, de Germania;
Honorat, de Mathara, a. Matara;
Hilarus, de Bofas, a. de Bof;
Pétilien, de Constantinia;
Alype, de Thagaste, a. Alyppe;
Secundus, de Ruspita, a. de Ruspis;
Donat, d'Ambura, a. Anbura;
Servat, d'Ambura;
Cresconius, de Tubinia;
Protais, de Tubinia;
Restitut, de Nova-Sina, a. Nova-Sinna;
Félix, de Nova-Sina;
Cresconius, de Cuiculum;
Lucien, de Guira;
Tutus, de Melzi;
Donatien, de Telepte;
Bellicius, de Telepte;
Potence, de Bladia;
Adéodat, de Milève;
Alype, de Thagaste;
Maximien, de Tures;
Adéodat, de Milève;
Datien, de Leges;
Urbicus, de Tebeste;
Persévérance, de Tebeste;
Aspidius, de Tacarata;
Datien, de Leges;
Aspidius, de Tacarata;
Vérissime, de Tacarata;
Fortunat, de Casæ;

Octavien, de Ressiana;
Térence, de Seleuciana;
Mescien, de Seleuciana;
Servus-Dei, de Tubursicu-Bure;
Donat, de Tubursicu-Bure;
Dialogus, de Zama;
Montan, de Zama;
Urbicosus, d'Eguilguili;
Silvain, de Perdices;
Rogat, de Perdices;
Navigius, de Dydrus;
Honorat, de Dydrus;
Romain, de Lepti-Minus;
Victorin, de Lepti-Minus;
Rufin, de Drusiliana;
Restitut, de Drusiliana;
Donat, de Tisili;
Pétilien, de Cirta;
Gallus, de Tices;
Pétilien, de Constantinia;
Donatien, de Mons;
Pétilien, de Constantinia;
Victorien, de Musti;
Félicien, de Musti;
Donat, de Tures;
Alype, de Thagaste;
Félicien, de Musti;
Primien, de Carthage;
Pétilien, de Constantinia;
Victorien, de (Musti);
Pascase, d'Anguia;
Ferox, de Macriana-Major, a. Macriniana;

Pompone, de Macriana-Major;
Asmun, de Tiguala;
Gaien, de Tiguala;
Privat, de Tiguala?;
Alype, de Thagaste;
Félix, de Segermes;
Restitut, de Segermes;
Secundus, de Magarmel;
Félix, de Magarmel;
Vincentien, de Feradi-Major;
Placentin, de Madaure;
Donat, de Madaure;
Rusticien, de Tabraca;
Clarence, de Tabraca;
Octavien, de Ressiana;
Benenatus, de Simmittus, a. Simittus;
Pétilien, de Constantinia;
Timien, d'Utma;
Félix, d'Utma;
Pétilien, de Constantinia;
Filologius, d'Adrumète;
Victorin, d'Adrumète;
Adéodat, de Belali;
Félix, de Visica;
Victor, de Tabora;
Victor, de Jufi;
Fuscinullus, d'Eliæ;
Honorius, de Cellæ;
Castus, de Cellæ;
Maximien, des Aquæ-Regiæ;
Antoine, de Carpos;
Vératien, de Carpos;

Fortunatien, de Neapolis;
Ampélius, de Neapolis;
Pannonius, de Puppi;
Victorien, de Puppi;
Januarien, de Tubulbaca;
Gratien, de Meta;
Fortunatien, de Meta;
Victor, de Bahanna;
Quodvultdeus, de Centuria;
Cresconius, de Centuria;
Fortunat, de Capsa;
Celer, de Capsa, a. Cæler;
Cresconius, de Temoniana;
Montan, d'Augurus, a. Cathaugurus;
Jocundus, de Sufetula, a. Suffetula;
Titien, de Sufetula;
Victor, de Bartana;
Honorius, de Bartana;
Victor, de Cullu;
Fidence, de Cullu;
Palatin, de Boseta, a. Bos;
Félix, de Boseta;
Quodvultdeus, de Girba, a. Girva;
Evasius, de Girba, a. Evisius;
Silvain, de Cariana;
Émilien, d'Agger;
Candorius, d'Agger;
Privat, d'Usila;
Pétilien, de Constantinia;
Maïus, d'Amudarsa;
Victor, d'Uvaza;
Secondin, d'Uvaza;

Cresconius, de Titulus ;
Victor, de Titulus ;
Milicus, de Tagamuta ;
Sperat, d'Ammedera ;
Crescentien, d'Ammedera ;
Aurèle, de Numnuli ;
Primien, de Carthage ;
Venustus, de Turuda ;
Adéodat, de Milève ;
Honorat, d'Abidda ;
Gududus, d'Ancusa, a. Aniusa ;
Donat, d'Ancusa ;
Sabratius, de Turre-Tamalluma ;
Jurata, de Turre-Tamalluma ;
Fortunat, d'Undesi ;
Cresconius, d'Undesi ;
Severus, d'Utimari ;
Pascase, de Tijuca, a. Paschase ;
Valère, d'Utinisa ;
Vrbain, de Theodala ;
Victor, de Migirpa ;
Gloriosus, de Migirpa ;
Fortunatien, de Sicca ;
Lucien, de Tuneïa ;
Donat, de Saïa ;
Rufinien, de Muzua ;
Victor, de Trisipa ;
Félicien, de Trisipa ;
Adéodat, de Bencenna ;
Faustin, de Silli ;
Possidonius, de Silli ;
Félix, d'Aptugni ;

Geta, de Jubaltiana;
Janvier, de Cenculiana, a. Januarien;
Julien, de Tasfalte;
Adéodat, de Milève;
Crescentien, d'Arena;
Licentius, de Zattara;
Malcus, de Masculas;
Vital, de Mascula;
Marien, de Rufiniana, a. Rufinianus;
Tertiolus, de Cillium;
Donat, de Cillium;
Sopater, de Tambaïa, a. Tambala;
Faustin, de Tambaïa;
Paul, d'Uzittara;
Janvier, d'Aptuca;
Dominique, de Bulla-Regia;
Victor, d'Utique;
Gedulus, d'Utique;
Cericius, d'Ucula;
Basile, d'Altiburus;
Augustialis, d'Altiburus;
Victor, de Vina;
Fructueux, d'Abziri;
Vincent, de Culusi;
Adéodat, de Milève;
Félicien, d'Utina;
Publien, de Bazarididaca;
Cassien, de Bamaccora, a. Vamaccora;
Donat, de Bamaccora;
Cresconius, de Zaraï;
Rogat, de Zaraï;
Félix, de Villa-Regis;

Victor, de Villa-Regis ;
Primulus, de Tamagrista ;
Saturnin, de Tamagrista ;
Adéodat, de Satafi ;
Urbain, de Satafi ;
Faustinien, de Tamogade ;
Gaudence, de Tamogade ;
Avit, de Lamasua ;
Janvier, de Lamasua ;
Sextilius, d'Assaba ;
Marcien, d'Assaba ;
Marcien, d'Idicra ;
Martial, d'Idicra ;
Crispulus, de Vol ;
Quodvultdeus, de Vol ;
Germain, de Gypsaria ;
Fidentin, de Gypsaria ;
Rogat, de Gaguar ;
Adéodat, de Milève ;
Quadrat, de Gegi ;
Grégoire, de Tamalla, a. Tamamalla ;
Luce, de Tamalla ;
Luce, de Tagarata ;
Quintus, de Tagarata ;
Félicien, de Cufruta ;
Primien, de Carthage ;
Boniface, de Cena ;
Vindemius, de Cena ;
Adéodat, de Bazari ;
Calipotius, de Bazari ;
Niventius, de Tunugaba ;
Primien, de Carthage ;

Sabin, de Tucca;
Adéodat, de Milève;
Marien, d'Uzippari, a. Utziparri;
Victorius, de Lares, a. Victorin,
Honorat, de Lares;
Aurèle, de Carthage;
Alype, de Thagaste;
Deuterius, de Cæsarea;
Restitut, de Thagura;
Primien, de Carthage;
Victor, d'Hipponia;
Marinien, d'Oea;
Innocent, de Lamiggiga;
Junien, de Lamiggiga;
Rufinien, de Bonusta;
Primien, de Carthage;
Laodicius, de Clypia;
Geminius, de Clypia;
Donat, de Bure;
Candorius, de Mulli;
Marcellin, de Mulli;
Isaac, d'Utina;
Félicien, d'Utina;
Victor, de Thuburbo-Minus, a. Tuburbo;
Maximin, de Thuburbo-Minus;
Félix, de Tubia;
Félix, d'Abbir-Majus;
Augendus, de Villa-Magna;
Primien, de Carthage;
Lucidus, de Marcelliana et Bazi;
. . . .
Restitut;

Aufidius, de Tignica;
Julien, de Tignica;
Fortunat, d'Abensa;
Optat, de Rusuccuru ou de Timici;
Trifolius, d'Abora;
Paulin, de Zura;
Lucrus, de Nigra-Major;
Fidence, de Cefala;
Fidence, de Cefala;
Cresconius, de Rusuca;
Ambibius, de Pisi;
Félix, de Pisi;
Rogatien, de Tigimma;
Victorien, de Tigimma;
Étienne, de Sinnuar, a. Sinuar, ad Sinuar;
Cyprien, de Siccenni;
Serotinus, de Turuzi;
Majorin, de Zemta;
Thomas, de Cubda;
Restitut, de Muzuca;
Idaxius, de Muzuca;
Antoine, de Mutugenna, a. Mutugena;
Splendonius, de Mutugenna;
Privatien, de Vegesela;
Donat, de Cillium;
Émilien, de Bennefa;
Maximien, de Bennefa;
Litorius, de Suava;
Benenatus, d'Hospita, a. Sospita;
Lucullus, d'Hospita;
Léonce, de Muserti;
Cresconius, de Muserti;

Silvain, de Macriana;
Eunomius, de Marazana, a. Marazena;
Habetdeus, de Marazana;
Barbarus, de Hierpiniana;
Moecopius, de Hierpiniana;
Secundien, d'Hermiana;
Maximien, d'Hermiana;
Postumien, de Tagora;
Barbarien, de Creperula, a. Crepirula;
Félix, de Caniopis;
Victor, de Tibaris;
Victorien, de Tibaris;
Gennade, de Membressa;
Restitut, de Membressa;
Restitut, de Simingi;
Octave, d'Utimma;
Boniface, d'Utimma;
Victorin, de Tabuda, a. Tabudesa;
Argutus, de Tabuda;
Maximin, d'Enera;
Quotvultdeus, de Nobbi ou de Vol;
Reginus, de Tigillava;
Donat, de Tigillava;
Flavien, de Pauzera;
Cresconius, de Centenarius;
Quodvultdeus, de Nebbi;
Félix, d'Iziriana;
Saturus, d'Iziriana;
Félicien, de Feradi-Minus;
Romain, de Meglapolis;
Félix, d'Uzalis ou de Maxulas;
Restitut, de Cincari;

Campanus, de Cincari ;
Nados, de Sabrata ;
Cultasius, de Matari ;
Rusticien, de Matari ;
Octavien, d'Uci-Majus ;
Salvien, de Leptis ;
Victorien, de Tibaris, ou de Tigimma, ou de Tunusuda, ou d'Abissa ;
Safargius, de Lampua ;
Cartherius, de Lampua ;
Victorin, de Tabuda ;
Gorgonius, de Liberalia ;
Victor, de Liberalia ;
Protais, de Tubinia ;
Fortunat, des Casæ-Calanæ ;
Verissime, de Tacarata ;
Theasius, de Memblosi ;
Salvien, de Leptis ;
Probance, de Trofimiana, a. Trofiniana ;
Dulcitius, de Tacapas ;
Félix, de Tacapas ;
Catulinus, de Gitti ;
Villaticus, de Sinnipsa ;
Hilarien, de Hilta ;
Victor, de Hilta ;
Janvier, de Gisipa-Major, a. Januarien ;
Sévérien, de Ceramuna, a. Ceramussa ;
Adéodat, de Milève ;
Dominique, de Bulla-Regius ;
Félix, de Bulla-Regius ;
Valentin, de Vaïana, a. Valentinien de Vaïa ;
Reginus, de Vegesela ;

Alype, de Thagaste ;
Gavin, de Végesela, a. Gavinius ;
Reparat, de Sufasar ;
Proculus, de Serra ;
Publicius, de Gratianopolis ;
Deuterius, de Gratianopolis ;
Maximien, de Sugabbar, a. Suboabbur ;
Germain, de Sugabbar ;
Pompéïen, de Sucarda ;
Alype, de Thagaste ;
Fortunat, de Rusuccurru, a. Rusuccuru ;
Optat, de Rusuccurru ;
Victor, de Bartimisia ;
Restitutien, de Sululas ;
Helpidius, d'Aquæ ;
Réparat, d'Aquæ ;
Victor, de Maliana ;
Nestorius, de Maliana ;
Restitutus, de Thagura ?, ou Nova-Sina ;
Victor, de Mammilla, a. Mamilla ;
Sérénien, de Mammilla ;
Victor, de Tabaïcaria, a. Tabaïcazia ;
Marcien, de Tabaïcaria ;
Victor, de Timici ;
Optat, de Timici ;
Boniface, de Valli ;
Restitut, de Valli ;
Limenianus, de Taprura ;
Proculus, de Giutsi-Salaria ;
Auxilius, de Nurcona ;
Sévérin, de Castellum ;
Mensurius, de Medefesse ;

Honorius, de Cellæ;
Janvier, des Casæ-Medianæ;
Émilien, des Casæ-Medianæ;
Adéodat, de Simidicca;
Restitutus, de Nova-Sina;
Solemnius, de Tigisi;
Paschase, de Tigisi;
Lampadius, de Tisedi;
Donat, de Tisedi;
Cyprien, de Tuburbo-Majus;
Rufin, de Tuburbo-Majus;
Donatien, de Zella;
Natalicus, de Zella;
Alype, de Tagastis;
Pétilien, de Constantinia;
Augustin, d'Hipponia-Regius, a. Ypponia;
Macrobe, d'Hippo-Regius;
Vincent, de Culusi;
Fortunat, de Constantinia;
Pétilien, de Constantinia ou Cirta;
Aurèle, de Carthage;
Fortunatien, de Sicca;
Possidius, de Calama;
Crispin, de Calama;
Pétilien, de Constantinia;
Florentin, d'Hippone-Zaritus;
Victor, d'Hippone-Zaritus;
Fortunat, de Constantina;
Fortunatien, de Sicca;
Sérénien, de Midita, a. Midi;
Pelerin, de Sufes;
Victor, d'Hippone-Zaritus;

Florence, d'Hippone-Zaritus;
Novat, de Sitifis;
Marcien, de Sitifis;
Maurence, de Tubursicu;
Januarien, de Tubursicu;
Boniface, de Cataquas;
Spérat, de Cataquas;
Squillacius, de Scillium, a. Scilium;
Donat, de Scillium;
Priscus, de Quidia, a. Quizica;
Honorat, des Aquæ-Sira;
Denterius, de Cæsaria;
Fortunatien, de Sicca;
Émérite, de Cæsaria;
Restitut, de Tagora;
Fortunatien, de Sicca;
Léon, de Mopta;
Félix, de Mopta;
Astère, de Vicus;
Vrbain, de Vicus? ou de Satafi;
Pétilien, do Constantinia;
Émérite, de Cæsarea;
Januarien, des Casæ-Nigræ, a. Janvier;
Primien, de Carthage;
Félix, de Rome;
Donat, de Botriana;
Florin, de Putizia, a. Florian, de Putzia;
Candorius, d'Agger;
Optat, de Rusuccuru;
Donatien, de Bagaï;
Antonien, de Lamsorta;
Victorien, d'Abissa;

Fortis, de Cedias ;
Primien, de Carthage ;
Pétilien, de Constantinia ;
Émérite, de Cæsarea ;
Protais, de Tubunæ ;
Montan, de Zama-Regia ;
Gaudence, de Thamugade ;
Adéodat, de Milève ;
Januarien, des Casæ-Nigræ ;
Primien, de Carthage ;
Félix, de Rome ;
Donat, de Botriana ;
Florian, de Putizia ;
Candorius, d'Agger ;
Antonien, de Lamsorta, a. Lanforta ;
Possidius, de Calama ;
Aurèle, de Carthage ;
Januarien, des Casæ-Nigræ ;
Primien, de Carthage ;
Félix, de Rome ;
Possidius, de Calama ;
Aurèle, de Carthage ;
Pétilien, de Constantinia ;
Innocent, de Rome ;
Donat, de Botriana ;
Florian, de Putizia ;
Primien, de Carthage ;
Candorius, d'Agger ;
Antoine, de Lamsorta ;
Dacien, de Tamica ;
Victorien, d'Abissa ;
Natalicus, de Zella, a. Tzella ;

Maximin, de Sufes;
Mizonius, a. Mizonus;
Fortis, de Cedias;
Pétilien, de Constantinia;
Fortunatien, de Sicca;
Alype, de Thagaste;
Émérite, de Cæsarea;
Optat, de Rusuccuru;
Pompone, de Macriana;
Donatien, de Bagaï;
Privat, d'Auzaga, a. Azuga;
Ampèle, d'Auzaga;
Primulus, d'Auzaga;
Aurèle, de Carthage;
Donatien, de Bagaï;
Privat, de Vaga;
Donatien, de Bagaï, a. Bagala;
Privat, de Vaga;
Alype, de Thagaste;
Rogat, de Zaraï ou de Perdices;
Januarien, de Vaga;
Privat, de Vaga;
Primien, de Carthage;
Januarien, d'Auzagga;
Privat, d'Auzagga;
Donat, de Celerina;
Victor, d'Hipponia-Diarrhytus, a. Ippone-Diarryt;
Sarmentius, de Ternamusa, a. Cernamusa;
Persévérance, de Téveste;
Pancrace, de Badias;
Maximien, de Serteï, a. Serfeï;
Séverin, de Castellum;

Colonicus, de Tinista;
Félix, de Mopta;
Secundinus, de Jucundiana ;
Donat, de Vageata;
Alype, de Thagaste;
Pétilien, de Constantinia;
Rogatien, d'Idassa;
Aurèle, de Macomadia;
Germain, de Zugabbar, a. Zugabar;
Rogatien, de Villa-Magna;
N....., de Bazi;
Pétilien, de Constantinia;
Alype, de Thagaste;
Primien, de Carthage;
Donat, d'Apissana;
Pétilien, de Constantinia;
Quintase, de Vaïana, a. Vaïa;
Alype, de Thagaste;
Janvier, de Lamasba;
Félix, de Nova-Sinna, a. Nova-Senna;
Martial, d'Idicra;
Gedudus, d'Utique;
Urbain, de Satafi;
Donat, de Cillium;
Libéral, de Nasaïta, a. Nasaï, Nassaï;
Maximien, d'Hermiana, a. Ermiana;
Fortunat, de Vescera;
Pelerin, de Sufes ;
Donat, de Merferebi;
Gavin, de Vegesela;
Veratien, de Carpos;
Faustinien, de Carpos;

Gaïen, de Tiguala;
Rogat, de Perdices;
Victorin, de Lepti-Minus, a. Epti-Minus;
Martinien, de Tibuzabeta;
Quintien, de Lacus-Dulcis;
Pelage, de Vanariona;
Victorien, de Tibaris;
Primulien, de Mandasuma;
Fortunatien, de Meta;
Félicien, d'Utina;
Florentin, de Tubusubtus;
Marc, de Midica, a. Midicca;
Alype, de Thagaste;
Dimenianus, de Taprura, a. Limelimenianus;
Donat, de Cresima;
Victorien, de Puppi;
Dativus, de Nova-Petra;
Maximin, de Dices;
Cresconius, de Leges;
Valentinien, de Junca;
Gaudence, de Zerta;
Aurèle, de Macomazia;
Boniface, d'Urugi;
Donat, de Bamaccora;
Absalon?, de Bamaccora, a. Abessalon;
Aurèle, de Macomadia;
Cassien, de Bamaccora;
Restitut, de Drusiliana;
Flavien, de Pauzera;
Clarence, de Tabraca;
Recargentius, de Lamiggiga;
Aurèle, de Macomadia;

Pascase, de Tugga, a. Paschase;
Castus, de Cellæ;
Aptus, de Tuzuros;
Victor, de Rotaria;
Aurèle, de Macomadia;
Adéodat, de Milève;
Aurèle, de Macomadia;
Victor, d'Azura;
Calipode, de Vazari;
Benenatus, des Casæ-Bastalæ;
Honorat, d'Adque-Sira;
Félix, de Maxulas, a. Mazulas;
Marcien, de Sitifis;
Janvier, de Numidia;
Fortunatien, de Sicca;
Réparat, de Sufasar, a. Sifaï;
Campanus, de Cincari;
Cresconius, de Cæsariana;
Novat, de Sitifis;
Adéodat, de Milève;
Salvien, de Leptis;
Fortunatien, de Sicca;
Félicissime, d'Obba;
Julien, de Midla;
Fortunacien, de Sicca;
Adéodat, de Milève;
Optat, de Timici;
Victorien, de Tigimma;
Honorius, de Vartana;
Martin, de Siccesi;
Vindemius, de Cenas;
Donat, de Tanudaïa;

Possidius, de Silli, a. Silili ;
Réparat, d'Aquæ ;
Honorat, de Lares ;
Proficentius, de Macomazia, Rusticiana, a. Macomadia, a. Macomaza, Macomades ;
Fortunatien, de Sicca ;
Paschase, de Dusi ;
Antonien, de Drua ;
Janvier, d'Aqua-Alba ;
Crescent, d'Icosium ;
Paschase, de Tures, a. Pascase ;
Victor, d'Oria ;
Marcien, de Tabazaga ;
Cresconius, de Sigui ;
Dativus, de Visa ;
Quodvultdeus, de Nebbi ;
Constance, de Rusubiccaria, a. Rusubbicaria ;
Augustalis, d'Altiburus ;
Saturnin, de Tamagrista ;
Simplice, de Tibilis ;
Aurèle, de Macomadia ;
Adéodat, de Milève ;
Vérien, de Turris-Alba ;
Vérissime, de Tacarata ;
Servat, d'Ampora, a. Amphora ;
Martial, de Vatarba ;
Donat, de Tamascanina ;
Quadratien, de Sicilibba ;
Saturne, de Sita ;
Junior, de Rusiccadia ;
Miggin, d'Edistiana ;
Fidence, de Diana ;

Geminius, de Clypia ;
Marcien, d'Assaba ;
Rogatien, de Vicus-Aterii ;
Donat, de Bucconia ;
Donat, de Tegulata ;
Donat, de Zica ;
Félix, de Magarmel, a. Magarmela ;
Marcellin, de Mulli ;
Benenatus, des Casæ de Silvana ;
Rufin, de Labda ;
Victor, de Dionysiana, a. Dionisiana ;
Primien, de Carthage ;
Benenatus, de Mesarfelta ;
Aurèle, de Macomadia ;
Lucien, de Mesarfelta ;
Glorieux, de Migirpa ;
Junien, de Lamigiga ;
Paul, de Sicca ;
Félicien, d'Aqua-Nova ;
Émilien, de Verrona ;
Secundin, d'Uvazia ;
Bellicius, de Telepte ;
Luce, de Zaba ;
Bébien, de Dusa ;
Boniface, d'Utimma, a. Utumma ;
Restitut, de Membressa ;
Cresconius, d'Aquæ ;
Aurèle, de Macomadia ;
Victor, de Curubis ;
Sature, de Bizacia ;
Florentin, de Furnos, a. Florence ;
Émilien, des Casæ-Medianæ ;

Victor, de Gatiana;
Luculus, des Hospitia;
Romain, de Lesvi;
Restitut, de Segermes;
Cresconius, des Horrea-d'Aninicius;
Faustin, de Tambaïa;
Primilien, de Lucimagna;
Maximien, de Bennefa;
Primien, de Carthage;
Donat, de Tisedi;
Urbain, de Tala;
Innocent, de Guzabeta;
Félix, de Zumma, a. Tuzumma;
Léonce, de Rusticiana;
Térence, de Seleuciana;
Adéodat, de Milève;
Évasius, de Girba;
Fortunatien, de Sicca;
Félix, de Zumma;
Adéodat, de Milève;
Optat, de Timici ou do Rusuccurru;
Félix, de Lambia;
Félix, de Zumma, a. Zuma;
Alype, de Thagaste;
Adéodat, de Milève;
Possidius, de Calama;
Pétilien, de Constantinia;
Félix, de Lambia;
Flavien, de Pauzera;
Donat, de Sucarda;
Janvier, de Thubursicu des Numides;
Securus, de Tenæ;

Donat, des Aræ;
Marinien, d'Oea;
Montan, de Cemerinianum;
Fortunat, de Constantinia, a. Constantinus;
Donatien, de Carcabiana;
Juste, de Niciba;
Félix, de Tagaraïa;
Victor, d'Equizeta;
Janvier, d'Horrea-Cælia;
Cresconius, de Pudentiana;
Aurèle, de Macomadia;
Memmien, de Pudentiana;
Memmien, de Pudentiana;
Adéodat, de Milève;
Aurèle, de Macomadia;
Janvier, d'Aptuca;
Victor, de Libertina;
Fidence, de Cullu;
Saturnin, de Gazabiana;
Vital, de Masculas;
Aurèle, de Macomadia;
Pétilien, de Constantinia;
Rufinien, de Tuburbo;
Cresconius, de Baïesi;
Saturnin, de Victoriana;
Lucien, de Burugiata;
Maxime, d'Abitina;
Victor, de Gibba;
Victorien, de Tunusuda;
Cresconius, d'Ausugraba;
Fortunatien, de Senemsalas;
Saluste, de Zerta;

Hilarus, de Sulli;
Victor, de Tabora, a. Tabbora;
Primien, de Carthage;
Argutus, de Tabuda;
Félix, de Manazena-Regius;
Macrobe, d'Hipponia, a. Ipponina, Ipponna;
Maximin, d'Uzabira;
Cresconius, de Silemsila;
Aurèle, de Macomadia;
Adéodat, de Milève;
Gaudence, de Nigizubi;
Cresconius, de Sinitus;
Turrasius, de Fissana;
Spérat, de Cataquas;
Fortunatien, de Vensana;
Janvier, de Centuriones;
Comparator, de Mactaris;
Cresconius, de Banzara;
Victor, de Hilta;
Victor, de Titulus;
Félix, de Vos;
Palatin, de Boseta;
Adéodat, de Milève;
Rogat, de Zaraï;
Cresconius, de Zaraï;
Adéodat, de Milève;
Maximin, de Tuburbo;
Donat, des Medianæ des Zabunii;
Victor, c.;
Novat, de Sitifis;
Adéodat, de Milève;
Félix, d'Uzala;

Servandus, des Casæ-Favenses ;
Félix, de Putia ;
Pétilien, de Constantinia ;
Messien, de Seleuciana ;
Libérance, de Tisaniana ;
Cresconius, d'Advocata ;
Donat, de Scillium, a. Scilium ;
Vrbain, de Vicus, a. Bicus ;
Victorin, d'Adrumète ;
Maxime, de Caniana ;
Ampèle, de Neapolis ;
Maxime, de Macra ;
Idaxius, de Muzuca ;
Restitut, de Flumenpiscis ;
Tertulle, de Cilibia ;
Janvier, de Nara ;
Honorat, de Thusdrus, a. Tusdrus ;
Crescentilien, de Lambirita, a. Crescrentilien de Lambiri ;
Aurèle, de Macomadia ;
Habetdeus, d'Aurusuliana, a. Habetdeum ;
Burcaton, de Gemellas ;
Janvier, de Betagbar, a. Batagbara ;
Donatien, de Lamzella ;
Aurèle, de Macomadia ;
Ruf, de Lamzelli ;
Celer, de Capsa ;
Cresconius, de Muserti, a. Musti ;
Donat, de Tubursicu ;
Quodvultdeus, de Cessi, a. Quodvuldeus ;
Pétilien, de Constantinia ;
Fortunatien, de Sicca ;

Alype, de Thagaste;
Aurèle, de Carthage;
Quodvultdeus, de Cessi;
Adéodat, de Milève;
Vincent, de Culusi;
Emérite, de Cæsarea;
Quodvultdeus, de Vol;
Donat, de Turris-Rotunda, a. Rutunda;
Victorius, de Selendeta, a. Victorin;
Crescentien, d'Ammædara;
Crescentien, d'Ammedera;
Félix, de Bulla;
Cresconius, de Cibaliana;
Jurata, de Turris-Tamalluma, a. Tamallema;
Libéral, de Milidia;
Donat, d'Auzagera;
Victor, de Villa-Regis;
Donat, de Buza;
Luce, de Tamalla,
Quintus, de Tagarata;
Dacien, de Telepte;
Megase, de Tucabora;
Honorat, de Iommita, a. Iommium;
Vital, d'Ucres;
Plutien, de Mascliana;
Faustin, de Naraggara;
Félicien, de Vilta;
Félix, de Boncara;
Félix, de Tela;
Secundus, d'Aras;
Julien, de Tignica;
Splendonius, de Mutugenna, a. Mutigenna;

Sérénien, de Mammilla, a. Mammila;
Salvien, de Leptis;
Reparat, de Vinda;
Léonce, de Præsidium, a. Presidium;
Titien, de Sufetula;
Nestorius, de Maliana;
Donat, d'Ancusa;
Flavosus, de Cissi;
Maximin, de Turris-Blanda;
Miggin, de Vagal;
Donatien, de Capsus;
Marcien, de Cebarsussa;
Restitut, de Larita, a. Lar;
Victorinien, d'Aquæ;
Asellicus, de Tusuros;
Faustin, de Nationa;
Marcien;
Eminentius;
Félix, de Nova-Sinna;
Alype, de Thagaste;
Martial, d'Idicra, a. Idicrica;
Félix, de Garba;
Juste, de Forma;
Marcien, d'Idicra;
Félix, de Garba;
Gaudence, de Tigisi;
Cresconius, de Sigui, a. Siggui;
Gaudence, de Tigisi;
Fortunatien, de Sicca;
Donat, de Sucarda;
Marinien, d'Oea;
Alype, de Thagaste;

Apronien, de Mazaca;
Maximin, de Suffes;
Victor, d'Ajura;
Félix, de Ficus;
Félix, de Macriana, a. Mariana;
Luce, d'Oliva;
Tertullien, d'Hirena;
Jean, de Gummi;
Ampèle, de Vaga;
Primulus, de Vaga;
Alype, de Thagaste;
Sévère, de Milève;
Reginus, de Tigillaba;
Alype, de Thagaste;
Dauphin, de Constantinia;
Faustinien, de Rusiccade;
Félix, de Serteï;
Victor, d'Abitina;
Æneas, de Turbunica;
Annibonius, d'Abbir, a. Abir;
Félix, de Nova;
Argyrius, de Sitipa, a. Stipa;
Alype, de Thagaste;
Pétilien, de Constantinia;
Fortunatien, de Sicca;
Alype, de Thagaste;
Adéodat, de Milève;
Alype, de Thagaste;
Léon, de Mopta;
Astérius, de Vicus;
Primien, de Carthage;
Vératien, de Carpos;

Victor, d'Hippone-Diarrhyte;
Pétilien, de Constantinia;
Aurèle, de Carthage;
Alype, de Thagaste;
Augustin, d'Hippone-Royale;
Vincent, de Culusi;
Fortunat, de Constantina;
Fortunatien, de Sicca;
Possidius, de Calama;
Novat, de Sitifis;
Florence, d'Hippone-Diarrhyte;
Maurence, de Thubursicu des Numides;
Prisque, de Quiza;
Sérénien, de Mididi;
Boniface, de Cathaquas;
Scillacius, de Scillium;
Deuterius, de Cæsarea;
Léon, de Mopta;
Astère, de Vicus;
Restitut, de Thagura;
Primien, de Carthage;
Pétilien, de Constantina;
Émérite, de Cæsarea;
Protais, de Tubunæ;
Montan, de Zama;
Gaudence, de Thamugade;
Adéodat, de Milève;
Pétilien, de Constantina;
Possidius, de Calama;
Primien, de Carthage;
Pétilien, de Constantinia;
Émérite, de Cæsarea;

Protais, de Tubunæ ;
Montan, de Zama ;
Gaudence, de Thamugade ;
Adéodat, de Milève ;
Primien, de Carthage ;
Augustin, d'Hippone-Royale ;
Pétilien, de Constantinia ;
Fortunatien, de Sicca ;
Alype, de Thagaste ;
Émérite, de Cæsarea ;
Fortunat, de Constantina :
Possidius, de Calama ;
Alype, de Thagaste ;
Adéodat, de Milève ;
Marinien, d'Oea ;
Aurèle, de Carthage ;
Alype, de Thagaste ;
Augustin, d'Hippone-Royale ;
Vincent, de Culusi ;
Fortunat, de Constantina ;
Fortunatien, de Sicca ;
Possidius, de Calama ;
Novat, de Sitifis ;
Florence, d'Hippone-Diarrhyte ;
Maurence, de Thubursicum des Numides ;
Boniface, de Cathaquas ;
Prisque, de Quiza ;
Sérénien, de Mididi ;
Scillacius, de Scillium ;
Deuterius, de Cæsarea ;
Léon, de Mopta ;
Astère, de Vicus ;

Restitut, de Thagura;
Primien, de Carthage;
Pétilien, de Constantinia;
Émérite, de Cæsarea;
Montan, de Zama;
Gaudence, de Thamugade;
Adéodat, de Milève;
Pelerin, de Sufes;
Aptus, de Tusuros;
Clarence, de Thabraca;
Habetdeus, de Marazana ou Aurusuliana;
Fortunatien, de Sicca;
Montan, de Zama-Regia;
Augustin, d'Hippone-Royale;
Adéodat, de Milève;
Vincent, de Culusi;
Possidius, de Calama;
Alype, de Thagaste;
Fortunat, de Constantina;
Émérite, de Cæsarea;
Fortunatien, de Sicca;
Alype, de Thagaste;
Augustin, d'Hippone-Royale;
Pétilien, de Constantinia;
Possidius, de Calama;
Pétilien, de Constantinia;
Vincent, de Culusi;
Émérite, de Cæsarea;
Augustin, d'Hippone-Royale;
Pétilien, de Constantinia;
Vincent, de Culusi;
Fortunatien, de Sicca;

Émérite, de Cæsarea ;
Augustin, d'Hippone-Royale ;
Montan, de Zama-Regia ;
Vincent, de Culusi ;
Augustin, d'Hippone-Royale ;
Alype, de Thagaste ;
Possidius, de Calama ;
Émérite, de Cæsarea ;
Pétilien, de Constantinia ;
Montan, de Zama-Regia ;
Fortunatien, de Sicca ;
Pétilien, de Constantinia ;
Vincent, de Culusi ;
Augustin, d'Hippone-Royale ;
Émérite, de Cæsarea ;
Gaudence, de Thamugade ;
Pétilien, de Constantinia ;
Alype, de Thagaste ;
Augustin, d'Hippone-Royale ;
Primien, de Carthage ;
Adéodat, de Milève ;
Fortunatien, de Sicca ;
Mégale, de Calama ;
Habetdeus, d'Aurusuliana ;
Augustin, d'Hippone-Royale.

LISTE

Des Évêques qui assistèrent au Concile de Milève, en 416.

Silvain, de Summa;
Valentin, de Bajana;
Aurèle, de Macomades;
Donat, d'Anbura;
Restitut, de Thagura;
Lucien, de Guira;
Alype, de Thagaste;
Augustin, d'Hippone-Royale;
Placentius, de Madaure;
Sévère, de Milève;
Fortunat, de Cirta;
Possidius, de Calame;
Novat, de Sitifis;
Secundus, de Magarmel;
Maurence, de Thubursicum des Numides;
Léon, de Mopta;
Faustinien, de Rusicade ou de Thamugade;
Crésconius, de Cuicul;
Malchus, de Mascula;
Littorius, de Suava;
Fortunat, des Casæ-Calanæ;
Donat;

Ponticanus ;
Cresconius, de Tubunæ ;
Honorius, de Cellæ ;
Luce, de Tagarata ;
Adéodat, de Milève ;
Processus ;
Cresconius, de Zaraï ;
Secundus ;
Félix, de Villa-Regis ;
Asiaticus ;
Rufinien ;
Faustin, de Silli ;
Servus ;
Terentius, de Seleuciana ;
Cresconius, de Centenaria ;
Sperantius ;
Quadratus, de Gegi ;
Lucillus, du Castellum de Simitthu ;
Sabin, de Thucca ;
Faustin, de Naraggara ;
Cresconius ;
Victor, d'Ajura ;
Gignantius ;
Possidonius, de Silli ;
Antoine, de Fussala ;
Innocent, de Lamiggiga ;
Præsidius ;
Crescence ;
Félix, d'Iziriana ;
Victor, de Chullu ;
Honorat, de Mastara ;
Donat ;

Præsidius;
Cresconius;
Lampadius, de Tisedi;
Delphin, de Cirta.

Quelques sièges sont incertains et d'autres sont inconnus, parce que leurs titulaires étaient sans doute postérieurs à la conférence. Il y a des noms d'anciens Donatistes revenus à l'unité.

LISTE

Des Évêques de Numidie qui furent appelés à Carthage en 484.

Félix, de Vescera ;
*Augence, de Gadiaufala ;
Quodvultdeus, de Calame ;
Honorat, de Castellum ;
Léonce, de Burgus ;
*Firmien, de Centuriones ;
Rufinien, de Vada ;
*Paul, de Nebbi ;
Martial, de Giru ;
Victor, de Cuicul ;
Cresconius, d'Anbura ;
*Adéodat, de Fesseï ;
Vitalien, de Bucconia ;
*Duumviralis, de Bamaccora ;
Donat, d'Ausucurra ;
*Pallade, d'Idicra ;
Gaudence, de Putia ;
Victor, de Sigus ;
Benenatus, de Lambiridi ;
Timothée, de Thagura ;
Melior, de Fussala, Nam. ;
Frumence, de Thubursicum ;

Félix, de Lamsorta;
*Abundius, de Tiddi;
**Valentien, de Mons;
Adéodat, de Nova-Barbara;
Adéodat, d'Idassa;
Florence, de Nova-Germania;
Villaticus, des Casæ-Medianæ;
Eusèbe, de Rusicade;
Victorin, de Nova-Cæsaris;
**Vitalien, de Vazari;
Junior, de Tigillaba;
*Vigile, de Ressiana;
Leporius, d'Augura;
Pascence, d'Octava;
Pierre, de Mada;
*Félix, de Mastara;
Florence, de Centenaria;
*Félix, de Gilba;
Florentien, de Midila;
Fluminius, de Tabuda;
Optantius, des Casæ-Calanæ;
*Pelerin, de Pudentiana;
*Félix, de Nova-Sparsa;
Félicien, de Meta;
*Dominique, de Cæsarea;
*Candidé, de Nova-Sinna;
Quodvultdeus, de Cæliana, Nam.;
Janvier, de Zattara;
Victorin, de Castellum-Tituli;
Fructueux, de Giru-Marcelli;
Cresconius, de Tarasa;
*Maxime, de Silli;

*Vigile, d'Hizirzada;
Victor, de Municipe;
Servus, d'Arsacal;
Félix, des Casæ-Nigræ;
Donatien, de Veseli;
Pudence, de Madaure;
Donat, de Rusticiana;
Donat, de Villa-Regis;
*Crescent, de Buffada;
*Adéodat, de Sistroniana;
Rustique, de Tipasa;
Simplice, de Thibilis;
**Étienne, de (Castellum) Simitthu;
Pascence, de Cathaquas;
**Donatien, de Teglata;
Cresconius, de Zaba;
**Antonien, de Musti;
Réparat, de Tubunæ;
**Anastase, d'Aquæ-Novæ;
*Victorin, de Babra;
Félix, de Theveste;
Domnin, de Moxori, metallo;
*Secundus, de Thamugade;
Victorin, de Legia;
Quodvultdeus, de Respecta;
Janvier, de Velefi;
*Benenatus, de Mazaca;
*Donat, de Lugura;
*Victor, de Cirta;
Pardalius, de Macomades;
*Janvier, de Lega;
Quodvultdeus, de Turres-Concordi;

*Maxime, de Lamphua ;
Marcellin, de Vagrauta ;
Domnicosus, de Tigisi ;
Donat, de Gilba ;
*Fortunius, de Regiana ;
Donat, de Sila ;
Victor, de Gaudiaba ;
Januarien, de Mascula ;
Janvier, de Centuria ;
Félix, de Suava ;
Crescentien, de Germania ;
Annibonius, de Vadesi ;
*Janvier, de Gauriana ;
Fortunatien, de Naraccata ;
Maxime, de Lamiggiga ;
*Félix, de Garba ;
Jules, de Magarmel ;
*Ponticanus, de Forma ;
Victor, de Turres-Ammeniæ ;
Servus, de Belesasa ;
Honorat, de Fata ;
Messor, de Forma ;
Pelerin, de Mulia ;
Gedalius, d'Hospita ;
*Fulgence, de Vagada ;
Secundin, de Lamasba ;
Crescence, de Tacarata ;
Benenatus, de Milève ;
**Quodvultdeus, d'Ulli ;
*Proficius, de Seleuciana ;
*Proficius, de Vada ;
*Janvier, de Thagaste ;

Donat, de Maximiana;
*Adéodat, de Zaraï;
Félicien, de Giru-Tarasi;
Cardelus, de Lamiggiga;
Flavien, de Vicus-Pacis.

Les Évêques dont le nom est précédé d'un astérisque, sont ceux qui sont morts en exil pour leur foi, ainsi que l'indique l'annotation jointe à leur nom, *probatus*, qui répond au terme *canonisé*, aujourd'hui en usage dans l'Église. Ceux dont le nom est précédé de deux astérisques, appartiennent, croyons-nous, à des provinces voisines de la Numidie.

NOMS

Des Évêques de la Numidie.

Abundius, de Tiddi, en 482;
Adéodat, de Belalita, en 411;
Adéodat, de Fessei, en 482;
Adéodat, d'Idassa, en 482;
Adéodat, de Milève, en 411;
Adéodat, de Nova-Barbara, en 482;
Adéodat, de Sistroniana, en 482;
Adéodat, de Zaraï, en 482;
Agape, de Cirta;
Alype, de Thagaste, en 428;
Anastase, d'Aquæ Novæ, en 482;
Annibonius, de Vadesi, en 482;
Antigone, de Madaure, en 349;
Antonien, de Lamsorta, en 411;
Antoine, de Fussala, en 428;
Antoine, de Mutugenna, en 411;
Apronien, de Mazaca, en 411;
Argentius, de Lamiggiga;
Argutus, de Tabuda, en 411;
Asclepius, de Baïa, en 395;
Aspidius, de Tacarata, en 411;
Augentius, de Gadiaufala, en 482;
Augustin, d'Hippone-Royale, en 430;

Avit, de Lamasba, en 411 ;
Aurèle, de Macomades, en 411 ;
Bébien, de Dusa, en 411 ;
Bëien, de Baïana, en 394 ;
Benenatus, des Casæ-Bastalæ, en 482 ;
Benenatus, des Casæ-Silvanæ ;
Benenatus, d'Hospita, en 411 ;
Benenatus, de Lambiridi, en 482 ;
Benenatus, de Mazaca, en 482 ;
Benenatus, de Mesarfelta, en 411 ;
Benenatus, de Milève, en 482 ;
Boniface, de Cathaquas, en 411 ;
Burcaton, de Gemellæ, en 411 ;
Candide, de Nova-Sinna, en 482 ;
Candide, de Villa-Regis, en 406 ;
Cardelus, de Lamiggiga, en 482 ;
Cartherus, de Lamphua, en 411 ;
Cassien, de Bamaccora, en 411 ;
Cassius, de Macomades, en 255 ;
Clarence, de Thabraca, en 411 ;
Clarissime, de Thabraca, en 646 ;
Clarus, de Mascula, en 255 ;
Columbus, de Maximiana ? ;
Columbus, de Naraccata, en 525 ;
Crescent, de Buffada, en 482 ;
Crescent, de Cirta, en 255 ;
Crescent, de Cuicul, en 553 ;
Crescentien, de Germania, en 482 ;
Crescentilien, de Lambiridi, en 411 ;
Crescence, de Tacarata, en 482 ;
Cresconius, d'Anbura, en 482 ;
Cresconius, d'Aquæ, en 411 ;

Cresconius, d'Ausugraba, en 411 ;
Cresconius, de Banzara, en 411 ;
Cresconius, de Cæsariana, en 411 ;
Cresconius, de Castellum de Simitthu, en 411 ;
Cresconius, de Centenarius, en 411 ;
Cresconius, de Centuria, en 411 ;
Cresconius, de Cuicul, en 411 ;
Cresconius, de Legis-Volumni, en 411 ;
Cresconius, de Pudentiana, en 411 ;
Cresconius, de Sigus, en 411 ;
Cresconius, de Silemsila, en 411 ;
Cresconius, de Tarasa, en 482 ;
Cresconius, de Tubunæ, en 411 ;
Cresconius, de Vadesi, en 411 ;
Cresconius, de Villa-Regis, en 397 ;
Cresconius, de Zaba, en 482 ;
Cresconius, de Zaraï, en 411 ;
Cresconius, de Zattara, en 553 ;
Crispin, de Calama, en 411 ;
Cyprien, de Bagaï ;
Dacien, de Leges, en 411 ;
Datif, de Badias, en 255 ;
Datif, de Nova-Petra, en 411 ;
Datif, de Visa, en 411 ;
Dauphin, de Cirta, en 411 ;
Dominique, de Cæsarea, en 482 ;
Domnicosus, de Tigisi, en 482 ;
Domnin, de Moxori, en 482 ;
Donatien, de Bagaï, en 411 ;
Donatien, de Lamzella, en 411 ;
Donatien, de Veseli, en 482 ;
Donatien, de Capsus, en 411 ;

Donat, d'Anbura, en 411 ;
Donat, d'Ausucurru, en 482 ;
Donat, de Bagaï, en 348 ;
Donat, de Bamaccora, en 411 ;
Donat, de Bucconia, en 411 ;
Donat, de Buza, en 411 ;
Donat, de Calama, en 305 ;
Donat, des Casæ-Nigræ ;
Donat, de Celerina, en 411 ;
Donat, de Gilba, en 482 ;
Donat, de Lugura, en 482 ;
Donat, de Macomades, en 406 ;
Donat, de Madaure, en 411 ;
Donat, de Mascula, en 305 ;
Donat, de Maximiana, en 482 ;
Donat, de Rusticiana, en 482 ;
Donat, de Sila, en 482 ;
Donat, de Tanudaïa, en 411 ;
Donat, de Tigillaba, en 411 ;
Donat, de Tisedi, en 362 ;
Donat, de Turris-Rotunda, en 411 ;
Donat, de Vageata, en 411 ;
Donat, de Villa-Regis, en 482 ;
Duumviralis, de Bamaccora, en 482 ;
Elpidephore, de Cuicul, en 349 ;
Émilien, des Casæ-Medianæ, en 411 ;
Émilien, de Verrona, en 411 ;
Eusèbe, de Rusicade, en 482 ;
Faustinien, de Rusicade, en 411 ;
Faustinien, de Thamugade, en 411 ;
Faustin, d'Hippone-Royale ;
Faustin, de Silli, en 411 ;

Félicien, des Aquæ-Novæ, en 411 ;
Félicien, de Giru-Tarasi, en 482 ;
Félicien, de Meta, en 482 ;
Félix, de Bagaï, en 255 ;
Félix, de Baïa, en 349 ;
Félix, de Bamaccora, en 255 ;
Félix, des Casæ-Nigræ, en 482 ;
Félix, de Garba, en 411 ;
Félix, de Gilba, en 482 ;
Félix, d'Idicra ;
Félix, d'Iziriana, en 411 ;
Félix, de Lambia, en 411 ;
Félix, de Lamsorta, en 482 ;
Félix, de Magarmel, en 411 ;
Félix, de Mastara, en 482 ;
Félix, de Nova, en 411 ;
Félix, de Nova-Sinna, en 411 ;
Félix, de Nova-Sparsa, en 482 ;
Félix, de Putia, en 411 ;
Félix, de Rotaria, en 305 ;
Félix, de Suava, en 482 ;
Félix, de Summa, en 411 ;
Félix, de Theveste, en 482 ;
Félix, de Vescera, en 482 ;
Félix, de Villa-Regis, en 411 ;
Félix, de Zattara, en 525 ;
Fidence, de Chullu, en 411 ;
Fidence, de Diana, en 411 ;
Fidence, d'Hippone-Royale ;
Firmien, de Centuriones, en 482 ;
Firmus, de Thagaste ;
Firmus, de Tipasa, en 553 ;

Flavien, de Pauzera, en 411 ;
Flavien, de Vicus-Pacati, en 482 ;
Florentien, de Midila, en 482 ;
Florentien, de Vicus-Pacati, en 525 ;
Florence, de Centenarius, en 482 ;
Florence, de Lamsorta, en 525 ;
Florence, de Nova-Germania, en 482 ;
Fluminius, de Tabuda, en 482 ;
Fortis, de Cedias, en 411 ;
Fortunatien, de Meta, en 411 ;
Fortunatien, de Naraccata, en 482 ;
Fortunat, des Casæ-Calanæ, en 411 ;
Fortunat, de Cirta, en 416 ;
Fortunat, de Vadesi, en 411 ;
Fortunat, de Vensana, en 411 ;
Fortunat, de Vescera, en 411 ;
Fortunius, de Regiana, en 482 ;
Fortunius, de Thubursicum des Numides ;
Fructueux, de Giru-Marcelli, en 482 ;
Frumence, de Thubursicum des Numides, en 482 ;
Fulgence, de Vagada, en 482 ;
Gabinius, de Vegesela, en 411 ;
Gaudence, de Putia, en 482 ;
Gaudence, de Thamugade, en 420 ;
Gaudence, de Tigisi ;
Gaudence, de Zerta, en 411 ;
Gedalius, d'Hospita, en 482 ;
Generosus, de Cirta, en 400 ;
Gildo, de Lamzella ;
Gorgone, de Liberalia, en 411 ;
Gratien, de Meta, en 411 ;
Heraclius, d'Hippone-Royale, en 430 ;

Hilaire, de Sulli, en 411 ;
Honorat, de Castellum, en 482 ;
Honorat, de Cirta ;
Honorat, de Fata, en 482 ;
Honorat, de Mastara, en 411 ;
Honorat, de Thiaba, en 428 ;
Honorius, de Milève ;
Januarien, des Casæ-Nigræ, en 411 ;
Januarien, de Mascula, en 482 ;
Januarien, de Thubursicum des Numides, en 411 ;
Janvier, de Betagbara, en 411 ;
Janvier, des Casæ-Medianæ, en 411 ;
Janvier, de Centuria, en 482 ;
Janvier, de Centuriones, en 411 ;
Janvier, de Gauriana, en 482 ;
Janvier, de Lamasba, en 411 ;
Janvier, de Lambæsis, en 255 ;
Janvier, de Leges, en 482 ;
Janvier, de Mascula, en 525 ;
Janvier, de Thagaste, en 482 ;
Janvier, de Vegesela, en 525 ;
Janvier, de Velesi, en 482 ;
Janvier, de Vicus-Cæsaris, en 255 ;
Janvier, de Zattara, en 482 ;
Innocent, de Germania, en 411 ;
Innocent, de Guzabeta, en 411 ;
Innocent, de Lamiggiga, en 411 ;
Julien, de Midila, en 411 ;
Jules, de Magarmel, en 482 ;
Junien, de Lamiggiga, en 411 ;
Junior, de Rusicade, en 411 ;
Junior, de Tigillaba, en 482 ;

Justus, de Forma, en 411;
Justus, de Niciba, en 411;
Lampadius, de Tisedi, en 411;
Léonce, de Burgus, en 482;
Léonce, d'Hippone-Royale;
Léonce, de Præsidium, en 411;
Léonce, de Rusticiana, en 411;
Leporius, d'Augura, en 482;
Libéral, de Milidia, en 411;
Libéral, de Nasaï, en 411;
Libérance, de Tisaniana, en 411;
Licentius, de Zattara, en 411;
Litorius, de Suava, en 411;
Lucien, de Burugiata, en 411;
Lucien, de Guira, en 411;
Lucien, de Mesarfelta, en 411;
Lucillus, du Castellum de Simitthu, en 426;
Luce, de Castro-Galbæ, en 255;
Luce, de Theveste, en 255;
Luce, de Zaba, en 411;
Lucrus, des Nigræ-Majores, en 411;
Lucullus, d'Hospita, en 411;
Macrobe, d'Hippone-Royale, en 411;
Malchus, de Mascula, en 411;
Marcellin, de Vagrauta, en 482;
Marcien, d'Idicra, en 411;
Marien, de Tullia, en 525;
Marin, des Aquæ de Thibilis, en 305;
Martial, de Giru, en 482;
Martial, d'Idicra, en 411;
Martial, de Vatarba, en 411;
Maurence, de Thubursicum des Numides, en 407;

Maximien, de Bagaï, en 406;
Maximien, de Pudentiana, en 591;
Maximin, du Castellum de Simitthu, en 409;
Maxime, de Lamphua, en 482;
Maxime, de Silli, en 482;
Megalius, de Calama, en 397;
Melior, de Fussala, en 482;
Memmianus, de Pudentiana;
Messien, de Seleuciana, en 411;
Messor, de Forma, en 525;
Montan, d'Augura, en 411;
Montan, de Cemeriniana, en 411;
Nabor, de Centuriones, en 305;
Navigius, de Rusicade;
Némésien, de Tubunæ, en 255;
Novat, de Thamugade, en 255;
Octavien, de Ressiana, en 411;
Optantius, des Casæ-Calanæ, en 482;
Optantius, de Madaure, en 349;
Optat, de Milève, en 375;
Optat, de Thamugade, en 398;
Optat, de Vescera, en 411;
Pallade, d'Idicra, en 482;
Pallade, de Theveste;
Pancrace, de Badias, en 411;
Pardalius, de Macomades, en 482;
Pascence, de Cathaquas, en 482;
Pascence, d'Octava, en 482;
Paulin, de Tigisi, en 602;
Paul, de Cathaquas, en 405;
Paul, de Cirta, en 303;
Paul, de Nebbi, en 482;

Pelerin, de Mulia, en 482 ;
Pelerin, de Pudentiana, en 482 ;
Perseverance, de Théveste, en 411 ;
Pétilien, de Cirta, en 411 ;
Pierre, de Barica, en 595 ;
Pierre, de Mades, en 482 ;
Placence, de Madaure, en 411 ;
Pollien, de Milève, en 255 ;
Ponticanus, de Forma, en 482 ;
Ponce, de Lamphua, en 525 ;
Possidius, de Calama, en 430 ;
Possidonius, de Silli, en 411 ;
Posthumien, de Thagura, en 411 ;
Privat, de Lambæsis, en 240 ;
Proculëien, d'Hippone-Royale ;
Proficence, de Macomades, en 411 ;
Proficius, de Seleuciana, en 482 ;
Proficius, de Vada, en 482 ;
Profuturus, de Cirta, en 410 ;
Projectus, des Aquæ de Thibilis, en 411 ;
Protais, de Tubunæ, en 411 ;
Pudentien, de Cuicul, en 255 ;
Pudence, de Madaure, en 482 ;
Purpurius, de Limata, en 305 ;
Pusillus, de Lamasba, en 255 ;
Quintasius, de Baïana, en 411 ;
Quintien, de Lacus-Dulcis, en 411 ;
Quodvultdeus, de Cæliana, en 482 ;
Quodvultdeus, de Calama, en 482 ;
Quodvultdeus, de Centuria, en 411 ;
Quodvultdeus, de Nebbi, en 411 ;
Quodvultdeus, de Respecta, en 482 ;

Quodvultdeus, de Turres-Concordi, en 482;
Quodvultdeus, de Chullu, en 482;
Recargentius, de Lamiggiga, en 411;
Reginus, de Tigillaba, en 411;
Reginus, de Vegesela, en 411;
Reparat, de Tubunæ, en 482;
Restitut, de Milève, en 553;
Restitut, de Nova-Sinna, en 411;
Restitut, de Thagura, en 411;
Rogatien, d'Idassa, en 411;
Rogat, de Zaraï, en 411;
Romulus, de Theveste, en 349;
Rufinien, de Vada, en 482;
Rufus, de Lamzella, en 411;
Rusticien, de Thabraca, en 411;
Rustique, de Tipasa, en 482;
Sabin, de Thucca, en 411;
Safargius, de Lamphua, en 411;
Salluste, de Macomades, en 411;
Salluste, de Zerta, en 411;
Salvien, de Gadiaufala, en 255;
Samsucius, de Turres, en 405;
Saturnin, de Gazabiana, en 411;
Saturus, d'Iziriana, en 411;
Secundin, de Cedias, en 255;
Secundin, de Jucundiana, en 411;
Secundin, de Lamasba, en 411;
Secundin, d'Ubaza, en 411;
Secundus, de Magarmel, en 411;
Secundus, de Thamugade, en 482;
Secundus, de Tigisi, en 305;
Servandus, des Casæ-Favenses, en 411;

Servat, d'Anbura, en 411 ;
Servus, d'Arsacal, en 482 ;
Servus, de Belesasa, en 482 ;
Sévérien, de Ceramussa, en 411 ;
Sévère, de Milève, en 425 ;
Sextus, de Thamugade, en 320 ;
Silvain, de Cirta, en 305 ;
Silvain, de Summa, en 411 ;
Simplice, de Thibilis, en 411 et 482 ;
Sperat, de Cathaquas, en 411 ;
Splendonius, de Mutugenna, en 411 ;
Stéphane, du Castellum de Simitthu, en 482 ;
Térence, de Seleuciana, en 411 ;
Théogène, d'Hippone-Royale, en 255 ;
Timothée, de Thagura, en 482 ;
Valentin, de Baïa, en 411 ;
Valère, d'Hippone-Royale, en 396 ;
Valère, d'Utinisa, en 411 ;
Vérien, de Turris-Alba, en 411 ;
Vérissime, de Tacarata, en 411 ;
Vérulus, de Rusicade, en 255 ;
Victor, d'Ajura, en 411 ;
Victor, de Cirta, en 482 ;
Victor, de Cuicul, en 482 ;
Victor, de Chullu, en 411 ;
Victor, de Garba, en 305 ;
Victor, de Gaudiaba, en 482 ;
Victor, de Gibba, en 411 ;
Victor, de Legis-Volumni, en 314 ;
Victor, de Liberalia, en 411 ;
Victor, de Municipe, en 482 ;
Victor, d'Octava, en 255 ;

Victor, de Rotaria, en 411;
Victor, de Rusicade, en 305;
Victor, de Sigus, en 482;
Victor, de Turres-Ammeniæ, en 482;
Victor, de Villa-Regis, en 411;
Victor, d'Ubaza, en 411;
Victoric, de Thabraca, en 255;
Victorin, de Babra, en 482;
Victorin, de Castellum-Tituli, en 482;
Victorin, de Legia, en 482;
Victorin, de Nova-Cæsaris, en 482;
Victorin, de Tabuda, en 411;
Vigile, d'Hizirzada, en 482;
Vigile, de Ressiana, en 482;
Villaticus, des Casæ-Medianæ, en 482;
Vitalien, de Bucconia, en 482;
Vital, de Mascula, en 411;
Vital, de Turres, en 314;
Urbain, de Forma;
Urbicus, de Theveste, en 411;
Xanthippe, de Thagura, en 401;
Zeuzius, de Cirta, en 330.

ADDITION

A LA PROVINCE PROCONSULAIRE.

SITIPA.

La ville de Sitipa ne nous est connue que par les *Actes* de la conférence de 411. Une lettre de saint Augustin, qui est de la même époque, nous montre que Sitipa était dans le voisinage d'Uccula, et que Argyrius, évêque d'Uccula, inclinait vers les erreurs des Priscillianistes. Il écrit à Cericius d'Uccula[1] : *Il me semble, en lisant la lettre que m'adresse votre sainteté, que Argyrius est tombé entre les mains des Priscillianistes, à son insu, sans se douter qu'ils sont Priscillianistes, ou bien qu'il est déjà pris dans les filets de cette hérésie.*

ARGYRIVS. Il assista, en 411, à la conférence de Carthage, où il est compté parmi les retardataires catholiques[2].

---

[1] *Ép.* CCXXXVII.
[2] *Cogn.*, I, n. 215.

Typ. Oberthür, Rennes—Paris (141-94).

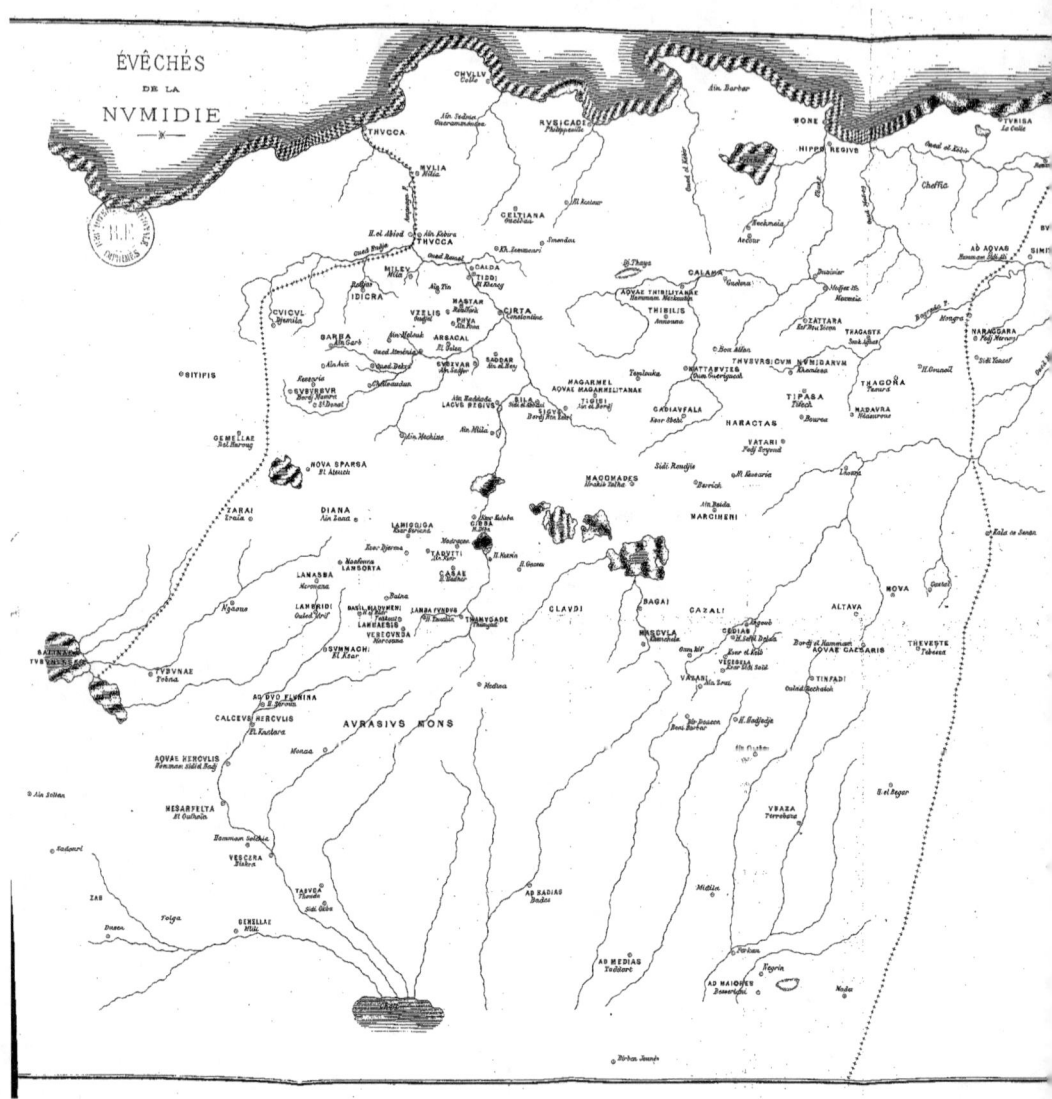

www.ingramcontent.com/pod-product-compliance
Lightning Source LLC
Chambersburg PA
CBHW071114230426
43666CB00009B/1965